俊采星驰

超常儿童培育指南

孔 燕　韩耀宗　编著

中国科学技术大学出版社

内容简介

本书由中国科学技术大学心理学系执行主任、少年班原班主任、少年大学生认知发展研究所所长孔燕教授与香港城市大学韩耀宗教授联合编著,从超常儿童成长的时间脉络和不同领域的超常儿童鉴别与培养等角度进行了深入浅出的专业阐述,并对我国目前最新的超常教育实践和研究成果进行了拓展性的介绍,是关心和从事超常教育的父母、教师、研究者及政策制定者的一部参考书。

图书在版编目(CIP)数据

俊采星驰:超常儿童培育指南/孔燕,韩耀宗编著. —合肥:中国科学技术大学出版社,2023.6

ISBN 978-7-312-04784-8

Ⅰ. 俊… Ⅱ. ①孔… ②韩… Ⅲ. 超常儿童—儿童教育—指南 Ⅳ. G763-62

中国版本图书馆 CIP 数据核字(2019)第 242704 号

俊采星驰:超常儿童培育指南
JUNCAI-XINGCHI: CHAOCHANG ERTONG PEIYU ZHINAN

出版	中国科学技术大学出版社
	安徽省合肥市金寨路 96 号,230026
	http://press.ustc.edu.cn
	https://zgkxjsdxcbs.tmall.com
印刷	合肥市宏基印刷有限公司
发行	中国科学技术大学出版社
开本	710 mm×1000 mm 1/16
印张	18.25
字数	271 千
版次	2023 年 6 月第 1 版
印次	2023 年 6 月第 1 次印刷
定价	58.00 元

自序一

  天才、神童、资优儿童、超常儿童,这些名称经常出现在媒体上和公众的生活中。

  我们把这本书取名为"俊采星驰:超常儿童培育指南",一方面是想告诉您,这样一群超常儿童在现实中是真真切切存在的,他们需要得到正名,得到关爱。另一方面,也想跟您分享他们和普通人一样或不太一样的地方,好让您理解他们,继而找到培育超常儿童的可行办法。

  超常儿童通常是指智力发展明显超过同龄人一般发展水平或具有某种特殊才能的儿童,也称天才儿童。超常儿童在表现上不是单一模式,有的属于数理超常儿童,有的在音乐、绘画、语言或者运动等方面才能出众。香港、澳门和台湾地区也称之为资优儿童,而神童则是大众对超常儿童的一种通俗叫法。

  最早对天才人物进行研究的是英国人类学家高尔顿(Francis Galton),他对977位著名人物的家族血缘关系进行了调查分析,得出能力遗传的结论。20世纪20年代,美国心理学家推孟(Lewis Terman)用斯坦福-比奈量表(Stanford-Binet scale)鉴别出1528名天才儿童,平均智商(IQ)为150。此后,西方国家普遍采用标准化的智力测验来鉴别天才儿童,将智力测验中得分在140以上,或者在标准智力测验中前1%的儿童确定为天才儿童。

20世纪50年代后,心理学研究者发现,智商的预见性随儿童年龄的增长而降低,儿童的许多能力不能通过智商表现出来。一些研究者开始注重儿童其他方面的能力,对天才的鉴定由简单地依赖于智商表现,发展至涵盖特定认知能力、创造力、成就动机、领导潜能、任务投入度、心理运动能力等。

时至今日,学术界对天才儿童或者超常儿童的概念仍有不同表述,概念的内涵也随着历史的进程不断变化,为了方便读者理解,在本书中尽量统称为超常儿童。

我和韩耀宗教授两人,一位来自中国科学技术大学,是心理学教授,做过多年的少年班班主任;一位来自香港城市大学,是数学教授,也是一位数理超常儿童的父亲。因为好奇、热爱、探究和责任,我们开始了长达十多年的合作。我们想从理论和实践的角度,去探究超常儿童的奥妙。对,我称之为奥妙,是因为超常儿童的世界太与众不同了,他们的高度专注力,他们的超强记忆力,以及他们的空间架构能力,抑或他们在音乐、绘画、语言、运动等特定领域的天赋,每个部分都令人好奇并感到震撼。

在这本书里,我们领着大家,小心翼翼又充满好奇地走进他们的世界。同时,我们也从探究者、研究者的角度,理性客观地为大家答疑解惑,给出一些培育建议。

为了让读者更好地了解超常教育的发展状况及背景,我们特别介绍了中国当代超常教育40余年的实践。通过借鉴超常儿童的培育经验,我们希望读者能够触类旁通,懂得如何培养普通儿童的创造力、专注力、独立思考能力和空间想象力等。

来吧,让我们一起来为孩子的科学培育尽责,为我国儿童提供更优的教育环境。

孔　燕

自序二

望子成龙,望女成凤,每个孩子出生的时候父母都或多或少有过期待。而每个孩子都是那么不一样。或许他调皮捣蛋、特立独行,或许他沉默寡言,不喜与人亲近,或许他是个好奇宝宝,天天问一堆在你看来不着边际的问题……

作为父母,除了去注意那些举止规矩、成绩优秀的"别人家的孩子"外,您有没有花时间去了解和读懂自己孩子的"不一样"呢?有没有那么一刻,您发觉自己的孩子或许在某些方面更加突出?您听说过"超常儿童"吗?下面,我从一个父亲的视角讲述孩子的成长故事,和您一起开始一段超常儿童的探索之旅。

我是香港城市大学数学系教授韩耀宗,最近我拜读了周国平老师的《妞妞:一个父亲的札记》,看后感慨万千。对于书中插图里那个有着一头柔顺黑发、明亮双眼、娇嫩皮肤的妞妞,我实在无法将她与经历病痛后"生机萎靡,肤色晦暗,毒瘤从头脸各个部分接二连三地窜出"的生命联系在一起。她连"痛"都不明白是什么,却深受丑恶的摧残,只会不停地重复着"磕着了、磕着了"。简单的几个字,着实让人心疼。

合上书,眼眶酸酸的。这时候,接到了大儿子打来的邀请我一起吃晚餐的电话。我会心一笑,孩子终于长大了。虽然没有周国平老师这刻骨铭心之痛,但作为一个父亲,我实在太清楚孩子在父母心中的意义,因为我也有一段用感情的一砖一瓦建筑起来的养育经历。

或许这辈子我最自豪的也需要我用一辈子时间去好好琢磨的身份就是:两个孩子的爸爸。看着孩子们渐渐长大,过去的点点滴滴总是不经意地浮现。儿子们从令人头疼的"问题娃"到如今长大成人,我深知每一个过程都是那么不易。本书也记录了部分发生在我和儿子身上的真实故事。当然,作为一个科研工作者,我不仅仅希望能将自己这么多年养育孩子的经历分享给大家,更重要的是通过这些故事表达我关于"超常教育"的实践和研究心得。

犹记得我听到儿子第一声啼哭时的欣喜若狂,那是我听过的最动人的"旋律"。当在产房外焦急徘徊的我看到护士抱出孩子,吊在嗓子眼上的心终于落下。在儿子被送到我手里、与我相逢的那一刻,初为人父的一种说不出的激动和喜悦洋溢在我的全身,我感觉到一种生命的升华。

大儿子未满周岁之前,我几乎没有睡过一天好觉。他就像个小魔王,哭闹起来丝毫不讲道理。白天科研教学压力巨大的我晚上也要围着这个小魔王"疲于奔命",可是再苦再累,看到那个熟睡的小脸蛋,总是感到格外满足。

我心中充满了幸福,可是毕竟是初为人父,我生怕会因为经验的缺失而让孩子错过最佳的成长机会。就像其他父母一样,我也想尽自己最大的努力给他最好的教育。所以,那段时间我开始疯狂地搜集育儿书籍来补充知识,想依靠自己是"教育工作者"的优势,给孩子一个最好的未来。

就在我摩拳擦掌准备"大干一场"的时候,太太的一句话简直让我犹如"五雷轰顶":"我们的孩子不会有问题吧?"其实,我也隐隐地从一些细节感受到儿子的确是"有所不同"。

(一) 儿子眼中的世界

我平常教学科研任务比较重,孩子大部分时间由我太太照顾。一天下午,太太带着儿子从朋友家回来,一进门就跟我汇报:"老韩,你儿子可以啊,你看他平时在家盯着世界地图,我以为就随便看看,没想到他居然都记下来了!"

我并不知道事情的前因后果,经过太太的解释才明白。原来那天太太带他去朋友家玩,当其他小朋友都在一起堆积木玩耍的时候,儿子却默默地盯着朋友家悬挂在墙上的世界地图出神。朋友觉得儿子这个行为很可爱,小小年纪竟然会对一张世界地图这么入迷。于是,她半开玩笑式地问了儿子一个不怎么常见的国家名称,问它在地图上什么方位。儿子几乎不用思考就能在地图上指出位置。朋友很惊讶,又连着说了好几个国家的名称,儿子都能一一指出方位。这下朋友更吃惊了,问我太太:"难道你们专门教过孩子辨识地图吗?"太太说:"哪有时间啊,老韩天天在学校,我这每天也是朝九晚五的,全是他自己琢磨的!"

听完太太的话,我十分开心,毕竟朋友的夸奖多少满足了我作为一个父亲的"虚荣心"。可是,我又隐隐感觉到有些不对,毕竟孩子才三岁半。很快,我的担心得到了验证。

(二)我们被"请家长"了

儿子到了四岁,我和太太商量决定将他送去幼儿园。第一次去幼儿园的时候,从未离开过我们且有点胆小的儿子躲在我背后,死死地拽着我的衣角。看着他嘟起来的小嘴与满腹委屈的眼神,我心疼地抱起了他,心想,这大概就是我的全世界吧。

然而,在不久后的一天,接孩子放学回来的妻子耷拉着脸,告诉了我一件事情,我们被"请家长"了。

老师先是表扬了儿子的学习能力,说儿子学习新知识特别快,每次上课老师讲的东西听一遍就能懂。但是,儿子时常发呆,有时候对着小草,有时候对着蚂蚁,有时候索性就对着小黑板。最主要的是,儿子很不合群:在学校很少与其他小朋友一起玩,甚至表现出了一种与年龄很不相符的固执,对老师的安排多有抵触,有时候还和其他小朋友为玩具、零食等产生争执。

老师在进行完一系列的描述后,给了一个让我们心惊肉跳的建议:孩子可能患有自闭症,找时间带孩子去检查检查。我和太太都很着急,立马带着孩子去了专业的诊断机构。为了防止"偏信",我们甚至去了三个不同专业背景的自闭症检测机构做检查。在经过全面的检查之后,所有的证据显示,儿子并没有患自闭症。他只是更关注自己的小小世界,心智还不太成熟而已。

危机暂时解除,我们回归正常生活。然而,老师"告状"的电话却没有因为诊断书而告一段落,接连不断的班主任电话让我甚为苦恼。我有时跟太太打趣道:"你猜猜,今天咱儿子又犯了啥错误?"这样的"告状"电话着实是对一个父亲信心的巨大打击。同时,一个更加现实的问题摆在面前:"既然儿子没有患自闭症,那么问题的根源到底是什么呢?"

(三)奇特的数学直觉

上小学之后,尽管儿子平常不善交际,但令我欣喜感动的是,他的学习能力尤其是数学能力出类拔萃。在这一方面,老师也总是给我们带来喜讯,例如儿子在某某数学竞赛中获奖、在班上数学考试第一等。虽然我自己是位数学教授,但我并没有刻意去培养儿子的数学天赋,更没有强迫他喜欢数学。儿子跟我的日常沟通很少,偶尔我们会下下棋,也没有很多的情感交流。而我真正开始发掘儿子潜在的数学天赋,得从他三年级说起。

有一天,太太面露愠色地来向我"告状"。原来,数学成绩一直优异的儿子在数学科目测试上碰了壁。我与老师沟通之后才发现,儿子似乎有点"厌学"情绪:在数学课上发呆、做小动作,课后作业不按时完成,老师布置的作业不写,每次习题最后的几道题却总会提前完成,等等。我决定晚上亲自辅导儿子的数学功课。我大致翻看了老师给他布置的数学作业,是一本习题集。上面布满了密密麻麻的题目,一个章节的习题大多雷同,没有特别的差异。我看了儿子答对的题目,都是后面的简答题。对于前面那些基础的四则运算,他做得非常马虎。那晚,我看着他写作业。他习惯性地从最后的大题往前做,做题速度很快,一会儿就完成了,而且每一题都做对了。只是前面的四则运算依然空着。我就问他是不是不会。他也不说话,拿起笔就直接写下答案。他说:"我会写,只是不想写。"那个时候,我似乎明白了什么。儿子可能仅仅是不喜欢重复性的练习。

欢喜之余,我有点儿担忧。凭借自身的直觉和前几年翻阅的大量书籍,我基本上可以确定儿子是一个潜在的数学超常儿童。对于他的不合群和"厌学"情绪,我也找到了一个合理的解释。可作为父亲,我希望儿子能够快乐地学习和生活,同时担心自己无法给他提供最适合的成长环境。

那晚,我跟太太聊了很长时间。第二天,我们去找老师沟通了许久。我表达了自己的观点,希望老师能够尽可能地理解儿子。老师最终也同意会格外注意对儿子的教育方式,尽量兼顾不同层次的学习需求。自那以后,儿子的课后作业少了很多千篇一律的题目。我们非常感激数学任课老师的理解和配合。

同时,为了让他不要失去学习数学的兴趣和动力,我给他的书架重新添置了一番,有《微积分之屠龙宝刀》、《图解爱因斯坦相对论》、《The Mathematics of Harmony》(和谐的数学)、《费曼物理学讲义》、《Programming Challenges》(编程挑战)等。我找了一些符合他年龄需求但又富含较深知识的数学读本,希望这些书能给儿子一个不一样的数学世界。我只是把书放在他的书架上,不会特意要求他阅读这些书。尊重儿子的选择,也是我比较主张的一种培育方式。

令人欣慰的是,书屋的小小变化,让原本有点"厌学"情绪的儿子重新拾起了对数学的热情。平时根本不碰教科书的他,常常会在房间里全神贯注地阅读这些"课外书"。有一些理科小实验,儿子还会亲自动手操作,偶尔也会过来向我讨教。或许有些书他无法准确理解,可看他那饶有兴趣的样子,我想儿子大抵是尝到了知识的乐趣。我很为他高兴。

那一年,儿子八岁了。也正是那一年,我结识了我的挚友,来自中国科学技术大学的孔燕教授,真正开始接触超常教育研究。

在觉察出儿子的数学天分后,我大体上理解了儿子在某些方面"怪怪"的行为举止。有时候我会想,可能智商高的小孩,情商普遍不怎么高。我开始能接受儿子不怎么跟我们亲近,接受他总是捧着书本阅读而旁若无人。但我挺好奇为什么会这样,也试图找到一种恰当的互动方式来和儿子相处。于是,我开始查阅相关的研究文献,购买专业的育儿书籍,有时候也会跟自己的朋友们探讨取经,想看看别人家小孩有没有类似的情况,想听听不同角度的建议。

有一次，碰巧在一次数学学术年会上我遇到了一位朋友陈先生。听我聊完儿子的趣事后，他非常激动，说他女儿的情况也大致相仿，正准备去找专家咨询，正好朋友给他推荐了一位教授。那一次偶然的谈话使我对孔教授有了一些了解，知道她是一位知名的心理学家。特别是，她有一段在中国科学技术大学少年班的工作经历。会后，陈先生和我约好一起邀请孔教授来香港会面，向她请教孩子们的培育问题。

通过邮件孔教授回应了我们的邀请。2006年暑假，我们在香港城市大学会面。我依然记得第一次见到孔教授的场景：她瘦瘦高高，戴着一副眼镜，背着一个双肩包，像是一个学生。孔教授很认真，相互寒暄后拒绝了先去酒店休息调整的提议。当天下午，我们三个人足足聊了六七个小时。孔教授非常耐心地为我们答疑解惑，也是那个时候我开始对"超常""数学超常"有了更加形象的理解。孔教授也给我们讲述了许多她接触过的超常孩子，说我们要用一颗平常心去对待孩子的天赋。在每一个成长阶段，像普通孩子一样，有的也会调皮捣蛋，有的也会成绩平平，我们不能用自己的期望去绑架孩子的快乐。超常儿童大多比较独立、敏感，有时候还会有点完美主义。他们在生活中更希望有自己的小空间，不喜欢被过多关注，尤其不喜欢被贴上"天才""神童"等小标签。他们愿意独处是为了更好地思考。每个孩子对世界都充满了好奇心，超常儿童的好奇心促使他们想要更深入地去探究，所以他们有时候会特别专注。

那天下午，陈先生和我听着孔教授的字字箴言，不约而同地记起了笔记。直到现在，我还保留着当初密密麻麻的记录。后来我和孔教授成为了挚友，她谈到了当初答应会面的原因。她说，当时国内从事超常教育研究的学者还太少，社会对超常教育有太多的误区，她在自己担任少年班班主任的工作经历中，真真切切地看到了这群孩子的"与众不同"，但社会大众、家长、教育工作者们的误解给他们的快乐成长带来了压力，甚至是伤害。她希望能凭借自己多年积累的工作和研究经验为这群孩子做点什么，哪怕是帮助一个孩子，帮助一个家庭，也是值得的。这些年，她也总是笑着跟我分享自己班上学生的成长故事。她的学生，现在大多为人父母，并成为社会各领域的精英人才；而她，还是学生心中那个陪伴他们经历酸甜苦辣的"孔姐姐"。选专业时、打比赛时、找对象时、换工作时，他们还会和"孔姐姐"知会。我想,在他们求学的那段时间,"孔姐姐"真正地理解了他们。

或许这也是我一个数学教授跟孔教授这位心理学家合拍的原因。不仅仅是当时她义务地在我育儿路上给予指导,而且是在她身上,我感受到了她对自己学生真心实意的关怀和疼爱。我们在第一次香港会面后保持了十年多的研究合作关系。近十年来,孔教授和我一直致力于超常生鉴别和培育方面的研究。我们接触到各种类型的超常案例,访谈了几百位超常生父母,也将我们的科学研究拓展到现实的科普和教学实践中,如面向超常生家长开放的学术讲座、为数学超常生量身定制的夏令营活动等。在这本书里,许多孩子的成长故事都源于我们遇见的真实素材。通过这本书,我们更想传递的是超常群体成长发展的一个大致样貌。我们希望家长或教育工作者可以留意孩子们日常行为表现的"特殊性",包容他们的"不一致性",并试着理解和接纳科学的教养建议。

韩耀宗

前言

　　这是一本由心理学教授和数学教授二人合作撰写的超常教育指南。有一种幽默的说法是,"数学家来自火星,而心理学家来自金星"。数学家偏理性,会通过客观的数据去思考和探究问题;而心理学家通常是从人自身出发去研究人的行为和心理活动。全然不同的研究领域,不同的研究视角,我们是如何在同一问题上达成共识的呢?

　　作为一名心理学研究者和工作者的我进入中国科学技术大学工作之后,非常有幸成为中国科大少年班建设的最早一批见证人之一,也是因为这段近20年的特殊经历,我开始关注并从事超常教育的研究。

　　与普通教育工作者略有不同,我所面临的对象更加特殊。在大众眼里,他们是天才、神童,在朋辈中,他们是佼佼者,是那么"与众不同",而在我眼里,他们更像是一群单靠填鸭式教育"喂不饱"的求知少年。他们确实聪慧,但不喜欢被贴上标签。他们需要倾诉,更需要被理解。作为教育工作者,我们需要付出比对常人更多的耐心,才能真正地走近他们的世界。然而,国内的超常儿童教育起步较晚,尤其是在高等教育模块,可以借鉴的经验就更少了。再加上社会关注较少,这条科研道路可谓是"筚路蓝缕,以启山林"。值得庆幸的是,我坚持了下来。多年过去,很多我带过的少年班学生事业有成,成为各自领域的佼佼者。作为他们的"孔姐姐"(早年在校期间少年班学生对我的称呼),我由衷地为他们感到开心,也更加坚定了我继续从事超常教育研究的决心。

本书的合作者是香港城市大学的韩耀宗教授。他是一位数学家,近年来一直致力于数学超常儿童辨识及培育的研究和实践,现担任香港资优①教育学苑义务导师以及香港资优儿童家长会、香港资优教育教师协会和香港特别行政区教育局资优组顾问。我们在超常儿童教育这个问题上有着很多的共识。近年来,我们两人一直在超常儿童研究领域紧密合作。

本书是献给普天下的父母、老师、超常教育研究者及教育政策制定者的。作为父母,假如能尽早通过日常行为辨识儿女的天赋,让他们获得适当的培养,这就是给儿女最好的礼物。中华民族曾有一千多年实施科举制度,通过考试选拔人才,但除了传统科目外,其他领域的超常学子大多被埋没,以致近代因科技落后而被西方国家超越。要知道,在一般统一考试中,高分者当然是优秀人才。在社会上,各专业领域的律师、老师、工商业管理人员等栋梁之才对维持国家的稳定和发展有着重要贡献。遗憾的是,也有不少超常人才,因其独特、固执的个性(本书会给出理论解释)在升学考试中被淘汰,以致才能不被认同而遭埋没。如果父母和老师能具备这方面的相关知识,及时地发掘这些超常儿童,他们就能得到恰当的培育,而有机会成为世界顶尖人才。值得一提的是,教育政策制定者在超常人才培养中是很重要的一环。及时制定更完善的教育政策和针对性地规范现有的教育方案,对超常儿童的培育会有极大的促进作用。

最后,简单地介绍一下本书的框架。本书共分为四篇。第一篇我们将描述一个"数理小天才"小智的成长故事,循着他的成长轨迹,向读者展示数理超常儿童在不同年龄阶段的行为特点和可能出现的问题。第二篇我们将目光聚焦于身边的"小智"们,讲述若干个真实的访谈案例,并给出我们的观点和教养建议。我们希望这些案例能让读者更加形象地理解各领域超常儿童的行为表现,因为超常儿童的范畴不仅限于数理领域,案例中涉及语言、

---

① "资优"是"超常"概念在我国香港、澳门和台湾地区的提法。

艺术、音乐、体育等领域。第三篇我们就我国当前超常教育的政策、法律以及具体实践进行整理和归纳，使读者了解当前社会从事超常教育的主要机构和前沿研究成果。第四篇则就家庭如何呵护超常儿童的成长给出框架性的建议。书中设置了一些引导性的案例以及延伸阅读内容，其素材及相关人物图片源于网络，如有版权问题，请与本书编辑（jhduster@ustc.edu.cn）联系解决。

希望本书的出版能够使关注超常教育的父母、老师、研究者和政策制定者较为全面地了解超常儿童的培养，并对他们有具体的帮助和启发，也欢迎广大读者就超常教育这一课题与我们共同探讨。

目录

自序一 ……………………………………（ⅰ）

自序二 ……………………………………（ⅲ）

前言 ………………………………………（xi）

第一篇 数理超常儿童的年龄特点及教养建议
………………………………………（001）

 一、潜能初露，是否超常，需要理性认知
  （0—2岁）……………………………（003）

 二、方位敏感，不爱说话，需要及时回应
  （3—5岁）……………………………（016）

 三、注意力强，离群独处，需要主动关爱
  （6—9岁）……………………………（027）

 四、数学考差，不善社交，需要了解实情
  （10—11岁）…………………………（036）

 五、竞赛夺冠，充实或加速，需要据实选择
  （12—18岁）…………………………（050）

第二篇 特定领域超常儿童的特点及培育
………………………………………（071）

 一、音乐超常儿童的特点及培育（一）……（073）

 二、音乐超常儿童的特点及培育（二）……（086）

三、绘画超常儿童的特点及培育（一）……（103）
四、绘画超常儿童的特点及培育（二）……（111）
五、如何呵护艺术超常儿童的创造力？…（119）
六、如何理解艺术超常儿童的癖好？……（130）
七、语言类超常儿童的鉴别……………（139）
八、语言类超常儿童的早期教育…………（144）
九、语言类超常儿童的认知教育………（148）
十、抓住语言学习关键期………………（153）
十一、儿童早期阅读……………………（159）
十二、阅读与创作………………………（162）
十三、注意情感交流……………………（166）
十四、维护孩子的选择空间……………（169）
十五、初识运动超常儿童………………（171）
十六、运动超常儿童还是"多动症"？……（178）
十七、运动对超常儿童成长具有积极作用
………………………………………（182）

第三篇　超常教育的中国实践………（193）

一、实践基地：超常教育的"试验田"………（195）
二、研究组织：超常教育的"排头兵"………（224）
三、理论探究：Hon-Kong 学说……………（232）
四、历史回顾：中国古代德智并重的育人智慧
………………………………………（235）

第四篇　家庭对超常儿童的呵护………（245）

一、做个聪明的爸妈：避免误区…………（247）
二、做个睿智的爸妈：科学鉴别…………（256）
三、做个实干的爸妈：主动培育…………（258）

参考文献……………………………………（268）

后记…………………………………………（272）

第一篇

数理超常儿童的年龄特点及教养建议

您想了解超常儿童的成长过程吗？怎样判断儿童是否超常？他们在生活和学习中会出现哪些出乎意料的状况？家长和老师又该如何面对？如果您想知道这些问题的答案，就请跟着我们一起踏上这场认识超常儿童的旅程吧。在本书的第一篇，我们将为您讲述数理超常儿童小智的成长故事。来吧，请跟上我们的脚步。

一、潜能初露,是否超常,需要理性认知(0—2岁)

(一) 成长故事

小智今年两岁了,小脸上忽闪忽闪的一双大眼睛着实让人喜爱。然而在邻居眼里,他却是一个"怪小孩"。他瘦瘦小小的,性格独特,不喜欢大人抱他,别人逗他玩他也不理睬。然而,在爸妈眼里小智却是个"小天才"。

 一岁辨方向　两岁会算术

小智一岁时便学会了说话和走路,还可以清楚地分辨出上下、左右、前后等方位。两岁的小智更让大家惊奇,他不但可以记清楚家里所有人的生日,甚至连爸爸妈妈穿几号鞋也能记住。但是他最感兴趣的还是数数,不仅数数的速度快,心算也很快。看小智这么好学,爸爸也经常教他一些简单的加减法,培养他心算、口算的能力。

有一次爸爸带小智去商场买小玩具。结账的时候,爸爸趁机问道:"小智!我们买的玩具要22元9角,我付给收银员阿姨50元,你算一算应该找回多少钱。"小智脱口而出:"找回27元1角。"收银员连连惊叹,这么点大一个小孩,应该还没上幼儿园,怎么算得又快又准呢?

 拼图是最爱　牛奶最讨厌

小智超出同龄人的聪慧让妈妈感到欣喜,但同时他的一些小毛病也让妈妈头痛。他很讨厌喝牛奶。为了能让小智更健康地成长,小智妈妈费尽了心思。但不管妈妈怎么威逼利诱,小智每次都是浅尝两口便再也不喝。

夜深人静，别的小孩早已进入了甜美的梦乡。

"小智，时间已经很晚了，你是不是应该睡觉了？"

看着未完成的拼图，小智没有理会妈妈的催促。拼图是小智最喜欢的玩具，对别的玩具小智往往玩两下就扔到一边，唯独对拼图百玩不厌，常常可以自己玩一整个下午。起初妈妈很高兴自己可以"偷得半日闲"，然而观察的时间越长，妈妈就越觉得儿子的行为不对劲。

小智的精力总是很充沛，睡眠时间甚至比爸爸妈妈还要少。最让妈妈忧心的是，小智对拼图、火车模型一类的玩具有一种"偏执"的喜爱，可以专注地玩很久，经常重复也不觉得厌烦。

折腾到大半夜后小智终于睡去，看着儿子可爱的小脸，妈妈暗暗下定决心要帮助儿子改掉这些"坏习惯"，决不能让这些"坏习惯"影响儿子的健康成长。

（二）学界观点

超常儿童是天生的还是后天培养的呢？

2012年，美国俄亥俄州立大学曼斯菲尔德分校心理学助理教授乔安妮·鲁萨茨(Joanne Ruthsatz)和耶鲁大学约尔丹·乌巴赫(Jourdan Urbach)对在电视特辑、互联网中发现的8名"神童"进行了一项研究,发现这8名儿童都有强大的工作记忆能力——一种涉及复杂心理任务,包括问题解决、语言理解等的认知系统。除此之外,他们还都表现出了对细节的极度关注。

超常儿童之所以超常,是有生物学基础的。美国波士顿大学的埃伦·温纳(Ellen Winner)教授认为:"当我们看到很小的孩子在接受任何训练之前就展现出的惊人能力,这就是天资最有力的证据。"

学术界关于遗传对智力影响的实验研究,最早也最经常应用的研究方法是双生子法,即通过对比同卵双生子(monozygotic twins,MZ)和异卵双生子(dizygotic twins,DZ)在智力发展上的差异,来分析遗传因素对智力的影响程度,而这一影响程度的大小有一个量化的衡量标准叫作遗传度(heritability)。智力的遗传度即在具体统计研究中采用方差分析法定量地推算出遗传因素在智力发展中所占的比例。遗传度越大,表明遗传因素的影响作用越大,反之则越小。国外诸多纵向的双生子研究发现,个体的智力受到基因遗传的影响,儿童早期的智力受到遗传的影响相对较低,在波尔德曼(Tinca Polderman)等人的研究结果中甚至低至0.3。但随着年龄的增长,遗传因素对智力的影响有着日益上升的趋势,且以青春期阶段最为显著,在希尔文特诺伊宁(K. Silvertoinen)等人的研究中,青少年时期的遗传度甚至为0.8~0.84。

我们借鉴智力的顶叶-额叶整合理论(parieto-frontal integration theory,P-FIT)模型,选取2001—2016年的10篇采用功能性磁共振成像技术(fMRI)的数学超常生脑科学研究报告,从报告中提取超常组实验25个、被试62人次、坐标数413个,和对照组实验13个、被试81人次、坐标数156个,采用ALE(activation likelihood estimation,激活似然估计)元分析的方法进行比对。分析发现,数学超常组激活簇除了右颞下回和左额上回之外,其他均在P-FIT模型的相关脑区中,而对照组未出现不包含于P-FIT模型中的脑区;数学超常组活跃度大于对照组的激活簇位于右前叶、左额中回、右顶下小叶、右缘上回;数学超常组与对照组的脑区活跃情况存在显著的半球差异。

结果显示，数学超常生确实存在特殊的脑神经机制。

我们知道，人作为生物体具有遗传的特性。从精子碰撞卵细胞的那一刻开始，父母基因的奇妙组合就决定了孩子是否具有超常的潜质，在受精卵形成的时候婴儿的天赋就已经确定了。但这是否意味着，对超常儿童而言后天的教育与培养就不重要了呢？

答案当然是否定的。1958年冬，曼尼托巴大学的两位心理学家罗德·库伯（L. A. Cooper）和约翰·朱伯克（John Zubok）做了这么一个实验：将两组不同基因、不同血缘的新生小老鼠分别平均分置于富裕（除了食物还有许多刺激身体和大脑的玩具设备）、普通（除了食物还有中等锻炼强度和中等数目的玩具）、贫乏（除了食物盒和水盘之外无任何玩具）三种不同的环境下喂养，这两组小老鼠分别是A组"擅走迷宫"小老鼠（即连续数代在迷宫游戏中表现良好的老鼠后代）和B组"不擅走迷宫"小老鼠（即连续数代在迷宫游戏中表现糟糕的老鼠后代，平均要多犯40％的错误）。实验结果既令人惊奇又发人深省：在普通条件下，A组小老鼠的表现确实比B组小老鼠的表现要出色；在两种极端的情况下，它们的表现几乎相同！

在贫乏的环境下接受喂养的小老鼠，它们的基因差距可以说是消失了。也就是说，在后天锻炼和培养条件不足的情况下，"擅走迷宫"小老鼠的基因优势不复显现。耶鲁大学的发展学家斯考尔（S. Scarr）和麦卡特尼（K. Mccartney）提出了三种遗传基因与环境因素相关的类型，分别是被动的基因-环境相关（passive gene-environment correlation）、唤起的基因-环境相关（evocative gene-environment correlation）和主动的基因-环境相关（active gene-environment correlation）。被动的基因-环境相关是一种环境显著地影响基因表达的作用类型，比如父母在给予子女遗传特性的同时，也给予他们能够强化这种遗传特性的生长环境，在这种相互作用下，父母给子女的遗传特性将会更出色地表达。在唤起的基因-环境相关中，外界环境的影响在一定程度上取决于个体的遗传特性，也就是说，具有不同遗传特性的个体对周围环境会有不同的反应，而这种不同的反应又进一步影响了个体的发展方向，比如性格迥异的两个同龄儿童，尽管他们生活在相同的环境中,但他俩对环境的反应是不同的,因而环境对他俩个人发展的影响亦不相同。主动的基因-环境相关则体现了个体的主动性和自主性,个体可以通过自主地构建环境来加强或是弥补自己的遗传特性,从而使遗传特性的表达更趋向于自己的选择,比如数理超常的儿童,会更倾向于选择拼图或带有数字、字母的玩具,从而构建一个利于表达其数理超常倾向的环境,构成一个螺旋式的发展态势。因此,生长环境对于儿童的遗传特性的表达具有非常重大的意义,而超常儿童更需要一个良好、合适的环境来促进其超常倾向的进一步发展。

由此看来,基因与环境的交互作用才是成功的关键之处,这也是对超常儿童进行特殊教育与培养,给予这个群体特殊关注的必要性所在。

如何理解超常儿童(天才)的定义?

从前述案例看,超常儿童是真实存在的,他们大约占人群中的1%—3%。如果常态儿童处于以智商为例的正态分布的中间,那么我们通常把高于平均值两个标准差的这一部分孩子叫作超常儿童,而把低于平均值两个标准差的这些孩子叫作低常儿童。

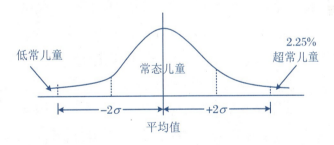

教育心理学家约瑟夫·兰祖利(Joseph Renzulli)、发展心理学家霍华德·加德纳(Howard Gardner)和认知心理学家罗伯特·斯滕伯格(Robert J. Sternberg)分别代表了主流心理学界关于重新定义天才概念的三种方向。

兰祖利是最早提出需要对天才概念进行重新定义的研究者,他的研究基于一个简单的事实,即很少有天才教育者直接将纯粹的智力测验结果作为鉴别天才的唯一标准,因为单一的心理测量学标准难以解释天才的诸多范畴。因此,他将天才的定义拓展到包括高于平均的一般智力水平、任务承诺(动机)和创造力在内的三个维度(三环模型)。三环模型是对1972年马兰德报告中六维度天才定义的改良,它的提出还有着更深层次的意义,就是指出了创造与天才的概念关联,进而引导更多研究者在实际的天才教育实践中将创造力(而非智力)视为天才的本质。但是,兰祖利对天才概念的再定义仍然是在心理测量学的本体论承诺下进行的。无论是一般智力、动机还是创造力,都仍属于假定普遍存在的个体属性(human trait)差异,只是将原本用于定义天才的单一特征扩充到三个。对动机和创造力的测量同样要基于标准化的心理测验工具,因此还是会受到工具开发者固有认知的影响,同时也依旧会给被测试者贴上不平等的标签。在建构论的支持者看来,兰祖利对天才概念的改良只是一种治标不治本的循环论证,并没有从根本上解决建构论对天才实在性的质疑。

与兰祖利相比,加德纳并非专门的天才研究者。而他本人幼年时的钢琴学习经历和他的发展心理学背景让他拥有比传统天才研究更广阔的视角。加德纳提出的多元智能理论(multiple-intelligence theory)对当代天才研究产生了极大的影响。他通过对不同文化中智力定义的考察,将智力的外延扩展到包括运动、音乐、人际交往等在内的9个维度。从研究路径上看,加德纳以不同文化中的天才现象作为切入点的工作已经非常接近社会建构论的天才研究。然而他所关注的重点并不在文化对天才定义的影响,而是尝试利用不同文化中的智力定义对传统心理学的智力定义加以补充,这使得加德纳的工作看起来只是将智力与能力两个心理学概念进行了理想化的杂糅,从而在学术界引起了一定的争议。从今天的视角来看,兰祖利和加德纳对天才的定义,恰好位于一般性天才和特定领域(domain-specific)天才的两端。特定领域天才的定义,并不意味着科学性上的增长,但是可以给更多受教育者以希望,因此在天才教育实践中大受欢迎。毕竟家长们还可以在自己的孩子没有在标准化智力测验中取得高分时寄希望于他们在体育、音乐甚至领导力方面具有未被发现的天生才能。多元天才的定义同时也隐含着可以对天才概念进行不断拓展的观点,仅加德纳本人就对其多元智能理论的具体外延进行过两三次扩充。

斯滕伯格是上述三名心理学家中最负盛名的一位,他曾担任美国心理学会及其教育心理学分会和普通心理学分会的主席。斯滕伯格也是少有尝试在天才研究领域整合实在论和建构论两种取向的学者之一。1998年,他和同事卡夫曼(James C. Kaufman)以智力定义为基础,合作完成了对不同文化中天才概念的建构论取向研究。斯滕伯格同样注意到了不同文化尤其是不同语言对天才的表达和定义。他通过引入心理学中的"内隐理论",使有关天才的非学术化的民间观念和西方文化以外的天才概念开始被学术共同体所关注,也激励了更多学者从社会、文化甚至历史的视角解读天才的概念。如在非洲文化中,智力和天才很大程度上围绕促进和维系部落内和部落间关系的技能;东亚的天才概念与忠、孝、关系、中庸之道等儒家文化中的元素有关;而在土耳其,天才一词源于古代奥斯曼帝国时期的宫廷学校,因此更多偏重于政治上的精英,并一直延续至今。斯滕伯格等进一步指出,由于不同文化中的智力定义会受到文化的约束和规范,天才实际上反映的是文化中固有的价值、实践和信仰体系。在2008年发表的《天才的概念》中,卡夫曼和斯滕伯格更加明确地指出,天才本质上而言是一种符号。

参与到天才概念大讨论中的西方天才研究者还有很多,但是大多没有超出上述三位的理论范畴。2000年,德国著名天才研究者阿尔伯特·齐格勒(Albert Zigler)和柯特·海勒(Kurt Heller)提出了超常的元理论框架(meta-theoretical framework of giftedness),少见地从元理论角度对天才进行了定义:

(1) 天才先于成就出现;

(2) 天才可以解释成就;

(3) 天才是属于个人的而非环境的。

齐格勒和海勒的工作可能是近20年中最富远见的天才定义。问题在于,上述心理学家对天才概念的改良并没有取得教育实践者的普遍认可,他们更多选择直接规避天才这个有争议的名词,转向所谓的"才能发展"(talent development)理论,甚至齐格勒本人也不免如此。才能发展理论一是承认天才的领域特殊性,二是将后天培养置于先天差异之前,三是放弃了对潜能的关注而更加重视培养过程和效果。这种转向其实是对建构论的妥协,不再坚持作为内在客观实在的天才概念,而只研究培养策略与外显能力表现之间的关系。其直接的后果就是让学术共同体中有越来越多的声音开始满足于设计和实施事实上存在较大市场需求的天才教育项目,而不再去进行关于天才的科学研究。更令人遗憾的是,在已发表的文献中,尚没有西方学者真正从天才概念的哲学根源出发对其加以辨析。而且无论是对天才概念的建构论批判还是改良,大多以 gifted(超常)或 talent(特殊才能)为对象,作为初始概念的 genius(天才)反而被忽视,使得对天才概念的历史追溯和哲学反思出现断层。

可见,超常儿童到底是先天还是后天的,这个问题本身越来越被人们淡化,人们迫切需要的是能够指导儿童教育实践的培育策略和操作指南。

在1990年香港教育统筹委员会的"第四号报告书"中,天才儿童是指那些在以下一方面或多方面有特出成就或潜能的儿童:

(1) 智力经测定属高水平;

(2) 在某一学科有特强的资质;

(3) 有独创性思考,能够提出很多创新的意见;

(4) 在绘画、戏剧、舞蹈、音乐等视觉及艺术方面有天分;

(5) 有领导同辈的天赋才能,在推动他人完成共同目标方面有极高的能力;

(6) 在竞技、机械技能或体能的协调方面有特出的天分。

超常儿童与普通儿童发育进程的一致性

超常儿童的发育进程与普通儿童有着一样的路径,都遵循发展的连续性和阶段性特点,只是在一些阶段表现出超前的趋势。

第一篇　数理超常儿童的年龄特点及教养建议

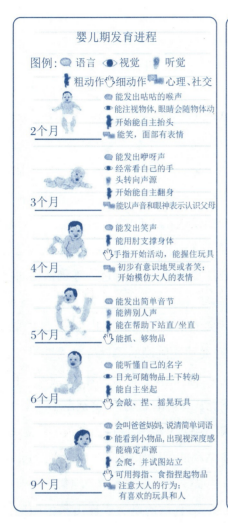

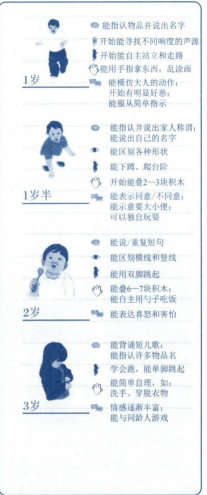

瑞士发展心理学家让·皮亚杰(Jane Piaget, 1896—1980)在《发生认识论原理》中将婴儿 0—2 岁称为感觉动作期(或感觉运动阶段, sensorimotor stage)。在这个阶段, 婴儿通过协调感觉经验(看、听、摸、尝和嗅)与身体的肌肉运动(运动行为), 来构建对世界的理解。他将这一阶段分为六个亚阶段:

第一个亚阶段(出生至 1 个月)的婴儿与环境的交互活动主要源于先天的、非习得的反射。

第二个亚阶段(1—4 个月)的婴儿已经可以进行重复性的动作。

第三个亚阶段(4—8个月)的婴儿已经有自我主体与外界客体相区分的萌芽意识,能有意识地达成目的性的动作。

第四个亚阶段(8—12个月)的婴儿开始具有明显的智力动作,且他们对主体与客体有了永久性区分。

第五个亚阶段(12—18个月)的婴儿已经开始了一种再生性同化的认识过程,这一认识过程包含再生、再认和概括三个方面。具体地说,当婴儿摇动某个玩具会发出声响时,他便会试图去使同样的事情再次发生,这就是再生过程;而当他摇晃另一样玩具时,便有了再认的过程;而当他重复这种活动时,就说明他对这一认识活动进行概括的同化活动也已经发生。

第六个亚阶段(18—24个月)的婴儿已经具备了心理创造性,也就是说他们在解决问题时已不再必须经过亲自实验,而可以通过心理创造性对客体进行认知组合与认知操作。

根据儿童心理学的研究,一般2岁左右的婴儿能辨别上下,却难于辨别前后、左右。而已有学者对超常儿童在婴幼儿阶段的成长情况调查报告显示:1岁多的超常儿童就已经能辨别上下、前后、左右的方位,并且对与方向、位置等相关的事物特别敏感;2岁多就能从车辆的启动声,辨别出小汽车、大卡车等不同的车辆,同时他们还能对新异刺激的事物保持比较久的注意力,感知能力也十分敏锐。他们不仅感知觉察的范围比较广,对注意力的分配能力也比较强,常在"无意"中记住、知道很多感兴趣的事物。他们大多有很强的求知欲,且表现出很强的"偏执"感,对喜欢的事物表现出很强的坚持性,不会浅尝辄止、轻易放弃。例如,数理超常的婴儿在还不会走路的时候就表现出喜欢看地图、火车路线图等行为,在公共场所看到带图案的东西就非常兴奋,眼睛会一直盯着看。他们热衷于拼图,甚至在深夜依旧对未完成的拼图玩得津津有味。对数字敏感,是数理超常的孩子在婴儿期就共同表现出的特点,对带有数字的玩具有很强的记忆力,甚至能把玩具上的所有数字、形状及颜色背下来。

（三）教养建议

家庭是孩子来到世上的第一个居所，对于孩子身心成长的意义重大。同年龄段儿童的智力遗传度也各不相同。

对于刚来到这个世界的宝宝们，“超常”这个标签对他们来说并没有太大意义。婴儿期的他们，无论超常与否，都应在父母的庇护和抚养下天真无邪地成长。作为父母，最重要的是具备良好的心态和无限的爱。如果过度重视孩子身上的标签，就会让过高的期望剥夺孩子孩童时期的快乐。

倘若你的孩子确实具有超常倾向，那么培育这样的孩子，对父母自身来说也是不小的考验。现实中超常儿童发展不成功的例子并不少见。超常并不是绝对的，只有在超常儿童的人格及其所接受的教育与他的天赋相匹配时，其超常之处才能得到充分发展。所以，作为婴幼儿最主要的照顾者，父母扮演着举足轻重的角色：首先，父母往往是孩子超常的最先觉察者，这就要求父母对超常具有预先的了解，对超常的特征和超常的鉴别有充分的意识，同时在观察和培育子女方面要有足够的耐心；其次，父母往往是陪伴孩子时间最多的人，对孩子的认知发展有长期的、连续的、直接的观察，对孩子是否具有超常倾向的鉴别更具现实性和有效性。国外有研究表明，在婴幼儿阶段，家长能够鉴别出大约61%的超常儿童。

给家长的温馨建议：超常儿童的早期行为线索

当孩子1～2岁时，如何确认他是不是超常儿童呢？作为父母，你可以从以下几个方面进行观察：

- 是否睡眠偏少，比普通的孩子精力更旺盛？
- 是否能较早地区分人的语音和周围的其他声音（1个月左右婴儿）？
- 是否精细动作能力发展得比较早（如手的控制力）？
- 是否粗大动作能力发展得比较早（如翻身、爬、坐的时间较早）？
- 是否更容易对重复呈现的刺激习惯化（即对重复出现的物体或刺激

较快失去兴趣和注意力)？

* 是否语言发展比一般儿童要早？
* 是否对新异刺激能够保持持久的注意力？
* 是否能长时间专注于某些游戏,经常重复而不觉得厌烦？
* 是否不愿意和大人交流？
* 是否过分专注于自己的世界,而对周围的人不感兴趣？

弗朗辛·夏皮罗(Francine Shapiro)等人的追踪量化研究表明,基于婴幼儿时期的超常儿童智力发展研究,对于后续的超常鉴别确实具有群体的可预测性。也就是说,超常儿童和非超常儿童这两类群体在婴幼儿时期确实表现出显著的差异性,但无法精确到对个人的直接预测。

早期的这些线索,并不是为了让家长在孩子两岁前就对他进行真正意义上的"鉴别",而是希望家长能够意识到这些行为的发生,从一开始就能提供有利于孩子能力发展的各种支持,必要时也可以带孩子做专业的测验和鉴定。

而对于大多数家长来说,在孩子来到这个世界的最初时期,我们需要做到的主要有三条：

* 使孩子知道有人爱他和关心他。
* 帮助孩子发展特殊技能。
* 诱导孩子的好奇心,鼓励他对外界环境产生兴趣。

以下三种做法,则是我们反对的：

* 替孩子准备太"豪华"的环境。

对于婴儿来说,尤其是出生之初的三周,新生儿大部分时间是在睡眠,即便醒来,他们的感觉能力也有限,无法感知过多的信息。

* 任由婴儿大声啼哭。

正规而又迅速地照顾婴儿的啼哭,可使照顾婴儿的人和婴儿之间产生较佳的情感连接,相比于故意放纵婴儿啼哭,或者置婴儿啼哭于不顾的做法,对建立关爱关系更加有利。但这并不意味着一味地迁就。

* 由于害怕伤害婴儿而限制刺激活动。

许多研究表明,抱一抱、逗一逗,都是对初生婴儿的眼睛、耳朵等感觉器官增加刺激的简便有效的方法。此外,还可以通过抱一抱、逗一逗之类的活动使孩子从不愉快的状态转变为舒服的状态。当然,过度的抱抱大可不必。

【延伸阅读】

两岁才说话的物理天才

其实,小智身上的那些异乎寻常之处正是一名数理超常儿童的表现特征。在美国,13岁就登上演讲台、挑战相对论的"神童"雅各布,幼时曾经也是一个"怪小孩"。

雅各布·巴内特(Jacob Barnett)

雅各布出生时,父母就隐隐觉得他与众不同。小雅各布两岁前从未开口说过话,甚至不看人。在他三岁的时候,父母发现很难与他进行眼神交流和情感互动,随后雅各布被医院诊断为阿斯佩格综合征,这是一种边缘自闭症。

一开始,雅各布的父母很担心他以后上学会跟不上学校的进度,但是恰恰相反,三岁时他就可以完成5000块拼图,在翻出全国公路路线图时,可以清楚地念出每条高速公路的名字。如果手上有一张纸,他会用各种几何图形和方程填补它的空白。雅各布的父母也注意到,当他们带他去天文馆时,他喜欢看天上的星星和行星。随着对宇宙的兴趣增加,雅各布逐渐厌烦学校常规的课程。

中学毕业后,8岁的雅各布开始旁听印第安纳大学与普渡大学印第安纳波利斯联合分校的物理课。和他一起上课的人几乎都比他大10岁以上。"但我们还是得经常向他走去,'嗨,雅各布,这道题你得帮帮我'",他的同学说。他的教授则说:"他的问题永远领先我的课堂内容两步,教室里的每个人都只有瞠目结舌地看着他。"

10岁时,他成了一名大学生。13岁时,他以第二作者身份发表了物理学论文。大学毕业后,他继续攻读博士学位。

二、方位敏感,不爱说话,需要及时回应(3—5岁)

三岁正是儿童无忧无虑、活蹦乱跳的阶段,但小智却是个安静的乖宝宝,有自己的小世界。妈妈的担忧随之越来越多。其实,随着年龄的增长,数理超常儿童在很多方面已经开始明显有别于普通幼儿,对图形、方位的敏感及超强的记忆力让他们更喜欢在自己的世界里钻研和探索。

(一) 成长故事

九月的第一个星期,初秋的阳光夹杂着偶尔飘落的树叶,为整个城市披上了一层美丽的秋意。三岁的小智被妈妈牵着手穿过街道,开始了幼儿园的第一天。然而上幼儿园的小智却不太合群,他经常目不转睛地盯着一个地方久久沉思,玩玩具时也表现出"偏执"的关注。

三岁辨图形

小智的这种表现让妈妈想起了前一天购买玩具时的情景。妈妈牵着小智的手穿过车水马龙的街道来到商场,正当妈妈忙着挑选时,小智却目不转睛地盯着旁边货架上的一套儿童玩具,那是一套用26个英文字母和10个阿拉伯数字组成的玩具,每块玩具的颜色各不相同。

小智把妈妈拉到玩具前面,也不说话,只是用小手指着那套玩具。

小智刚刚学会了字母。妈妈心想:这个玩具刚好能帮他巩固知识。于是便买下那套玩具带回了家。

然而妈妈没想到的是,小智一整晚都兴致勃勃地玩着新玩具,甚至连平时最讨厌的牛奶也在不知不觉中喝了一大杯。墙上的挂钟滴滴答答地走着,时针已经悄然指向了"10点"。妈妈觉得小智不能在去幼儿园的第一天就迟到,她必须做点什么。

"小智,妈妈跟你玩个游戏好不好?就用这套玩具。"

"好。"小智很乐意跟妈妈分享他的新玩具。

"妈妈说一个字母或者数字,你必须说出跟它相对应的颜色并且迅速找出那块玩具,如果错了你就输了,必须马上上床睡觉,好不好?"

小智点点头接受了挑战。

妈妈认为自己五分钟之后就能让儿子躺在床上,然而事实却并非如此。

"L。"

"红色。"

"9。"

"黄色。"

……

每当妈妈说出一个字母或数字的时候,小智便迅速地答出对应的颜色,并且轻松地找出了那块玩具。原来小智已经将每个字母和数字对应的颜色记了下来。试了很多次之后,妈妈终于相信儿子给了自己一个"惊喜"。

超强记方位

这个"惊喜"也让妈妈回想起之前带小智去儿童乐园时发生的小插曲。那是她第二次带小智去儿童乐园。记得第一次去的时候小智表现很好,没有像别的小朋友那样又吵又闹,他安安静静地跟着妈妈坐木马、听童话故事,表现得像个小大人。小智家离儿童乐园有很长的路程,坐地铁也需要一个多小时。一路上,小智对沿途的地铁路线图很感兴趣,一直目不转睛地盯着它看。当时小智妈妈并没有意识到小智的行为有什么不同,只觉得孩子安安静静的挺好。

第二次去儿童乐园时,妈妈像往常一样带着小智搭乘地铁。妈妈怕小智无聊,就给他带了许多小零食。可小智似乎对零食并不感兴趣,一直好奇地盯着那开开关关的地铁门。偶尔,他也会盯着地铁上的线路图看看。因为整个路程比较远,妈妈抱着小智,有点儿倦意,便靠在座位上打了个盹儿。模模糊糊中感觉小智挣脱着要下去,妈妈立刻清醒了,双手紧紧地抱着小智,却见小智用小手指着出口方向。这时,地铁上播放着已经到达某站的消息。妈妈这才意识到,原来小智是在提醒妈妈要下车了。下地铁后,小智居然带着妈妈找到了儿童乐园的地铁出口。妈妈一路跟着这位"小导航",发现他走的路和上次来的路线一点儿也不差。妈妈感到很惊讶,从来没发现儿子原来对方位如此敏感。毕竟小智还不到四岁,还不怎么识字呢。回家的路上,妈妈忍不住问小智是怎样记住这些地名和路线的。小智指着地铁上那一闪一闪的路线图,说他听到了每颗"小星星"的名字,便记住了。妈妈摸了摸小智的头,欣慰地笑了。

模型独自玩

秋去冬来,转眼间小智入学已经三个月了,妈妈应邀参加学校的家长会,会后的她陷入了苦恼中。

"陈太太,我想跟您谈谈您的孩子。"会后,妈妈被小智的班主任老师叫住。

"小智是个很优秀的孩子,学习能力、掌握的知识都远远超过了其他孩子,但是他有些举动不正常。"

虽然小智确实跟别的孩子有点不一样,但是也不能用"不正常"来形容。妈妈对老师的用词不太赞同,心里很难受。

"我就把他在学校的表现跟您说一说吧。"老师叹了口气,"小智很少与别的孩子交流,更不要说主动去跟别的孩子一起玩。他不怎么理会别人,时常发呆,喜欢一个人待在教室里。音乐老师带着小朋友们唱歌,他都不开口。所以,很多集体表演小智都无法参加。有时候,他可以一个人玩火车一个小时以上,就连蚂蚁的行军路线他也可以研究一下午。"

"我觉得您的孩子可能有自闭倾向,建议您带他到医院去检查一下。"

老师的这番话着实把妈妈吓了一跳,急性子的她第二天就把小智带去了医院。幸好检查结果显示,小智沟通能力正常,并没有显示出缺陷或是障碍,只是对人际关系不感兴趣,整日埋头于自己喜欢的事物。

（二）学界观点

 个体口语、感知发展的关键期

在心理学中，3—5岁被认为是个体口语、感知发展的关键期。

3岁儿童的大脑虽然还没有完全发育成熟，但是已经相当好。研究表明，5岁时大脑的发育差不多已成熟了80%，动作熟练。3岁左右的小孩可以完全脱离大人的帮助自己走路，如果没有人干涉他，他可以走很远的路。他们的认识能力也有了巨大的进步。

通过对人称代词"我"的应用，他们开始意识到，"我"是和别人不一样的，"我"可以自己干事情，可以控制事物，可以独立地吃饭、拿东西，也可以对事情做出基本的判断。例如，他们知道，刚从火炉上端下来的锅是碰不得的，到晚上天黑的时候，只要一按开关，灯就能亮；他们如果渴了，能够自己到冰箱里寻找喝的东西，饿了，会从家里放食品的地方找出自己爱吃的东西充饥；晚上躺在床上，他们会要求妈妈给自己讲个故事再睡觉；等等。

这些特征在3岁之前表现得并不是很明显，在此之后，也会慢慢消失。

美国发展心理学家艾利克·埃里克森（Erik Homburger Erikson，1902—1994）将人的一生，从婴儿期到成人晚期，分为八个发展阶段。其中，儿童早期的第二个阶段（2—4岁）为自主性对羞怯和怀疑（autonomy versus shame and doubt）阶段，儿童在此阶段发展顺利则能拥有依从和自主的能力。奥地利著名心理学家弗洛伊德（Sigmund Freud，1856—1939）认为3—6岁这个阶段是一个动荡不安的时期。儿童到3岁时会突然发生很大变化，有些儿童变得非常不听话、固执、任性，有些儿童的情绪突然变得很不稳定。

3—5岁的儿童通常以无意识记忆为主，只能记住形象鲜明、引起兴趣或强烈情绪体验的事物。记忆方法也还比较呆板，记忆不会特别准确。

而典型的数理超常儿童会具备超强的记忆力和对数字敏感等特征。他们在日常生活中会注意到商店招牌、汽车牌照、街道号码等数字，能记住很多其他儿童不感兴趣、记不住的东西。

其次是对"空间架构"的辨识能力很强,方位知觉发展明显,能清楚分辨空间方位。对高难度的拼图游戏或机械模型着迷,能准确分类及运用模型的细小零件。喜欢带图形或图案的东西,喜欢有空间架构的玩具等。

他们的语言已接近成熟,普通儿童3岁开始会讲比较复杂的句子,口头语言发展非常快;语言概括能力也有所发展,能用语言表达自己的想法和意见。5岁儿童的词汇量达到2583个,已能和成人自由交谈。

虽然数理超常儿童在幼儿时就表现出超常的记忆力和架构辨识能力,但他们在语言上的发展往往表现得不如其他儿童。他们叫"爸爸""妈妈"的时间很早,但是在语言学习上却表现出滞后现象。

因为他们在架构辨识方面的能力太强,对数学、物理等逻辑性较强的学科非常感兴趣,而语言架构不像科学那般严谨,故此数理超常儿童经常在语言类学科考试中受挫。这也解释了一个普遍现象:中国大部分杰出的数学家,若非出国留学,英文都不太好。有的数理超常学生甚至在高考时被英语卡住,不能进入大学,这是非常令人遗憾的事情。

在这一个年龄阶段,也有很多超常儿童逐渐表现出不愿意和大人进行语言交流、只沉浸在自己世界中的现象。有的数理超常儿童甚至会被误认为患"自闭症"。我们认为,数理超常儿童的这种表现是"自闭"倾向,不是真正的"自闭症",经过社会化的训练,伴随着年龄增长,这种情况将会好转。

 早期教育对儿童发展的意义

关键期(critical period)是指对特定技能或行为模式的发展最敏感的时期或者做准备的时期,是个体发育过程中的某些行为在适当环境刺激下才会出现的时期。如果在这个时期缺少适当的环境刺激,这种行为便不会再产生。

关键期的概念源于奥地利动物习性学家康罗德·洛伦兹(K. Z. Lorenz)在研究小鸭子习性时的发现。它们通常将出生后第一眼看到的对象当作自己的妈妈,并对其产生偏好和追随反应,这种现象也被称为"印刻(imprinting)"。心理学家将印刻发生的时期称为动物辨认母亲的关键期。

关键期的最基本特征是,它只发生在生命中一个固定的短暂时期,如小鸭子的追随行为典型地出现在出生后的24小时内,超过这一时间,印刻现象就不再明显。

这提示我们：人或动物的某些行为与能力的发展有一定的时间,如在这段时间给以适当的良性刺激,会促使其行为与能力得到更好更快的发展;反之,则会阻碍其发展甚至导致某种行为能力的缺失。

关键期又称最佳期、敏感期、临界期,心理学家借用关键期概念,提出了儿童心理发展的关键期：

6个月左右是发展咀嚼动作的关键期；

6—9个月是形状和大小辨别能力发展的关键期；

1—3岁是计数能力发展的关键期,也是口头语言发展的关键期；

3—5岁是发展音乐能力的关键期；

4—5岁时发展阅读能力的关键期；

幼儿期和青少年期是培养独立性的关键期；

……

现代化的儿童观

✻ 儿童是一个社会的人,他应该拥有基本的人权。

✻ 儿童是一个正在发展的人,故而不能把他等同于成人,或把成人的一套强加于他,或放任儿童的发展。

✻ 儿童是具有主体性的人,是在各自丰富的活动中不断建构他的精神世界的。

✻ 每个健康的儿童都拥有巨大的发展潜力。

✻ 幼儿才能的发展存在递减法则,开发得越早就开发得越多。

✻ 儿童的本质是积极的,他本能地喜欢和需要探索和学习,他的认知结构和知识宝库是在其自身与客观环境交互作用过程中建构的。

✻ 实现全面发展与充分发展,是每个儿童的权利,其先天的生理遗传充分赋予了实现全面发展的条件,只有全面发展才能充分发展。

✹ 儿童的学习形式是多种多样的,如模仿学习、交往学习、游戏学习、探索学习、操作学习、阅读学习等。成人应尊重幼儿的各种学习形式,并为他创造相应的学习条件。

(三) 教养建议

为什么在幼儿时期孩子会很不听话,总是和家长作对?

这从生理发育上可以解释。由于幼儿还没有内化的思维,他们很难把外部规则内化为自己的需要。然而无论是阅读、学拼音,还是学习数学,都是以掌握一定的规则为前提的。

心理学家认为,3—6岁儿童的主要任务,是通过游戏活动,亲身体验自己将来想成为什么样的人,培养目标方向感和自主性、创造性。对于数理超常儿童,游戏也应该是他们的权利。知道孩子的成绩后,家长要做的不是比较名次,也不是急于批评孩子的"马虎"。而是应该蹲下来,平等地和孩子探讨。3—4岁的幼儿在感情上很像成人,但是在思维上却离成人很远。如果您的孩子是数理超常儿童,除了关心孩子的智力发展以外,更应该关心他们在情绪、兴趣和态度方面的发展。

给家长的温馨建议：玩中学，问中练

✱ 超常儿童首先是儿童，其次才是超常儿童。他可能会解答一些令人惊叹的难题，但他的大多数行为仍然是儿童的行为。

✱ 经常陪孩子玩拼图、积木类游戏，教孩子动手制作玩具、做实验，在玩乐中培养孩子的动手能力和创造力。

✱ 在游戏中和孩子对话，寓教于乐，培养孩子提出问题和思考问题的能力。

数理超常儿童语言能力发展普遍比较滞后，平时不喜欢用语言和父母沟通。家长可以有针对性地进行干预，刺激儿童语言技能的发育。

家长可以通过游戏和一些日常活动观察和了解孩子的目光接触、手势、表情等非语言沟通技能。然后，家长要选择孩子感兴趣的游戏活动，让孩子参与其中。在游戏过程中，家长也要给孩子提供关注、聆听和表达的机会。必要时，家长可以选择需要"配音"的游戏活动场景，要求声情并茂、语速缓慢、口齿清楚、语言简单，让孩子注意家长所说的话，并与当时的情景相联系。对于孩子的语言表达，家长也要及时回应。应答内容可包括：肯定孩子的行动（如"是的""很好"）；模仿孩子的发声（不是单词也模仿）；对物体、事件或活动的描述（如"你拿着一块饼干"）；提问物体、事件或活动（如"那是什么？"）；玩耍的提示或示范（如"你为什么不喂娃娃吃东西呢？"）；探索活动的提示（如"看哪儿？"）。注意在应答的基础上要尝试进行扩展和延伸，以塑造略为复杂的表达形式，让孩子在沟通交流的过程中习得语言表达能力。

✱ 给孩子买逻辑益智类书籍，如介绍数字、形状、自然动植物类的儿童书籍均可选购；还可以带孩子去书店，让孩子自己选购想要阅读的书籍。

✱ 解答孩子的各类"奇怪问题"，不打击他们的好奇心，有足够的智慧和耐心来引导他们去发现问题、解决问题。

✱ 经常陪孩子听古典音乐，培养对音乐的感知能力，使孩子获得对美的感受力、鉴别力和表现力。

请注意：不要把你未曾实现的愿望强加在孩子的身上，不要用你的理想去绑架孩子的童年。

给老师的温馨建议：呵护孩子的好奇心

在目前的学前教育环境中，数理超常儿童可能面对的情况是，在幼儿园中因为不善于和小朋友交流，或过度活跃，被老师误认为是"问题儿童"而受到区别对待或投诉。因为在内地和香港的学前教育中，鉴定的体系尚不完善，很多数理超常儿童在这个时期都有过被"区别对待"的经历。这些经历可能会对他们以后的成长有负面的影响，也许在不经意中就扼杀了一位潜在的数理天才。所以，请老师们：

✾ 保护孩子的好奇心，尽量解答他们的各种"奇怪问题"。有些超常儿童可能会耍小聪明或者有些"话痨"，老师应该耐心地与其交流。

✾ 保护孩子的创造力，老师没有必要给孩子的每分每秒都安排活动，让孩子有时间去幻想，有时间做他们想做的事情。一切按时间表行事，是很难发挥孩子的创造力的。

✾ 与家长密切联系，必要时可建议家长带孩子去做专业的超常鉴别测试；在家长接送孩子时，就孩子在学校的表现与家长沟通，经常做有针对性的家访或者电话访问。

✾ 不轻易给孩子贴上"问题儿童"的标签，老师在面对比一般儿童更活跃或者更沉默的孩子时，不应一味指责。在上课期间或下课之后尝试与孩子沟通，并引导其学习。

✾ 管教是必要的，"超常"不能成为不良行为的借口。

【延伸阅读】

数学天才三岁读写　不爱故事偏爱数字

历史上也不乏一些从小就表现优异的名人，比如著名数学家诺伯特·维纳（Norbert Wiener，1894—1964）。

诺伯特·维纳1894年出生于哥伦比亚。父亲列奥·维纳是一位语言学家,同时在数学方面也极具天赋。也许是遗传所致,又或许是得益于父亲的熏陶,诺伯特·维纳很快表现出非比寻常的"超常智力"。维纳小时候就拥有异于常人的智力,早在3岁时已能读写。年幼的他已经对五花八门的科学读本爱不释手,生物学和天文学的初级科学读物成为他认识自然的启蒙读物。他7岁开始深入物理学和生物学领域,掌握的知识和理解深度甚至超越了自己博学的父亲。当其他小男孩还在梦想着长大之后成为一名警察或火车司机的时候,维纳就已经完全痴迷于科学的世界,他渴望成为一名博物学家。

诺伯特·维纳

维纳的父母曾经好几次设法送他到学校去接受教育,但由于智力超常,他在校内很难找到有助于他发展的课程安排。他的阅读能力也远胜过他的书写能力,直到9岁时维纳才作为一名特殊生进入中学,12岁中学毕业,14岁大学毕业,更在18岁时成为哈佛大学数学博士。在维纳博士学位的授予仪式上,执行主席看到一脸稚气的维纳,颇为惊讶,于是就当面询问他的年龄。维纳不愧为数学"神童",他的回答十分巧妙:"我今年岁数的立方是个四位数,岁数的四次方是个六位数,这两个数,刚好把十个数字0、1、2、3、4、5、6、7、8、9全都用上了,不重不漏。这意味着全体数字都向我俯首称臣,预祝我将来在数学领域里干出一番惊天动地的大事业。"维纳此言一出,四座皆惊,大家都被他的这道妙题深深地吸引住了。

其实这个问题不难解答,但是需要一点数字"灵感"。不难发现:21的立方是四位数,而22的立方已经是五位数了,所以维纳的年龄最多是21岁;同样道理,18的四次方是六位数,而17的四次方则是五位数了,所以维纳的年龄至少是18岁。这样,维纳的年龄只可能是18、19、20、21这四个数中的一个。剩下的工作就是"一一筛选"了。20的立方是8000,有3个重复数字0,不合题意。同理,19的四次方等于130321,21的四次方等于194481,都不合题意。最后只剩下一个18,是不是正确答案呢?验算一下,18的立方等于5832,四次方等于104976,恰好"不重不漏"地用完了十个阿拉伯数字,多么完美的组合!

后来,这位年轻的博士果然成就了一番大事业:他成为信息论的前驱和控制论的奠基人。

三、注意力强,离群独处,需要主动关爱(6—9岁)

很多人喜欢说"越长大越孤单",对于数理超常儿童,这句话绝对不是夸张的表达。在学龄初期,他们一方面在数学等学科的学习上会表现得超乎常人的好,另一方面在语言学习和交流上表现出不感兴趣,而更喜欢独处。

(一)成长故事

"越长大越孤单",用这句话描述小智现在的状态最合适不过了。小智6岁多了,他在数理学科方面表现出的天分让妈妈无比欣慰,但他内向孤僻、不爱说话、与同龄人相处有困难,这也着实让妈妈着急。

俊采星驰:超常儿童培育指南

 家有"问题小孩" 妈妈很苦恼

小智从3岁开始,被妈妈带着看了很多医生,无一例外都说小智有阿斯佩格综合征。妈妈不愿意相信这个判断,但是小智在语言表达能力、文学艺术和肢体动作方面的发展的确明显慢于同龄人,平时也不喜欢说话。这一切使他成为老师和同学眼里的"问题小孩"。

今天,妈妈又一次被班主任老师请到学校,这样的事情从小学开始已经不知是第几次了。

"陈太太,很抱歉又请您过来。我们希望您能给小智换一所学校。小智目前的情况,我认为不适合这种集体式学习和生活,很抱歉他可能不适合继续在我们学校完成学业。"老师叹了一口气。

妈妈大吃一惊,小智虽然整体成绩不好,但是也不至于严重到被退学的程度吧。

班主任扶了扶眼镜,继续道:"小智刚刚入学时只是不太爱说话,很少跟老师同学交流。但是现在情况更严重了,上课睡觉不说,连家庭作业也经常不做,我找他来谈话他也不理,我想我们是管不了您家的孩子了。"

听着老师的话,妈妈心里很是着急。她怎么也没想到儿子已经成了老师眼里的"问题小孩"和"坏学生"。

老师告诉妈妈:"小智在语文课和英语课上不专心听讲,甚至趴在课桌上睡觉,课后作业更是不做。但在上数学课时,小智却表现很好,注意力集中,学东西也很快,您可以看一下小智这学期数学测验的成绩。"说着老师拿出了一本成绩册,数学成绩那一栏小智得了很多个满分。

看着成绩册,妈妈的思绪不禁回到了小智6岁那一年。

 口算心算超级快 教授也刮目相看

有一次,妈妈带小智去麦当劳吃晚餐,碰巧和一对父女坐在一起。女孩的爸爸看起来像个老师,女孩是初中生模样。吃饭的时候,父亲随机给女儿出了道数学题。

"现在有55个碗,一人一个饭碗,两人一个菜碗,三人一个汤碗,你说说看,现在有多少人呢?"

"爸爸,能不能不做啊?没有本子和笔,怎么做题啊?"女孩不耐烦地嘟囔着。

"那你猜猜看呢?"

女孩刚要说话,就听见小智喊了声"30"。

一直看热闹的妈妈这才把目光转向小智。小智看着女孩的爸爸,睁着他那双大大的眼睛,好像在等答案。

"对,就是30。"女孩的爸爸打量着小智,眼神里充满着惊讶。

"啊!不可能吧。"女孩一脸的不可置信,"你怎么算出来的?"

小智看着女孩,并不说话。

"你一定是乱说的,对不对?"

小智看了一眼女孩,说:"不是。"就低下头接着吃手里的鸡翅。

"小朋友,叔叔再问你一道题,好不好?"

小智抬起头,等着下面的问题。

"一群奥特曼打败了一群小怪兽,奥特曼都是1个头、2条腿,小怪兽都是1个头、5条腿。战场上一共有10个头、41条腿。那么有多少个奥特曼?

有多少个小怪兽?"

小智想了想,说:"7个小怪兽,3个奥特曼。"

女孩的爸爸惊喜地点点头,转头问小智妈妈有没有送他去过数学补习班。

"没有,他才6岁,刚上一年级,真不知道这孩子是怎么猜出来的。"

"哇!小神童!"女孩兴奋地大叫起来,拉着小智不停地问这问那,小智有一句没一句地回答着。

妈妈也与女孩的爸爸交谈起来。原来女孩的爸爸是大学数学教授,平时就喜欢出一些题目考女儿,都快成了"职业病"。刚才他问小智的题目,都是初中孩子的水平了,而小智居然一口说出答案来,着实让他吃了一惊。临别时,这位教授还特意叮嘱小智的妈妈,让她好好培养小智,以后一定会有大出息!听了教授的话,妈妈心里也美滋滋的,想到小智这么聪明,以后就不用为小智的学习操心了。

如今小智已经9岁了,读小学四年级。他的数学成绩确实非常好,但是其他方面的表现却很让妈妈担忧,现在又面临着被退学的危险。想着小智的未来,妈妈不由地忧心忡忡。

(二)学界观点

学龄初期是儿童注意力、社交能力培养的关键时期,这个时期儿童的成长环境由以家庭为主转变为以学校为主。他们在学习知识和训练能力外,还需要学会在学校与老师、同龄人相处。大量的研究数据显示,我们需要特别关注超常儿童的情绪需求,因为社交情绪会直接影响孩子的学业成绩。超常儿童会受到一些情绪问题的困扰,极大的原因是他们的学习环境未能满足其独特的需求。因此,我们必须要了解他们的社交及情绪需求,才能帮助他们发挥潜能。

学龄初期,数理超常儿童在数学和科学的课程上有独特的天分,而语言和沟通能力的发展则较慢。教育心理学家本杰明·布卢姆(Benjamin S.

Bloom，1913—1999)对数学家的发展状况进行过一次追溯研究，该项研究是根据数学家们的回忆进行的。那些数学家无一人声称自己上学前就会阅读，而且20人中还有6人在学习阅读时有困难。进入学校后，面对大众教育的模式，这类儿童可能会有种种不适应的情况。例如，有些超常儿童对批评过于敏感，这种敏感性增强了他们对自己近乎苛刻的自我完美要求，过分提高了他们的成就动机水平，对自己提出不切实际的期望。克拉克(B. Clark)曾提出，敏感性在超常儿童共通特征中出现得最早，也是最为核心的特点。超常儿童的情绪敏感度与强烈度远超同龄人，尤其是数学超常学生，因为他们具备一种强烈的发展动力。发展动力是一种天生的、自觉的能量，使个体能对各种刺激作出反应。为了保护自身的这种完美形象，有些超常儿童就会采取各种心理防御手段，如与众隔离、压抑、不敢冒险尝试等。

有研究指出，超常儿童智力越高，离群的倾向就越高。例如，智商在160或以上者，常被别的儿童排斥于游戏团体之外或自行离开。这些超常儿童往往站在游戏圈之外观看别人游戏，或者自觅方式做孤独的自我游戏，或者把时间用在书本上，从知识的追求中寻找安慰。美国天才儿童发展中心琳达•西尔弗曼(Linda Silverman)教授提出，大约75%的超常生是内向的，内向与内省、反射、自我防御、敏感、道德发展、高学术成就等相关联，然而这些特性也很有可能会被家长"误解"和"纠正"。

这一点在小智身上体现得比较明显。小智在数学学习上比同龄人明显高出很多，而其他方面的学习就令妈妈很担心。在很多现实例子中，这个阶段的数理超常儿童，由于语言和交流能力的发展比较慢，可能会出现人际关系的问题。例如，不知如何与同龄同学交流相处。在日常生活中，有些儿童还经常做"白日梦"，被别人认为是"怪胎"。

此外，数理超常儿童由于不适应普通教育课堂而表现出注意力缺陷的时候，往往被误诊为"注意力缺陷多动障碍"，若施加不当的治疗措施，则可能阻碍孩子的发展，因而要仔细区别超常儿童和真正的多动症(attention-deficit hyperactivity disorder，ADHD)儿童。

美国精神医学会认为ADHD的主要病症是：注意力涣散(inattentive)、

过度活跃(hyperactive)和自制力弱(impulsive)。而基于以上三种病症出现的程度,ADHD 又细分为三类:注意力缺陷型(mainly inattentive)、冲动控制障碍型(mainly hyperactive-impulsive)和混合型(combination)。

ADHD 的主要特征是不专注、过度活跃和冲动,这些症状通常造成儿童很难遵守或者维持群组规则。以下介绍两种通常可能导致超常儿童被误认为 ADHD 的行为表现。

第一种是在课堂上注意力不集中而痴迷于个人的兴趣。这是极具天赋的儿童和成年人中一种普遍的行为表现,也是富有创造力的标志。

事实上,这种意识的集中状态被心理学家米哈伊·奇凯岑特米哈伊(Mihaly Csikszentmihalyi)称为"涌动"。奇凯岑特米哈伊将涌动定义为:个体潜心于对自己有益的活动而进入的一种状态,在这种状态中,个体已经展现了他的潜能,并触及"创新"和"发现"的基本原理。涌动并不是一种病态,而是富有创造力的个体被某个问题或方案所吸引而进入的一种意识状态。这种涌动的状态源于大脑的整体启动,我们前面描述的充满热情的数理科学家就经常处于这种意识水平上。而在我们现实的教育过程中,应该试图帮助孩子们达到这种心理状态,而不是误解和蔑视。

第二种行为表现包括对环境的敏感性(易分心),喜欢新奇的事物(新的信息),有倾向于支配操作员的创造性。这些儿童较容易被环境中的刺激干扰(或者更精确地说,是非常地敏锐),总需要不断接触新事物,充满各种想法,善于观察、猜想各种可能性。

为了把超常儿童类似于 ADHD 的行为与真正的注意力缺陷行为区分开,可以根据以下几个问题来判别:

✤ 学习是否呈现下降的趋势?

✤ 是不是由于注意力缺乏、冲动、过度活跃而出现了学习障碍?

✤ 这些行为表现是因为超前掌握了知识或者只需少量的时间就能掌握知识而感到厌倦,还是因为无法明白自己为什么要掌握所教的知识?

✤ 是因为只需投入很小部分的注意力就能掌握课程的进展,所以才表现出注意力缺乏吗?

✱ 当信息以他们觉得有趣而又能长见识的方式呈现时,他们能否较好地学习和集中注意力?

(三) 教养建议

尽管有些超常生确实存在不合群现象,甚至有明显的注意力问题,但我们遇见过的超常儿童,大多数能对自己感兴趣而又能长见识的事物保持良好的注意力,并且在学业上不落后于人。超常生可能喜欢学习,但不一定喜欢读书,尤其是教科书,所以往往会因为不够用功而造成"低成就"现象。若要求超常生一定考一百分、考第一名,那么他可能要把全部精力都放在应付考试上面。在这种情况下,个人的积极性会直线下降,真正的学习动机和能力会越来越低,最后"泯然众人矣"。如果你的孩子在某些方面确实表现突出,但学习成绩不太好,我们认为你应该试着去分析孩子的优缺点,并积极地进行引导,培养他积极的学习态度。如果仅仅因为他无法有效地参与课堂的日常活动,就冠以"ADHD",这是完全错误的。如果超常儿童在课堂上出现注意力问题,确定课堂内容对他是否具有足够的挑战性至关重要,还应该排除由视觉、听觉、语言、记忆等问题造成的注意力集中方面的困难,最后再考虑孩子是否有注意力障碍。

给家长的温馨建议:陪伴和互动

家长不仅是孩子的启蒙老师,也是孩子的终身老师。对于学龄初期的超常儿童来说,家长对其学习及生活有着举足轻重的影响。在发现孩子有注意力不集中或者不合群现象时,盲目责怪甚至体罚是最不可取的。

✱ 厘清孩子的注意力问题,以兴趣引导孩子专注。对孩子表现出的阅读兴趣给予实际行动上的支持,比如经常陪孩子去图书馆、科学馆等地方,给孩子购买他喜欢的书籍,在他玩自己感兴趣的游戏时不轻易打扰。

✱ 关注孩子的情绪需求,以鼓励替代对智商的夸奖。

家长要进行鼓励教育,比如孩子快速而正确地完成拼图任务时,用"你刚才一定非常努力,所以表现出色"来代替"你在拼图方面很有天分,你很聪明"。孩子犯错时不能一味指责,在孩子有微小进步时就给予及时的肯定和称赞,如给孩子一个微笑;即便没有按标准完成事情,也要对其努力的态度进行鼓励和嘉奖;不要期望孩子任何时候都表现出超常的样子,过度的期望只会徒增自己和孩子的挫折感。

✿ 保证每天有足够的亲子时间,让孩子有安全感。

在孩子课余时间,可以陪孩子一起游戏、学习和参加各项社会活动,观察孩子的言行举止,走进孩子的世界。比如,经常跟孩子说话,鼓励孩子表达自己的想法,并在孩子表达有困难时进行引导。

请注意:家长如果不能确定自己的孩子是超常儿童还是 ADHD 儿童,或是某方面发展有缺陷的儿童,可以带孩子去专业机构进行检测。

 给老师的温馨建议:耐心和公平

相较于普通儿童来说,超常儿童需要得到教师更加细致的关注。这些需要既来自于他们在学业中遇到的困难,也来自于他们的天赋。优秀的教师应该告诉学生如何看待这个世界,点燃他们求知的火花,还要和他们并肩学习。像朋友一样的老师,对孩子的成长十分重要。培养孩子的创造力,启发他们的好奇心和直觉,是教育工作者最重要的贡献。

✿ 留心鉴别班级中的数理超常学生。

教师可以从以下几个方面来识别学生是不是数理超常儿童:数学极好但上数学课时心不在焉;简单数学问题易犯错,困难问题却易如反掌;对几何难题常有直观的答案,却说不清详细步骤;问一些莫明其妙的问题,例如"为何 0 不等于 1?""正态分布是否正常?";说话不会讨人喜欢;英语能力差。

✿ 公平对待学生表现出的天赋和不足之处,不歧视,不动怒。

首先,教师可以跟学生做朋友,每周与学生谈心,从中尽量了解学生的心理动向,并适时给予指导。其次,把初步确定的超常儿童集中起来,在规定的一段时间内(三天或六天)交给他们一定的学习任务,观察他们完成任务的质和量,或者讲述有关学科的知识,观察他们领会和灵活运用的程度。

✱ 与家长密切联系,必要时帮助联系辅导机构和专业鉴别机构。

对数理超常儿童,可每月至少与家长交流沟通一次,掌握他们在校内校外的表现以便制订有针对性的教育方案。可向家长推荐"数学夏令营"之类超常辅导学习班。在不能够确定是不是超常儿童的情况下,建议家长带孩子到当地专业鉴别机构进行智力测定与鉴别。

【延伸阅读】

智力超群却不会相处　数学家幼时也退学

有着"数学界莫扎特"之称的华裔数学家陶哲轩(Terence Chi-Shen Tao)小时候也曾经退过学。

陶哲轩两岁的时候就对数字非常着迷,甚至试图教别的小朋友用数字积木进行计算。三岁半时,陶哲轩被父母送进一所私立小学。虽然陶哲轩的智力明显超过班上其他同学,但他却不知道如何与他们相处,而学校的老师面对这种状况也是束手无策。

几个星期以后,陶哲轩退学了。

这次经历让陶哲轩的父母吸取了宝贵的经验和教训:培养孩子一定要和孩子的天分同步,太快太慢都不是好事。陶哲轩在母亲的指导下几乎完成了全部小学数学课程。母亲主要对他进行启发式教育,而非填鸭式教育。而陶哲轩最喜欢的学习方式也是自学,在母亲的鼓励下,他"贪婪地"阅读了许多数学书籍。

5岁生日过后,陶哲轩再次迈进了小学大门。这一次,父母在考察当地很多学校后,选择了离家2英里①远的一所公立学校。这所小学的校长答应

---

① 1英里≈1.61千米。

为陶哲轩提供灵活的教育方案。于是，陶哲轩和二年级同学们一起学习大多数课程，数学课则与五年级的学生一起上。

陶哲轩

这名数学神童，从7岁起便开始学习高中课程的微积分。9岁时，他就已经学完了大学阶段的高等数学课程。1986年、1987年、1988年，陶哲轩连续3年成为国际数学奥林匹克竞赛最年轻的参赛者，依次获得铜牌、银牌、金牌，不满13岁就获得金牌的纪录迄今没有人打破。21岁时，陶哲轩已经从普林斯顿大学获得了数学博士学位。24岁时，他就被加州大学洛杉矶分校（UCLA）聘为正教授。2006年，陶哲轩获得"数学界的诺贝尔奖"——菲尔兹奖。他是继丘成桐后第二位获得该奖项的华人。

四、数学考差，不善社交，需要了解实情（10—11岁）

到了学龄中期，数理超常儿童最容易表现出叛逆的特点。他们的数学能力和逻辑推理能力可能已经非常强，但是语言能力的发展却不能与数理能力的发展同步,因而常常引起很多让家长头疼的问题。

（一）成长故事

小智今年10岁了。相较于越长大越懂事的同龄人,小智此时的表现却有些令人担心,他孤僻离群、反叛固执,甚至对自己擅长的数学学习似乎也失去了兴趣。小智真的是个"坏学生"吗？还是对他的教育方式出了问题？妈妈的心里充满惆怅。

 本是数学小天才　偏偏数学不及格

城市的街道在上下班的时候总是显得异常拥挤,人们在人行道的两头等待着。绿灯开始闪烁,人们便步履匆匆地穿过马路,形成城市里标志性的风景。

刚从家长会上回来的妈妈随着拥挤的人流快步前行,身旁的嘈杂声丝毫不能引起她的注意。现在她满脑子都是自己的儿子,还有手提包里他不及格的数学考卷。

她想不明白向来喜欢数学、数学成绩几乎一直满分的小智现在怎么会不及格。原本安静、老实的小智也不见了,变成了让老师头疼的捣蛋鬼。

妈妈回到家后,径直走到小智的房间,小智趴在桌子上,出神地盯着墙上的世界地图。

"小智！"

小智这才发现妈妈回来了,低头看看自己的书和本子,已经被胳膊压皱了。

"小智,从今天开始,妈妈要检查你的家庭作业。今天的完成了吗？"

小智摇摇头。

"怎么还没做？"

"不想做。"

"为什么不想做？"

"就是不想做。"

小智固执的语气,让妈妈很生气。但十年来教育小智的经验告诉她,不能发火,一定要有耐心。"你好好做作业,妈妈给你买你上星期很想要的那本书,好不好?"

小智没有表现出特别开心的样子,只是点点头,妈妈却觉得这个约定算是生效了,满意地去了厨房,开始准备起晚餐来。

晚饭后,作业完成得并不理想。妈妈发现,小智不只是不想做作业,甚至连老师布置了哪些作业也不知道。妈妈开始恼火了,意识到儿子的学业确实出现了问题。最后,妈妈不得不给小智准备一个小本子,让他在上面记清楚每个科目的作业,下班回来陪他一起完成。

现在,下班后的妈妈更加匆忙了,她尽可能早点赶回家辅导小智做作业。妈妈以前一直认为对小智的培养应该顺其自然,想给小智一个简单快乐的童年。但是,不及格的数学成绩让她开始怀疑自己的教育理念。是不是因为"放养",才让以前的数学小天才变成了现在的模样?

上课分神不合群　　老师有锦囊妙计

妈妈耐心地陪小智做数学题,从第一道到最后一道,但小智的漫不经心却让她心里很是着急。于是她主动给班主任老师打了电话，询问儿子在学校的表现。老师建议她来学校看看。第二天上午，妈妈来到了学校。正好第二节课是数学课，她躲在教室后门处偷偷观察小智。

只见小智一会儿看看窗外，一会儿凑到同桌那里打扰，甚至用脚踢前面男孩的椅子。小男孩笑嘻嘻地回头，用纸团打小智，小智又捡起纸团丢向他。这一幕被老师抓了个正着，把两人叫起来教训了一番。

教室外的妈妈看着这些，真是又气又急，想着回到家里要好好地教训教训小智。这时，班主任走了过来，把她叫到了办公室。

班主任告诉妈妈，小智蛮聪明，脑袋也不笨，就是对学习不上心，只要用功一点，应该会学得很好。

"嗯，我现在也看着他学习，每天晚上都陪着他做作业，可是这孩子就是心不在焉，你看他在课堂上一直玩儿，一点课都不听啊！"妈妈苦恼地说。

"是的，我也很担心，毕竟现在的课程不难，这基础不打好，以后学习会很吃力的。你也别太着急，小智还是很聪明的，听说前两天，他们数学老师在课堂上出了一道奥数题，只有他一个人答出来了。"

"我最近也发现，这孩子做书后的难题或思考题，速度很快，正确率也很高。但是前面的基础题却容易做错，而且还不打草稿，只喜欢心算。我每天都逼着他写步骤，不然他就只写个答案。"

"照这么说，我觉得你应该重视这件事了。小智会不会是数学超常的学生，我最近听了一个这方面的讲座，就是关于这个的。"班主任老师说着，把自己参加讲座拿到的材料找出来给妈妈看。材料中有这样一段描述：

这个超常儿童数学营的背景，就要从我的大儿子说起了。

他在小时候就表现出惊人的数学能力。在他五六岁，还只会加减乘除的时候，一次茶余饭后我问了他几个需要联立方程组的鸡兔同笼问题，他稍加思索之后竟说出了正确答案。然而联立方程需要中学一二年级的知识！他甚至也不懂如何用笔写下解题的步骤！但我相信这就是数学超常儿童特有的数学感觉——他可以不需要知道标准的解法，按照自己对于这个数学问题架构的理解，快速地找出正确答案。

工作繁忙，我也没有刻意培养大儿子的数学天赋。直到有一天，妻子向我"告状"。原来，数学成绩一直很好的大儿子在四年级的数学科目测试上碰了壁。

第一次测验拿了马马虎虎的 80 多分，第二次测验竟然退步到了 70 多分。带着百思不得其解的心情，我决定好好查看一下儿子的功课。在儿子的数学练习本上，我发现一个奇怪的现象，一道大题前 8 道小题的答案总是正确的，而后面的 12 道题全部算错。仔细问过大儿子之后，我才了解问题其实并不在大儿子的数学能力上，而是在小学的数学教育上。

这一道大题里的 20 道小题出题思路都一模一样，儿子不费吹灰之力就能算对前几题的答案。但对之后的问题他就无心解出正确答案，便随便写个数字应付老师。第三次测验前一晚，我负责帮大儿子复习数学。我给大儿子复习的方法很简单，只问他每一章的重点知识概念，然后让他把课后练习中的最后一题做出来让我看，做完之后，我就把书本一合让他回去睡觉了。我还记得当时他不可置信的眼神，因为以往妻子总是让他做完书后的每一道习题才肯罢休。这样的复习策略看似简单，却消除了大儿子对数学的厌烦感觉。我反过来给他信心，不强迫他做不愿意的重复练习，结果第三次测验他又重新拿到了高分，儿子以后的数学再也没有出问题。

之后不久我便迎来了作为大学教授专有的长假。作为一个爱子心切的父亲，又身为一名数学教育工作者，在这个长假里，我构思了一个活动，一个能帮助一些像大儿子那样数学超常的小学生重燃数学热情的活动。我反复地思量什么样的活动既能引起孩子们的兴趣又能教给他们数学的知识。最后发现夏令营最合适不过。有了这个想法之后我便立刻着手筹备。在研究数学之余，我就与数学系的其他访问教授一起研究讨论活动项目。历经三个月的时间，我们研究设计了数学魔法纸牌、趣味手指数数、下棋必赢秘诀、数学动画创作以及数学游戏斗智力等游戏，第一届超常儿童夏日数学营总算有了雏形。

刚开始我并不看好这个数学营的报名情况，但结果却大受欢迎，名额供不应求，甚至有家长拜托学校的校长来请求让孩子报名参加。于是我们便对这批报名参加者做了一次筛选,保证最后进入数学营的大部分同学都是数学超常儿童。在数学营里,我与另外几位访问教授寓教于乐,将游戏中蕴含的数学知识传递给数学营里的每一位小朋友,不论是小朋友还是我们自己,大家都玩得非常开心。

直至今日,我还是对数学营里发生的两件事记忆犹新。

一次是在数学营刚开营一天,晚上便挂起了风球,第二天由于大风的影响不得不将原定的计划延后一天。第三天数学营重新开办,好几位超常儿童的父母兴冲冲地跑来与我分享孩子的改变。她们说,从前儿子遇到风球,巴不得风越大越好不用上学,但是昨晚儿子却破天荒地在求老天爷不要挂风球,期盼第二天能继续参加数学营。

另一次是在结营的那一天,课间休息的时候我突然感觉有人在扯我的衣角,低头一看,原来是一个胖胖的小男孩,他怯生生地说:"你可不可以帮我一个忙。"当时我就觉得这个小男孩真是可爱,还不懂叫我韩教授,只会拉拉我的衣角。我便微笑答道:"什么事啊?"他扑闪着一双眼睛,扭捏地说:"你可不可以跟我的数学老师说情,让我上课不听他讲课可以吗?"当时的我只是觉得好笑,后来仔细一想才觉得这真的就是超常儿童在课堂上遇到的困难吧,居然可以让一个腼腆的小男孩向数学营上的教授求救。可以想象这些数学超常儿童在学校不被老师理解,回到家里父母也不了解情况,真的是求救无门了。

同时,通过在夏令营里与这些超常儿童的父母沟通,我掌握了更多关于超常儿童的第一手资料,为我之后对超常儿童的研究埋下了伏笔……

小智妈妈一口气把以上的材料读完,字里行间的情感共鸣让她像找到了知音一样。

"对的,对的,小智也是这样!现在这个夏令营还在办吗?"

"应该还在办的,这里是联系方式,今年暑假你可以把小智送去试一试。如果他真是数学超常生的话,你应该换一种教育方式了。"

"可是,我也不知道该怎么办啊?"

"你别急,你回去也用那个教授的方法试试小智,给他做些难度大的题目,先看看再说。"妈妈点头答应,走出学校,她就去书店买了些数学竞赛类书籍,想着回去考考小智。

两个月后的暑假,小智被妈妈送去了老师推荐的数学夏令营。

所以,不合群、功课差的孩子并不就是"坏孩子",老师和家长只有对这些孩子给予适当的关心和帮助,才能发掘出这些孩子的与众不同之处。

(二) 学界观点

青春期的特点

教育家卢梭(Jean-Jacques Rousseau,1712—1778)说:"儿童是有他特有的看法、见解和情感的。如果想用我们的看法、见解和情感去替代他们,那简直是愚不可及。"超常领域的学者皮乔夫斯基(Michael M. Piechowski)也曾指出超常生有一项重要的特质,即对事物的一种强烈感受。这种感受包括栩栩如生的经验、强烈的吸收欲、想要参透的感觉、想要弄懂一切的欲望等。比如,他们具有精力旺盛、像海绵般对知识的吸收力、丰富而生动的想象力、对道德的强烈敏锐度以及情感容易受伤等特质。

青春期的青少年身体发育迅速,与此同时,和性功能有关的生理特征也发生了改变。这些生理特征,有些被称为第一性征,主要是指生殖器官本身(即女性的卵巢、子宫、阴道,男性的阴茎、阴囊、睾丸)的特征;而另一些被称作第二性征,即身体外部可见的其他性成熟标志特征(如女性乳房发育和两性腋毛、阴毛的出现,见表1.1)。

表1.1 男孩和女孩青春期身体变化及相应年龄

女孩	平均年龄	年龄范围	男孩	平均年龄	年龄范围
乳房开始发育	10	8—13	睾丸开始增大	11.5	9.5—13.5
身高突增开始	10	8—13	阴毛出现	12	10—15
阴毛出现	10.5	8—14	阴茎开始增大	12	10.5—14.5

续表

女孩	平均年龄	年龄范围	男孩	平均年龄	年龄范围
力量突增达到顶峰	11.6	9.5—14	身高突增开始	12.5	10.5—16
身高突增达到顶峰	11.7	10—13.5	遗精(首次射精)出现	13.5	12—16
初潮(首次月经)出现	12.5	10.5—14	身高突增达到顶峰	14	12.5—15.5
体重突增达到顶峰	12.7	10—14	体重突增达到顶峰	14	12.5—15.5
形成成人身材	13	10—16	面部毛发开始生长	14	12.5—15.5
乳房发育完成	14	10—16	声音开始变得低沉	14	12.5—15.5
阴毛生长结束	14.5	14—15	阴茎和睾丸发育完全	14.5	12.5—16
			力量突增达到顶峰	15.3	13—17
			形成成人身材	15.5	13.5—17.5
			阴毛生长结束	15.5	14—17

青春期的身体变化会直接导致心理变化。有研究发现,月经周期的第22天,随着雌激素和黄体酮的含量大大增加,大约有40%的女性体验到更为强烈的抑郁、焦虑、烦躁、自尊心下降、疲倦、甚至头痛等。虽然这些情绪体验和自我感觉在平时也有,但是强度要弱一些。身体变化对青少年的影响,还取决于青少年对这些变化的意义及重要性的理解和解释,取决于青少年对他人所作反应的解释,取决于青少年对这些变化是否符合社会规范、社会道德的解释。也就是说,青少年对青春期特征的看法和解释直接影响他们的行为选择。

过度激动论与正向非统合理论

为了让家长、老师及辅导人员了解超常生的情绪发展特质,波兰精神科医生达布罗夫斯基(Kasimierz Dabrowski)提出了"发展潜能"的概念,该理念包括过度激动(overexcitabilities,OES)论及正向非统合理论(theory of positive disintegration,TPD)。过度激动论主要用来描述超常生对内外在环境的刺激有过度反应,且在强度、持续度和频率上均超过一般水平的情形。达布罗夫斯基特别强调了超常生的五种过度激动:心理动作的过度激动、感官的过度激动、智能的过度激动、想象的过度激动以及情绪的过度激动。他认为超常生的这些过度激动的情形从小就有,且是天生的。超常生在心理动作方面可能有精力旺盛及神经质的情形;在感官方面可能有特别偏好某种感官刺激的情形;在智能方面,可能有强烈的求知欲、好奇、持续的思考等特质;在想象方面,可能有爱幻想、做白日梦、和想象中的伙伴沟通等情形;在情绪方面,则有可能存在生理的过度敏感(如胃疼、心跳加速、流汗)及情绪的过度敏感(如易兴奋、热心、焦虑、内疚、害怕等)。

而在正向非统合理论中,达布罗夫斯基进一步指出影响超常生情绪发展的除了生理和环境因素以外,还有第三种因素即自主因素。它是一种自我引导的能力、一种内在的驱动力。他认为,人之所以有追求完美的倾向或朝自我实现的方向发展,就是因为有这种内在的驱动力。但他同时也认为,并非每一个人天生就具备这种本能,只有少数超常者才有这种特质。

不同步综合征

10—11岁是青少年自我意识成长的一个关键时期。在更小的年龄,他们还没有太多的自我主张和想法,但是到了10岁左右,独立思考的人格开始形成,有时甚至会给教师、家长留下"反叛"的印象。反叛行为也是超常生常见的行为。这可能由于他们天资聪敏,比其他同龄的孩子早熟,更早看到成人的不足之处。也有可能是他们渴望以激烈的行为吸引别人的注意力,进而获得认同和欣赏。他们有的会坚持自己的计划而不愿与他人达成共识或分享想法,并要求所有人都严格遵守他们认为正确的规则;有的由于独立性和批判性较强,过度自我,甚至刚愎自用,就很难听取他人的意见,容易走向极端。

这种反叛、固执的现象一方面也来自于超常儿童的"不同步综合征"。法国天才儿童研究协会主席查尔斯(J. Charles)认为,有一批智力早熟的儿童,由于发展节奏太快,难以适应周围环境,主要表现为:运动发展与智力发展不同步,智力的不同方面发展不同步,智力和情感发展不同步,行为与社会要求不同步。例如,数学能力发展早,发展速度快,记忆力好,思维能力强,但语言能力发展缓慢,与同龄人沟通有困难等。这些差异使他们掌握数学(或科学)知识需要的时间明显较少,掌握语言能力需要的时间较长。同时,数理超常儿童在学校里常表现出种种问题,有的过度内向,有的又过度活跃,当他们被安置在普通班级时常会出现难以适应的现象。

数理超常儿童在10—11岁这个年龄阶段最容易有叛逆情绪,他们的数学能力和逻辑推理能力可能已经非常强,但性格的成长却不同步。有研究表明:虽然数学超常生在解决数学问题时往往充满能量、有坚持到底的决心,也比较自信,乐于接受挑战,但有一个很重要的前提——他们面临的问题本身应当是有难度和挑战的,他们的潜能必须处于具有高度竞争力的环境或活动中才能最大化激发。阿苏林(Assouline)和德林格(Doellinger)也曾为此进行了一项大型研究。超过6000位六年级的数学超常生参与实验,结果发现他们的表现超过八年级的平均水平。2015年,赫曼(Linda Herman)通过收集数学超常生(均被美国大学附属中学录取)童年到高中时期的数学自传,总结出数学超常生的三个共性特点:相较于同龄人,对数学概念的理解早5—10岁;中小学时期,尤其是五年级和六年级阶段,会因为学校课程无法满足需求而产生沮丧情绪,不喜欢重复性的知识学习;父母会积极参与数学超常生学前和学龄阶段的数学学习。这一系列研究结果在某种程度上也解释了小智为什么不愿意完成重复性的常规作业。

与同龄人相比,数理超常生在数学方面的能力超前,更有甚者,可能超越了任课老师的水平。即使如此,他们仍被安排在教室里,和同龄的孩子一起按部就班地学习基础的数学知识,做千篇一律的数学习题。这种无趣的学习方式当然会让他们感到厌倦,甚至是苦闷、烦躁。于是,超常生便会选择用自己的方式表达不满:他们开始不认真听课、自说自话、打瞌睡、发呆,甚至在课堂上捣乱。这样一来,自然会惹得老师们发脾气,甚至留下"坏孩子"的印象。

慢慢地,他们对学习失去了兴趣和动力,反而成了学习成绩差的学生。

但事实证明,在这个年龄阶段,这些在普通班被当成"差生"对待、经常受批评的超常生,经过特殊的课程设置或训练后,往往能在擅长的领域发挥自己的天赋,取得骄人的成就。

(三) 教养建议

在这一阶段,超常生应该在恰当的时机得到积极的引导,接受适合他们发展规律的教育,而不是简单划一的大众教育模式。所谓因材施教,就是通过一定的教育教学方法和手段,依据每一位学生的实际情况,为其创造一个能实现自我价值的空间。超常生学习的知识应不限于课本,学习的场所也不限于学校。各种社会资源(如图书馆、科学馆、博物馆、美术馆、公园、动物园、植物园)等应对中小学生开放,进而为中小学生教育提供一个丰富而健康的生态环境。学校也应当配合个人能力和学习状况,进行个别化教学,如个别指导和分组教学,让学习个性化。但在生活上仍然要常规化,超常生要加强合作精神的培养。

给家长的温馨建议:积极与孩子"对话"

✽ 帮助孩子跟自己的敏感特质相处。

10—11岁恰好是孩子情绪容易敏感的年龄阶段,很多超常生会存在高度敏感的特点。当然,并不是情绪敏感的孩子就一定超常。事实上,高度敏感的孩子更能观察入微,更能深刻地体会周遭环境的变化,有非常强烈的道德观和悲天悯人的情怀。但若处理不善,高度敏感也会让孩子走向另一个极端。例如,如果我们在和孩子争执的过程中对孩子说"你没必要这么敏感吧",往往容易让孩子误以为敏感是一件坏事。正确的做法应该是告诉孩子高度敏感是性格的表现,要学会平静地处理自己的情绪。家长可以让孩子多聚焦于自己可以做的事情,适当的时候也可以跳出自己的家长身份,以朋友的身份和孩子进行交流,疏导孩子的不良情绪。

✽ 帮助孩子面对因超常而带来的压力。

密歇根大学医疗中心的普雷斯(Leslie Presley)博士指出,超常儿童反而更需要家长和社会的特殊关照。她说,这些天赋极高的孩子由于本身过于出色而受到来自外界的一些压力,但在很多情况下,家长和社会不但没有帮助他们摆脱压力,反而给他们带上了一副沉重的"超常面具"。研究人员曾对52名智商出众的小学生进行了追踪调查,发现对这些天分非凡的儿童造成心理压力的情况一共有19种,主要包括经常受到同伴的嘲弄、经常有孤独感以及大多数老师对他们参加提高班的课程学习不予支持等。

普雷斯博士表示,虽然超常儿童在普通班级里上课有利于他们与同龄儿童交往,但是只有编入适合他们能力的提高班内,他们才能真正得到最适合自己的教育。

✱ 尝试改善孩子的反叛情绪。

家长在处理超常儿童的反叛行为时,最为错误的方法是责骂和体罚。事实上,这些方法不仅损害亲子关系以及儿童的自我认知,也会适得其反,使其更加叛逆。家长可以尝试从以下几个方面去改善超常儿童的逆反情绪:

(1) 以朋友的身份而不是教导者的身份与孩子进行沟通,了解自己孩子的真实心理情况和学习状况。

(2) 切勿与孩子争执,家长只需要冷静地说出自己的决定,不用试图说服激动的孩子。

(3) 通过减少看电视、使用电脑及其他孩子心中的"奖赏活动"时间,让孩子明白他们需要承担的后果;如孩子妥协而服从指令,家长就要立即称赞。

(4) 不要盲目责骂不专心上课的孩子,多与孩子沟通,鼓励孩子不要失去信心。

(5) 鼓励孩子利用图画或文字表达自己的负面情绪,生气时可以撕纸屑、听音乐等。

(6) 与孩子的老师商量针对孩子情况的个性化教育对策,更好地帮助孩子在学校里学习。

(7) 通过阅读情绪管理相关的书籍，增长知识以便帮助孩子处理复杂的情绪。

(8) 参加家长会，多与其他家长们交流，分享子女教育经验。

给老师的温馨建议：倾听并引领家长和学生

在这一年龄阶段，学校中的许多老师可能会发现超常生有焦虑、多愁善感、心思细腻、孤高、不易与同龄学生打成一片的情形，或是求知欲很强、有很强烈的道德感、觉得外面的世界和自己理想中的世界相差很远等，这些现象或多或少会造成超常生的自我怀疑。根据前面提到的达布罗夫斯基的理论，我们发现，超常生的困扰是可以得到解决的，但需要老师、家长、孩子三者齐心协力。作为超常生的老师，若发现学生有过度激动的情形，应该做一个倾听者，帮助他们了解自己行为的原因，并找到宣泄强烈情绪的合理方式，而朝向正面的情绪发展之路迈进。

✽ 观察超常生课上课下的具体表现。

超常生因为本身天赋较高，所以在乏味的课堂上普遍会表现得厌倦或烦躁。在这个时候，老师不能盲目地将他们当作多动症儿童，或简单地归入“坏学生”的行列。而应该全面观察了解这些学生，并主动接触学生，倾听他们的感受和需求。

✽ 及时和家长进行沟通，了解超常生在学校外的表现。

老师可以采取面对面的家长座谈会的形式，也可以通过电话或网络与家长建立联系，进行沟通。针对个别超常生的特殊情况，一些专业性、知识性较强的信息可以通过书面形式告知家长。

✽ 引导超常生在发展特长的同时，兼顾社交方面的训练。

对于超常生，老师不仅要关注他们的学习成绩，还需要通过观察了解和发现超常生的非智力因素发展，以寻找帮助超常生适应学校生活的积极路径。例如，可以在平时的班级活动中设计各式各样的体验类活动，鼓励超常生积极参与，在肯定其特长的同时鼓励其发展社交能力。

另外，也可以通过鼓励超常生参加兴趣班来加强他们与其他人的联系。

前面提到的"超常儿童夏日数学营"就是很好的例子。通过特殊的活动设置燃起数学超常儿童的兴趣,避免他们在自认为枯燥的数学课堂上,因为教学内容的简单重复而失去学习的热情。同时,又能认识新伙伴,尤其是数学水平旗鼓相当的"新对手",这有助于激发内在的成就动机。事实证明,只要采用合适的方法,就能充分保护孩子对数学的兴趣,而他们对数学的兴趣和求知欲才是促使他们在数学领域不断探索的最大动力。这也能让他们了解到"天外有天",对个人和群体之间的关系有更加深入的理解。

【延伸阅读】

伟人幼时也孤僻　不善言谈心倔强

大家可能看过一部经典的电影《美丽心灵》,电影讲述了一位患上精神分裂症的数学天才,在爱与理智的帮助下逐渐痊愈的感人故事。男主角的原型就是著名的数学家、经济学家、博弈论的创始人约翰·纳什(John Nash,1928—2015)。

约翰·纳什

1928年,纳什出生于一个中产阶级家庭。他的父亲是受过良好教育的电子工程师,母亲则是拉丁语教师。虽然家庭很温馨,但纳什从小就内向孤僻,宁愿钻在书堆里,也不愿出门和同龄的孩子玩耍。读小学时,纳什的数学成绩并不好,小学老师常常向他的父母抱怨纳什的数学。纳什经常不按规则办事,总是用自己的方式解题。而后来的事实证明,这种"另辟蹊径"恰恰是纳什数学才华的体现。到了中学,这种情况更加频繁,他常常可以用几个简单的步骤取代老师一黑板的推导和证明。因为社交障碍、特立独行以及看似反常的学习习惯,纳什一直是老师眼中的"问题学生"。

中学毕业后,纳什进入了匹兹堡的卡内基梅隆大学化学工程系。在大学,沉默寡言、不善言辞的他处境也好不到哪去,不受欢迎,遭人嘲讽。有的人面对这种困境可能就此变成乖张木讷之人,但纳什没有。对数字、符号天生的热情,对广为人们接受的知识和规律的质疑使得他忘却了人生的艰难和生活的烦恼,一门心思地钻进了知识的宝塔,寻求突破,探究事理,施展自己的潜能和天赋。

1948年,大学三年级的纳什同时被哈佛、普林斯顿、芝加哥和密歇根大学录取,普林斯顿大学因为丰厚的奖学金以及与他家乡较近的地理位置成为纳什的首选。当时的普林斯顿已经成为全世界的数学中心,爱因斯坦等世界级大师云集于此。在普林斯顿自由的学术氛围里,纳什如鱼得水,21岁就拿到了博士学位。"纳什均衡"就是他21岁博士毕业论文中的成果,也奠定了他数十年后获得诺贝尔经济学奖的基础。

五、竞赛夺冠,充实或加速,需要据实选择(12—18岁)

12—18岁正是最美好的青春时光,也是超常生的人生重要转型期。随着学习环境的变化,数理超常生的偏科特点需要特殊对待,根据实际情况选择和他们相匹配的培养方式：充实或者加速。

（一）成长故事

时光荏苒，岁月如梭，"问题儿童"小智快要小学毕业了。然而此时的小智还像个心智未开的孩子，上课捣蛋，考试不及格，妈妈头痛，老师苦恼。就读"天才学院"成为小智人生的转折点，之后他在国际数学比赛中屡获大奖，初露锋芒。

教授慧眼识英才　奥数天才初登场

"小智五年级的时候成绩很差，许多科目都不及格，连以前很喜欢的数学也不好好学了，上课还调皮捣蛋，差点被学校开除了。"小智妈妈向前来"取经"的家长们介绍说，"后来小智的班主任就给我推荐了那个数学夏令营，我抱着试试的心态把小智送去了。"

"后来怎么样了？"一名家长急切地问着。

"幸亏那个夏令营，不然我家小智肯定没有现在的成绩。"妈妈笑呵呵地说着。

"那可能是小智最快乐的一个暑假了。他在那里遇到很多经历相似的孩子，最重要的是遇到了理解他的数学教授。"妈妈缓缓地说道。

那个夏令营确实是小智人生的转折点。短短几天的夏令营很快到了最后一课，在教室外等待小智的妈妈神情很是欣慰，她看着专注听课的儿子，想起了以前那个安静听话的乖宝宝，心里甜滋滋的。虽然小智还是对英文等科目不感兴趣，但是儿子学习态度的转变让妈妈感到很值得。

于是，本来面临着退学的小智顺利完成了小学最后一年的学业。

天才学院另培养　挖掘天赋喜夺冠

就在妈妈着急小智升中学的问题时，她接到了一个意想不到的电话。

"喂，您好！请问是陈太太吗？"

原来是天才学院初中部负责招生的老师打来的电话,老师邀请小智到他们学校的数理天才班就读。由于小智在数学夏令营表现出特别的数学天赋,夏令营的数学教授向天才学院推荐了小智。

"请问你们和别的学校有什么不同吗?"妈妈握着电话,小心翼翼地问道。

"是这样的,我们是一所专门针对在各个领域有天赋的儿童进行特殊培养的学校,数理天才班是其中之一。这个班的学生别的科目都是和普通班级一样的进度,但是数学和物理等科目是采取加速和充实相结合的方式来上的。尤其是暑假期间,会将他们送到大学,由数学教授来给他们上课,帮助他们扩展知识面,尽可能地让他们自由发展。"老师耐心地向妈妈解释着。

这对妈妈来说无疑是一个惊喜,刚好解决了小智的就学问题。于是在妈妈的满心期许中,小智跨入了天才学院中学部的大门。

小智果然没有让妈妈失望,或者说天才学院的教学模式很适合小智,他在入学的半年里渐渐变得开朗起来,学习也变得格外起劲。虽然语文和英文等科目依然成绩平平,但是数学成绩却格外亮眼。课堂上的知识不但掌握得很牢固,寒暑假的课外学习更是小智最喜欢的。无论是教授讲的新颖而有趣的数学问题,还是和同学面红耳赤地进行争论,都让小智感到充实与满足。

在初三的暑假期间,小智代表学校参加了全省高中数学奥林匹克竞赛。虽然竞争对手都是比自己年级高的学生,但是小智却成为杀进决赛的一匹黑马,为自己和学校夺得了冠军的荣誉。

拒绝揠苗助长　选择充实培养

然而这时却发生了一个让妈妈纠结不已的小插曲。

赛后的小智几乎成了全省各大媒体报道的焦点。同时,一所有名的省重点高中也找到了小智妈妈,希望她能让小智跳级去他们学校读高三。

妈妈欣喜不已,一方面为儿子感到骄傲,另一方面小智能跳级也让她在朋友面前挣足了"面子"。不过妈妈并没有被虚荣心冲昏头脑,冷静考虑后,她给当初推荐小智上天才学院的数学教授打了一个电话,询问他的意见。

"我觉得跳级对小智并没有好处。"教授说出了自己的观点,"小智是一名数理天才生,并不是普通意义上的'优异生',普通的教育模式并不一定适合他。跳级之后他的英文、语文等科目肯定跟不上进度,这样会影响他对学习的热情。而且他与比他大的孩子也不一定能相处好,所以建议不要揠苗助长。"

妈妈觉得教授的观点很有道理,便婉拒了重点高中的邀请,让小智继续在天才学院里按部就班地读书。

之后,小智的学习也没让妈妈操心,成绩在班里一直名列前茅。参加全省、全国的数学奥林匹克比赛也屡屡获奖,让妈妈分外欣喜。

如今,17岁的小智高中生涯即将结束,凭着国际数学奥林匹克竞赛冠军的荣誉,小智已经被推荐到一所著名大学的数学系就读了。

妈妈回忆小智的成长历程,感叹道:"在夏令营的日子,应该是小智最自在的时光,孩子第一次感受到了数学的美。对数学的超级喜爱,使他不管遇到什么困难都不放弃,这一点太重要了。"

俊采星驰:超常儿童培育指南

"挂科"引发争执　信念成就新星

　　大学生活丰富多彩,社团活动、课外实践都让这群刚入学的大一新生忙得不亦乐乎。然而这一切似乎都和小智无关,他的世界里只有数学。除了上课、和教授讨论,小智其余的时间全都用在钻研他所感兴趣的数学难题上。

　　小智的这种状态让妈妈看在眼里愁在心里。虽然小智顶着奥数冠军的光环,但是数学专业的就业难问题却是一个让人无法忽视的事实。长大后的小智虽然不像儿时那么内向,但是依然不太合群,他也从不考虑毕业后的工作问题,妈妈担心这样的小智以后无法在社会上谋生。

　　这种情绪终于因为小智第一学期期末的中文课"挂科"而爆发。

　　跟小时候一样,小智依然很讨厌这一类课程,经常不去上课,期末考试当然不会有好结果。妈妈担心再这样下去小智毕业会有问题,于是决定和小智好好谈一谈。

　　"小智,妈妈看了学校寄过来的成绩单,你这学期似乎有一科没有及

格。"妈妈知道儿子略带偏执的性格,小心翼翼地问道。

"中文课挂了。"小智满不在乎地说道,手里的笔不停地在纸上算着。

"如果你再继续这样下去,你要怎么毕业?"妈妈对小智的态度很恼火,气急败坏地吼起来。小智低头看着自己的稿纸,没有理妈妈。母子俩的沟通不欢而散。

妈妈虽然着急,但是她很了解儿子固执的性格,知道他一旦认准了目标就不会改变,也只好对小智放任自由,让他自己发展。

小智的大学生活依然在继续,他对数学的热情并没有受到挂科的影响。本来小智就拥有极高的数学天赋,从初中开始就读数理天才班,经过各种训练造就了扎实的数学功底,这些都让小智在数学课题的研究上如鱼得水。

大学二年级,别的同学都在玩乐、谈恋爱,小智却已经在数学领域发表数篇论文,新颖的观点、独特的见解迅速让小智成为了数学界的新秀。在导师的推荐下,小智被美国一所著名大学的数学系教授收为研究生,继续进行学术研究。

十年后,年仅30岁的小智成为了名牌大学的数学教授。

作为数理超常学生,小智无疑是幸运的。尽管数理超常儿童拥有令人羡慕的天赋,但他们在成长过程中也面临着比平常小孩更多的挫折和烦恼。所以,很多数理超常儿童在成长的过程中被埋没了。

(二)学界观点

 人生的第二个关键期

12—18岁常常被心理学家称为人生的第二个关键期,这个时期又被称为"心理断乳期"或"第二反抗期"。由于这个年龄阶段生理发育速度快于心理发育的速度,会造成生理和心理发展的不均衡,使得青少年在成长的过程中产生较大的困惑和不一致性。一般表现为:独立性和依赖性的矛盾、成人感与幼稚感的矛盾、开放性与封闭性的矛盾、自制性和冲动性的矛盾。

从整体上来看,数理超常生在成长过程中存在一些独特的适应现象,他们的自我概念、自我认定和自我情绪的发展都有不平衡的表现。这些表现不仅会导致他们得到学校、老师、社会认可的过程充满困难,同时也在很大程度上会给他们自身造成很大的痛苦。有研究表明,负面的人际关系、自我概念与自我发展,往往是超常生挫折感及内在痛苦的来源。

随着超常儿童的成长,他们会渐渐从人际互动中察觉到他人对自己的不同看法与期许。父母或其他重要的人对他们的态度,会对他们自我概念的发展产生重大的影响。以中国科大少年班为例,这些智力超常且对科学有着强烈追求的学生被集中到一起后,他们会对自己产生更高的要求,在这个群体中形成了一种浓烈的学习风气。但是另一方面,在进入少年班前每个学生都是尖子学生,而之后就会出现相对"落伍者"。在这种情况下,他们会产生沮丧心情,丧失信心,成绩下降,以至于对他人或集体产生排斥。

超常生自我认定的过程往往很复杂,他们的差异知觉会让他们觉得自己不同于周围的人,有时这种感觉会让他们感到孤单,严重的甚至产生自我怀疑,影响其自我认定及潜能发展。许多超常儿童在成长的过程中有明显的焦虑、多愁善感、心思细密、不易融于集体的情形。有的则是有很高的道德感,例如对生命、死亡等哲学议题特别感兴趣,喜欢深入思考和讨论。

美国超常教育学者克拉克研究发现,超常生可以看似轻松地取得好成绩,从而遭到同伴的妒忌。女孩的智力水平高往往被看作太咄咄逼人,太男性化,没有淑女气质;而男孩的智力水平高,往往被看作太女性化、太听话。因此,在人际交往中,超常生往往会受到普通生的孤立。

由于他们自我情绪的发展与学业成就的发展不平衡,而很多的感觉和想法也异于同龄人,往往会导致不被认同和痛苦,情绪上显得孤立,可能会有吹毛求疵等表现,以致人际关系不和谐。

再看看正处于青春期的超常生,他们比同龄的孩子更能发现自己心智的变化,更渴望能够像成人一样控制自己。但是,此时他们在心理上或多或少还留有儿童心态,在情感和交往上往往会遇到不少困难。这种明显的生理、情感、智力的不同步发展,有些学者称之为"异步发展",这是许多天才少年在高中学习生活中遇到困难的根源所在。他们可能会产生自卑、焦虑、不安等心理卫生问题,甚至产生不良行为。

非智力因素在超常儿童成长中的重要作用

超常生的非智力特征主要有理想、独立性、好胜心、坚持性、求知欲、自我概念等。在国外的研究中,理想又叫野心。有理想就说明有目标,而且是长远的目标。独立性是指做事有个人的主张,具备独立判断的能力。现在的世界可选择性比较多,很容易被别人牵着走,失去真正的判断能力,超常生往往会坚持自己的判断。好胜心包括两方面的含义,一方面是跟别人比,另一方面是跟自己比,也就是要战胜自己。坚持性,是对人生目标和人生方向不放弃,持之以恒。求知欲则来自于好奇心,如果没有求知欲就不可能有动力去了解这个世界。自我概念是一个人对自己的综合看法,也可以说是对个人在社会中所扮演角色的认识。

研究发现:超常儿童成年后成功与否,和早期智商不是绝对的线性关系,而跟他们的非智力特征紧密相关。通俗地说,超常只是一个孩子具有较好的潜能,不代表一定会成功。从超常到成功还有一条很漫长的路。用数学语言来形容的话,超常只是成功的函数变量之一而已。

孔燕等对来自荷兰和中国的 2060 名 10—15 岁超常及常态儿童的自我概念进行了比较研究,其中中国儿童 1045 名,荷兰儿童 1015 名,男女比例相当。中国的被试包括重点校和一般校的常态儿童,也包括从中国科技大学少年班、苏州、天津、北京等少年预备班抽取的超常儿童。研究采用自我描述问卷Ⅱ型及瑞文标准智力测验,以团体测验方式进行。结果表明,智力水平与自我概念之间存在着正相关,但不是简单的线性关系;文化及教育体制的差异使得中、荷两国儿童的自我概念差异很大,虽在总分上中国儿童比荷兰儿童明显要高,但在社会性、非学业等方面明显低于荷兰儿童。另外,中国超常儿童的一般自我概念比荷兰超常儿童要高,但学业自我概念则比荷兰超常儿童低。并且处于最高智力的中国儿童在学业自我概念上不比中等偏上的儿童明显强,而荷兰儿童的学业自我概念则随智力水平的提高而逐渐增强。这说明智力不是影响自我概念的唯一因素。

一个人的自我概念是随着个体在社会环境中的实践而发展的,受个体所处社会的文化背景影响。西方一些学者主张,东西方文化背景的差异主要体现在集体主义与个人主义方面,即中国是一个集体主义文化的典型代表,中国人把自身看作是整个社会关系的部分,一个人离开了大的社会整体是不能被充分理解的,他应该学会控制、调节自己的观点、能力、性格,使之和社会协调,强调集体的自我。而荷兰的个人主义文化更强调个性,个人的独立,强调自行其是。不同文化下形成的自我概念有差异。

另外,教育体制也是造成两国儿童自我概念差异的重要方面。在中国,有重点学校和一般学校之分,有超常班与普通班之异。一般是根据儿童的能力来决定他下一阶段教育的级别。智力好的儿童往往进入超常班甚至少年班。超常班的学习比普通班具有更强的竞争性,高手如林,很多天才在新的环境中再也找不到拔尖的感觉,在同一智力水平的同班同学中,他们没有觉得自己比其他人在学业上有更优秀的理由。他们原本应该有的很强烈的学业自我概念会在跟新的高手比较中减弱。而在荷兰,不同智力水平的学生同在一所学校和班级,因此每个人都可从多方面与其他人比较。在这种环境中,智力更高的儿童有更多的理由明确自己在学业方面的能力。这表明自我概念是一种相对的概念,是在现实环境中不断与他人做比较而形成的。

孔燕和朱海慧进一步对中国的135名高中生和64名少年大学生跨度为十年的数据进行了分析,他们的平均年龄在16岁左右,分为四组:1993年的超常儿童和常态儿童,2003年的超常儿童和常态儿童。研究发现社会环境对常态儿童的影响显著,对超常儿童的影响相对较小。1993年的样本显示,超常儿童确实比常态儿童有更积极的学业自我概念,而2003年的样本则与前一个结果不一致。随着年代的推移,社会比较对超常儿童自我认识和评价的影响似乎越来越明显。

孔燕等对 110 名超常生在入学后不久进行了非智力测试,探讨非智力因素对超常生的学业成绩影响程度。从整体上看,超常学生的竞争意识和自我控制能力比较突出,并且对学业成绩起主导作用。

在心理上,一个有强烈竞争意识、自尊心和好奇心的人,在雄心壮志的驱使下,会心甘情愿、激情澎湃地把更多的时间和精力花在学习上,以取得成功。相反,一个对成绩态度随便,从不想超越别人的学生,往往没有充足的动力去前进。自尊心是一个重要因素,通常一个具有强烈竞争意识的人会对自己有很高的评价和期望。同时,一个有高度竞争意识和自我概念的人能很好地控制自己,不会受到周围环境的束缚。他们希望成功,并把成功或失败归因于主观原因如努力等。这些学生有良好的自我控制能力、进取心和责任感。另外,坚毅和情绪管理也是自我控制能力在意志和情绪方面的反映。

 大鱼小池塘效应

大鱼小池塘效应(big-fish-little-pond effect,BFLPE)是由美国心理学家马什(H. W. Marsh)及同事提出的。在 BFLPE 理论模型的假设中,当具有同等能力的学生将自己的学业能力与同伴进行比较时,会因为社会比较印象而形成学业自我概念,而这一概念会对学生的学习动机和实践活动产生影响。"当他们将自己与更高能力的同学进行比较时,他们就会有较低的学业自我概念。当他们与能力较低的同学进行比较时,他们的学业自我概念就会较高,这时就出现了 BFLPE 效应。"

(1) 理论来源。

大鱼小池塘效应的理论基础主要有两个,其一是美国社会心理学家利昂·费斯廷格(Leon Festinger)在 1954 年提出来的社会比较理论(social comparison theory),该理论认为人类存在这样一种动机,即通过与他人的观点和能力进行比较来评价自己的观点与能力,比较的结果对他的行为有重要影响。费斯廷格指出社会比较主要有两种比较方向——上行比较和下行比较。上行比较就是在向上的社会比较中,跟那些更优秀的人比较;下行比较就是在向下的社会中,选择不如自己的个体进行逆向比较。由此会产生两种效应,一种是对比效应(contrast effect),例如面对比自己优秀的人时,往往会产生一种自卑情绪,降低对自己的评价;二是同化效应(assimilation effect),例如一些有上进心的人在看到更优秀的个体榜样时,就会不自觉地对自己的技能水平和能力产生更高的评价。

大鱼小池塘效应的第二个理论基础是马什的内/外部参考框架模型(internal/external frame of reference model)。所谓外部参考框架模型就是一个典型的社会比较过程,例如学生将自己某一门课的成绩与其他同学在此门课上的成绩进行比较,或者是与实际成绩水平的某种外部标准相比较(如学校排名、班级排名等);而内部参考框架模型是学生将自己在某一学科上的成绩与自己在另一学科上的成绩进行比较。由此我们可以看出,内/外部参考框架模型是对传统的社会比较理论的拓展,而大鱼小池塘效应是基于外部参考框架模型的更深一层研究。

(2) 实验验证。

自1995年开始,马什及世界各地研究者就开始在不同层面上对此效应进行验证,研究者们分别在北美、南美、澳大利亚、东欧、西欧、中东等地的近30个国家和地区对相同年龄段的学生进行研究。在中国,李颖和施建农教授也以北京市某中学的超常儿童实验班学生为被试,选取了两个不同入学年限的超常班学生与年龄相匹配的普通班学生做了对照实验。

结果表明,学校学生的平均能力水平与其学业自我概念成负相关,即同样能力的学生在学校平均能力较高的学校,其学业自我概念将较低,在学校平均能力较低的学校,其学业自我概念将较高。这一研究一方面证明了大鱼小池塘效应的跨文化普遍性,另一方面也在学校的层面上证明了大鱼小池塘效应的存在。

(3) 大鱼小池塘效应的修正。

尽管以往的研究验证了大鱼小池塘效应的普遍性,但是事实上该效应也并不是绝对的。休格特(Huguet)等研究者就在2009年的一项研究中发现，当控制和减少学生与其他同学进行不愉快的比较后，大鱼小池塘效应减少了。正如马什所说，并非所有参加超常班的学生都有自我概念的下降。个体的非智力性因素，如家庭教育环境、个体的人格特质、教育者的教导方式等，都会对超常儿童的自我概念产生影响。

关于超常班教育影响超常儿童自我概念的两种理论

目前，世界上针对超常学生的教育方案大致有两种：一种是充实计划（pull-out program），超常儿童在普通班中随班就读，但会在额外的时间对超常儿童进行知识的扩展教育；一种是加速计划（acceleration program），即提早入学、跳级或缩短学制。而采取超常班教学模式就是加速计划中的一种。

关于超常班教育模式对于超常儿童自我概念的影响，存在两种不同的理论观点：一种观点为上面所提及的大鱼小池塘效应，认为由于超常班中优秀学生过多，超常学生压力会过大，导致自我概念降低，从而引发学业成绩的下降，降低学习热情和成就动机；另一种观点为标签效应理论（labeling theory），标签效应理论的观点与大鱼小池塘效应的观点相反，认为将非常聪明的学生放入超常班中学习，将会使他们产生更高的自我概念，因为超常班本身就是一个给人荣誉感的标签，并且在与其他超常生一起受教育的过程中会在其他方面有很大的心理受益。

为此，马什等人进行了历时4年的多水平的纵向研究，他们发现较高的学校平均成就水平会导致较低的学业自我概念，也就是一种消极的对比效应，但是较高的学校等级也会对自我概念带来补偿性的同化效应，这种效应体现了高成就水平带给个体的自豪感。但是，这种积极的荣誉感并没有消极的对比效应强，因此最终还是表现出了消极的大鱼小池塘效应。

孔燕和李远就中国科大少年班学生与同学历的中国科大普通班学生成就动机、成就焦虑及学业成绩的关系进行了比较研究，结果如表1.2所示。

表 1.2　普通班、少年班三项指标统计结果及显著性检验

	普通班			少年班			t	P
	N	M	SD	N	M	SD		
成就动机	94	34.66	5.85	83	35.27	5.42	−0.739	0.461
成就焦虑	94	49.32	7.84	83	41.94	8.72	6.755	0.000
GPA	94	3.11	0.4541	83	3.12	0.3480	−0.240	0.811

注：N，样本数；M，平均值；SD，标准差。

表 1.2 显示，普通班学生的成就焦虑明显高于少年班学生，并且差异十分显著，而成就动机虽然有所差别，但并不显著。

 智力和非智力因素在超常生的成长过程中相互影响、共同作用

凯尔（Harrison J. Kell）和卢宾斯肯（David Lubinski）发表一项研究，证明空间能力在许多重要心理现象建构中发挥着重要和独特的作用。这也进一步证明，超常儿童从小就表现出的喜欢地图，对车站信息敏感等空间知觉能力，是他们长大后成为某一领域人才的非常重要的基础。

凯利和卢宾斯肯对 20 世纪 70 年代末被鉴别的 563 位智力有天赋的 13 岁儿童的空间能力进行了近 30 年的评估。采用 SAT（美国高考）考试的数学和语言推理测验及空间能力测验，预测他们的专利、出版物等贡献。两步判别函数分析显示，SAT 测验加起来占这些结果之间差异的 10.8%（$P<0.01$）；当添加空间能力测验，在统计上增加了一个额外的 7.6% 的占比（$P<0.01$）。

研究和经验都告诉我们，超常生除了和同龄孩子有共同的身体发育路径、心理发展的年龄阶段特点外，还有一定的独特性。虽然这种独特性的脑机制目前还没有完全被研究证实，但是他们在注意力、记忆力、空间能力以及自我概念等方面有着和同龄孩子，甚至同学历同学不一样的特点，恰恰是这些特点造就了他们不一样的人生，乃至远超同龄人的成就。

（三）教养建议

青少年在很多事情上可能会表现出不妥协的态度，他们大多数已经明确知道自己的需求。正确的引导和包容才能给他们更多的安全感。父母要花更多的时间去真正了解自己的孩子，了解其特有的天赋，并向专业的老师请教，寻找最好的培养方案，防止他们在最关键的阶段错失发展的良机。

进入青春期后，超常生比同龄人表现出更多的独立性，人生观与价值观初步形成，思考问题的方式也有所转变。如何帮助超常生及早认识自己的兴趣、能力，发展对自己的期许，将个人理想和社会结合起来，是家长及教育工作者的主要任务。

以小智为例，12岁之后逐渐进入叛逆期，专注于自己的兴趣，对其他方面的事物产生反感。而此时作为超常生的父母，更需要尊重孩子的想法，多与孩子交流沟通，教育不能偏激。要及时发现孩子在专业领域的天赋，也可以求助专业的教育机构，根据数理超常生的特点，选择合适的教育模式，这样才能帮助孩子找到属于自己的学习和成长方式。

 给家长的温馨建议

（1）留心辨别孩子的天赋，选择匹配的培养方式。

✻ 留意孩子"偏科"现象，留心辨别其天赋。家长发现孩子的兴趣所在之后，可以选购一些相关书籍（如数理方面的综述性书籍）放在家中供孩子阅读。同时，可以选择一些科普性的、也可以是专业性较强的电视节目、网络公开课提供给孩子看。

✻ 根据子女特点选择合适的培养模式。目前，国内外通行的超常教育有多种模式，包括跳级、个别指导、课外充实、天才班或天才学校。跳级是让超常儿童在普通教育学校里找到合适自己的教育进度，但是多次跳级会出现自身年龄与同伴年龄差异较大的问题。个别指导虽然适合其自身发展速度，但经济成本较高，绝大多数家长和学校没有条件。天才班或天才学校是把一些天才儿童集中到一个班级或学校的教育模式,为他们制订专门的教育教学方案,设置专门的课程计划,对他们进行集中培养。目前,这种教育模式比较适合超常儿童。

欧美国家采用的天才学院特殊培养项目(gifted program)也是值得借鉴的教育方式,它对于青少年的身心健康及学业成长都有着积极的效应。

这个项目具体指的是:一般情况下,超常学生在低年级的时候被老师发现,经过鉴定是数理天才的话,就被推荐参与天才学院特殊培养项目。这些学生在语言学科和数学学科方面分别以不同的进度来上课,例如,初中学生语文课上初中的内容,而数学课上高中甚至大学的内容。另外,这个项目的特色是,在暑假或寒假的时候,初中阶段的学生被推荐到著名大学里专门进行数学学科的学习,但是并不是成为正规的大学生。这样,既满足了学生对数学的学习渴望,又不至于因过早成为大学生而承受过大的压力。

从形式上看,以上这些超常教育模式在国内都出现过,但这些教育模式各有利弊。开展对部分超常儿童的集体教育,把几十个程度相近、特点类似的儿童集中在一起组成一个班级,即所谓的"天才教育实验班"(在大学叫少年班),其实是一种有益的尝试。

❇ 面对孩子在某些方面(如读写能力)发展的不均衡,尤其在孩子产生自卑、急躁等消极情绪时,应耐心地给予鼓励,让孩子克服不良情绪。

(2)以鼓励教育和赏识教育为主。

❇ 家长要给孩子一贯的支持,要鼓励孩子在自己的领域不断前行,给他们信念上的支持。

❇ 创造稳定的家庭环境,做子女坚强的后盾。稳定的家庭环境是在生活上给孩子的最大支持,可以让孩子安心地学习进取。

❇ 鼓励子女个性化发展,自由生活。在数理方面超常的孩子,大多对探索大自然十分感兴趣。有时候,他们也会选择阅读推理小说,锻炼自身分析问题的能力。家长最重要的是给孩子创造宽松的学习、生活环境,让孩子自由成长。

研究发现,93.6%的超常生家长非常重视子女教育,期望他们在学业之外的其他方面也能有杰出的表现。

适合的教育方式和家庭环境是他们最终成为杰出人才的外在条件。故事中的小智是幸运的,虽然经历种种求学的波折和成长的历练,但是最终在数学领域有所作为,完成了"破茧成蝶"的蜕变。在外界不理解的目光中,在一个看起来与自己格格不入的环境中,坚持自己的想法,坚定地发挥自己的才能,最终得到了数学领域的认可。但还有很多超常儿童,可能因为家庭背景的差异而在自己的世界中苦苦挣扎,也可能因为异样的眼光而不得不承受着他这个年龄不该有的孤独。因此,家庭和外界的理解和支持对他们是至关重要的。

故事中小智的母亲是很多数理超常儿童母亲的缩影,爱子心切的她坚持不懈地付出,最终找到合适的教育方法,避免了小智被常规教育压制的悲剧。

也有研究发现,相较于其他需要创造性的艺术家,科学家包括数学家更多地来自于较稳定的家庭,且父亲有较强的影响力。因此,在超常儿童的成长过程中,爸爸要多关心自己的孩子,多花时间去陪伴。

给学校和老师的温馨建议

(1)针对学生的不同需求为其构建合适的培养路径。

对于进入中学和大学学习的超常生而言,学校和老师的指导尤为重要。小智无疑是幸运的,他的天赋在青少年时期逐渐被发掘出来了,并且进入天才学院,找到了适合自己的培养方式。但是很多处在萌芽期的数理超常生往往被硬性地融入普通教育方式。这样很可能会阻碍其智力发展,也不利于其身心成长。

✿ 深入了解学生的不同需求。老师应从超常生的日常生活学习表现以及与他们的交流中,充分了解他们的性格特点。对于这些超常生,不能武断地要求他们必须融入普通教育之中。

✿ 借鉴国内外成功的超常教育模式。老师可以根据学生的实际情况推荐适合他的方式,比如跳级、个别指导以及课外充实等。

✿ 开设超常班或者超常学校并制定专门的培养方案。根据实际情况，可以考虑把超常生集中到一个班级或学校，为他们制订专门的教育教学方案，设置专门的课程计划，进行集中培养。

目前在我国的大多数地区，学校的班级人数太多，一个班级通常有40人以上。在有些家长心目中的好学校，一个班的人数可能达到50人、60人，甚至70人。在这么多人的班级中，不同学生的进度差异很大，学习能力差异很大，学习风格差异也很大。

在面对太多差异巨大的学生时，要求老师针对每个学生进行个别化教育是不切实际的。老师常常只能照顾到班上的大多数学生而无法顾及少数的超常生。而那些老师顾及不到的学生在课堂上因为"吃不饱"而"闲暇"，又因为"闲暇"而"生事"，因为"生事"而"受批评"，因为"受批评"而成为"差生"，因为是"差生"而被忽视。

实际上，对于被老师当作差生而忽视的超常生，如果能给他们提供合适的教育，就可以使其提高学习兴趣，得到更好成绩。为了让这些发展快的学生得到合适的教育，学校需要做的一个尝试便是把他们集中在一起组成班级，就像我们需要把智力落后的学生集中在一起对他们进行特殊辅导一样。教育的目的始终是使每个受教育者都得到充分的发展。

因此，开设天才班的一个主要目的，是让这些儿童得到适合成长需要的教育，让他们得到全面发展的机会。

✿ 校内、校外学习相结合。在校内课程中，设置针对性的特殊教学活动、适应性的课程、可选择性的课程，以及部分采用特殊课程或全程采用特殊课程等教学计划；在校外，开办夏令营，鼓励学生参加实习实践活动等。

（2）价值观念的启发和引导。

✿ 18岁左右的数理超常生正处于人生的过渡阶段，开始要与社会产生更多关联。此时，由于社会和家庭的双重环境，学生一般表现出迷茫和对外界事物的不理解。作为老师需要在他们的人生观和价值观上给予更多的认可，肯定他们对自己未来人生的思考和规划，并给予一定的改进意见，以启发为主。

不少伟人传记或自传都提到,在他们的生命历程中,往往会遇到对他们日后发展颇具影响的人生导师。许多有成就的人,都曾受到既有学问又有风范的名师的影响,例如吴大猷之于李政道、杨振宁,苏格拉底之于柏拉图等。

✻ 20岁之后数理超常生在专业领域最容易有所突破,此时老师应以启发为主,让他们多提自己的看法,坚持自己的研究,必定能有所成就。

✻ 引导学生融入社会。18岁左右的数理超常生处于从学校到社会的过渡阶段,对于今后的生活通常没有成型的想法。作为老师,仍要在人生观、价值观上给予他们积极的引导。同时也要结合他们自身的特点,提出适当的意见和建议。

小学读写障碍儿童　14岁成计算机天才

李基立在7岁时患有读写障碍,经常把汉字上下倒转,曾经因为考试交白卷而遭老师投诉,更在小学二年级时因在全年级考倒数而要留级。

当教师的母亲不但没有责怪李基立,并且于移居澳大利亚之后,鼓励他每天认字抄书,情况终于有所改善。

在澳大利亚就读小学五年级的时候,经老师引导而初次接触计算机的李基立一下子便爱上了它!在14岁那年,李基立跳过高中而越级修读公开大学课程,并于两年后考进了南澳大学计算机系。在一般人每年只修8科课程的情况之下,他却修读了11科课程,并且当中有5科成绩优异。

15岁那年,李基立被南昆士兰大学录取攻读计算机系硕士,并考获微软系统工程师资格,于次年以全科杰出成绩毕业。在2009年底,年仅18岁的李基立获得澳大利亚研究生奖学金,在昆士兰科技大学攻读计算机工程系博士,成为到目前为止最年轻的香港出生的博士生之一。

【延伸阅读】

孤岛天才

美国威斯康星州社会医疗机构的特雷费特（Darold Treffert）博士认为："在医学领域，我们对健康的了解，都来自对疾病的研究。同理，我认为我们对大脑的了解，也可以从研究错乱的大脑入手，看它究竟和正常功能的大脑有何区别。我们正在研究神童与天才，如果你见到'白痴学者（孤岛天才）'，一定会想'白痴学者'和天才之间有什么区别？然后又想，天才和非天才之间又有什么区别呢？"

马特·萨维奇长得很像哈利波特，而他本人就是"白痴学者"中的哈利波特。在他很小的时候，即使很小的声音也会让他哭叫。他不愿意妈妈碰他，儿科医生诊断他患有不可治愈的深度自闭症，但马特的父母为他找到了治疗方法。他6岁时，马特向他母亲坦白说，自己脑子里都是数学问题，很快，马特发现了钢琴上88个琴键的规律。他彻夜自学弹琴，半年后掌握了舒伯特的奏鸣曲，从7岁起，他就一直谱写爵士音乐，在13岁生日前夕，他在纽约最著名的爵士俱乐部登台演出，几乎所有演出的曲目都是他本人谱曲的。

对马特来说，学习只是游戏罢了，他能记住所有感兴趣的东西，他知道世界上所有过山车的场地轨道弧线以及爬坡角度，他精通地理，擅长数学，只要他看过的知识，他都能掌握。

在自闭症患者和古怪科学家之间，有时的确界限模糊，他们同样生活刻板，不懂社交。

爱因斯坦和莫扎特也许不是"白痴学者"，但和"白痴学者"一样，天才们的头脑中也有错误的线路。菲兹杰拉德教授认为，正是这种缺陷使爱因斯坦成为了天才。爱因斯坦显然是过去一个世纪中最伟大的物理学家之一，科学家研究他大脑的时候，发现额外的脑细胞，这使他拥有更强大的数字处理能力。他就像一台大型计算机，这也是他如此有创造力的原因之一。

【延伸阅读】

数学奇才——伽罗瓦

在数学界有一个传奇故事,那就是埃瓦里斯特·伽罗瓦(Évariste Galois,1811—1832)短暂而传奇的一生。伽罗瓦是一个数学天才,从 15 岁开始接触数学,便痴迷其中。17 岁得到数学老师的重视,并在老师的帮助和推荐下,在《纯粹与应用数学年刊》(1818 年创刊)上发表第一篇论文。

1828 年他在科学研究上获得了初步成果,1829 年 10 月进入高等院校,并将一篇关于群论的研究论文送到法国科学院,结果杳无音讯。一年以后,他第三次将论文递交给法国科学院,科学院委托了当时两个很有名的数学家审阅他的论文,审阅的结论是"看不懂"。

1831 年 5 月 10 日,伽罗瓦以"企图暗杀国王"的罪名被捕。在陪审法庭上,由于律师窦本的努力,伽罗瓦被宣告无罪当场获释。同年 7 月,被反动王朝视为危险分子的伽罗瓦在示威时再次被抓,关进圣佩拉吉监狱。他在这里庆祝了他的 20 岁生日,度过了他生命最后一年的大部分时间。在监狱中伽罗瓦一方面与政府进行不妥协的斗争,另一面还抓紧时间刻苦钻研数学。尽管牢房里条件很差,生活艰苦,他仍能静下心来在数学王国里思考。

伽罗瓦在圣佩拉吉监狱中写成的研究报告写道:"把数学运算归类,学会按照难易程度,而不是按照它们的外部特征加以分类,这就是我所理解的未来数学家的任务,这就是我所要走的道路。""把数学运算归类"这句话,道出了他的理想、他的道路。毋庸置疑,这句话指的是目前所谓的群论。通过其后好几代数学家的工作,伽罗瓦的理想才最终实现了。

1832 年 5 月 30 日,伽罗瓦在 21 岁的年纪,因政治和爱情纠纷卷入一场决斗,并在决斗中身亡。

1846 年,刘维尔在《纯粹与应用数学年刊》上编辑出版了伽罗瓦的部分文章，受到很大关注。1870年，若当（C. Jordan）在《置换与代数方程专论》中全面介绍了伽罗瓦的群论，伽罗瓦的学术贡献被正式承认。

1909年6月13日，人们在伽罗瓦的出生地为他立碑。上面写着："法国著名数学家埃瓦里斯特·伽罗瓦生于此，卒年21岁，1811—1832。"

第二篇

特定领域超常儿童的特点及培育

前面,我们以小智为例,讲述了一个数理超常儿童的成长故事,也表达了关于此类超常儿童的学界观点和教养建议。

在本篇中,我们将通过若干真实的超常教育案例,将视角聚焦于绘画、音乐、语言、体育等不同领域的超常儿童,希望这些具体的案例能让读者更加直观地理解各领域超常儿童的行为表现。

一、音乐超常儿童的特点及培育(一)

案例 1

乔乔,你别再发出声音了!

乔乔今年两岁半了,是个小百灵鸟一般活泼可爱、热爱唱歌的小女孩,最大的特点就是那张小嘴永远也停不下来。三四个月大时她就开始牙牙学语,模仿大人的声音,不满一岁的时候就开始流利地说话了。说话时而娇憨惹人爱,时而学着大人的语气令人忍俊不禁。但最让大家惊喜的是,这个小宝贝不仅说话比别的孩子早,而且从刚开始说话时就能唱歌了。

这小家伙还不到两岁的时候,经常在睡午觉的时候自顾自地哼起歌来。一开始乔乔的妈妈还不明白是怎么回事,反倒有些生气,心想这小家伙怎么小小年纪就不愿睡午觉了?

于是乔乔妈就坐起身对她说:"乔乔,你别再发出声音了!现在是午觉时间。"

乔乔却若无其事地回答:"妈妈,我没有发出声音。"

想着她既然停止哼小曲儿了,乔乔妈也不再和她计较,就再次躺下,可谁知过了几分钟,她居然又哼起歌来。

"乔乔,我都说了别再哼歌了,快安静点儿,你需要睡午觉!"

乔乔突然一愣,然后转头对妈妈说:"妈妈,对不起,我刚才都不知道自己在唱歌呢!"

乔乔看见妈妈疑惑的表情,便忍不住坐起来,认真地向妈妈解释道:"妈妈,我的脑子里总是在唱歌,我闭上眼睛就全都是动画片里的音乐仙子在唱歌!她唱我就也想跟着她一起唱。我不是故意要发出声音的,但是我也不知道怎么就唱出来了。"

听完乔乔的解释,乔乔妈也仔细回想了一番:最近她一个人在客厅玩玩具的时候确实总是在很享受地哼着小曲儿。她有一个海马玩具,按身上不同的按键可以放出不同的儿歌,有时候她抱着这个小玩具自顾自地陪它哼唱,一坐就是一下午,都不需要照看!有时候乔乔不肯吃饭,只要电视上播放音乐视频,乔乔就能安稳地坐在小椅子上,一边随音乐拍着手,一边任由妈妈把饭菜一勺勺地送进她嘴里。而且,乔乔似乎对音乐有着超乎寻常的接受能力,很多儿歌她第一次听就能跟着音乐打拍子,同时晃动着身子,一般的儿歌听第二遍就能跟着哼唱了。再加上她学说话也快,唱歌自然是难不倒她的。乔乔对不同风格音乐的反应也是迥然相异的,活泼的儿歌响起时她会随着音乐开心地跳起舞来,而柔和的纯音乐响起时她又会一个人躺在沙发上发呆,有时一躺就是半天。更不可思议的是,乔乔小小年纪就开始做乐评了,时常会一边听音乐一边冒出一些话。有一次她听《山谷里,静悄悄》这首歌,刚播放到"山谷里,静悄悄,什么在飘飘?"的时候,突然来了一句:"这个'静悄悄'应该唱得小声一点,'什么在飘飘'要柔和一点……嗯,还有'山谷里',要唱得更神秘一点。"

自那以后,乔乔还是会经常不听妈妈的"要求",在午睡时情不自禁地哼起歌来,但妈妈再也不会轻易去阻止她唱歌了。或许,乔乔的脑袋中真的住着一个音乐仙子,带着她去享受奇妙的音乐世界呢!

第二篇 特定领域超常儿童的特点及培育

案例 2

多才多艺的小小指挥家

小纳德今年 9 岁了,是当地一个小有名气的指挥神童,前几天刚刚在市大剧院指挥了一场交响乐团的音乐会,出色的表现得到了现场观众和当地音乐家们的一致好评!

这可不是小纳德指挥的第一场音乐会,这小家伙 4 岁那年便首次在市大剧院登台进行指挥。当时的他虽然年幼却充分掌握了名曲节拍,面对一整个大剧院的观众,丝毫没有胆怯害羞,而是自信地将整个交响乐团的演奏指挥得有条不紊,技惊四座。

大家在小纳德一周岁前就发现了他对音乐的偏爱,因为只要一对着爱哭的小纳德放音乐,这小家伙就立马停止哭闹,安静下来,静静地咬着手指听音乐,仿佛刚刚让他哭泣的不适感不存在了。此外,小纳德似乎有一种与生俱来的解析音乐的能力。不管是古典音乐中的交响乐,还是流行音乐里的伴奏,甚至是电视广告中的配音,他都能进行分析。有时候客厅放着交响曲,他就会时而跟着钢琴的旋律哼唱,时而跟着小提琴的旋律哼唱,时而跟着打击乐器发出铿锵有力的喊声。

有一次,小纳德去他小姨家做客。小姨是个二十出头、时髦的女大学生,正在家中放着当时最流行的 Lady Gaga 的 *Electric Chapel*,小纳德竟然在听第三遍的时候就对他小姨说,自己特别喜欢伴奏里钢琴的旋律,还跟着中间一段旋律飞快而激昂的贝斯哼唱了起来。小姨认真地把 *Electric Chapel* 听了一遍,才发现原来伴奏中确实有钢琴的旋律。她也很喜欢里面的钢琴旋律,同时也深深地自愧不如:"对这首自己最喜欢的歌手的音乐听了不下十多遍了,居然还没有一个小孩听得仔细。小纳德,你真是太棒了!"

也正是这位小姨,看出了小纳德的音乐天赋,尝试性地给小纳德看了一段长达9分钟的指挥视频。不可思议的事情发生了,小家伙居然深深地被指挥家的激情所吸引,跑到厨房拿来一根筷子,有模有样地学了起来,惹得在场的亲戚们忍俊不禁。或许,在小纳德眼里,指挥家手中的指挥棒就是一根拥有魔力的魔法棒,旋律听从它的指挥跳动,音乐跟着它的节奏流淌,整个乐团的灵魂都凝聚在这根魔法棒上。他主动跟小姨要了视频,自己一个人在家学了起来,不过几周,他便熟练掌握了如何指挥这首9分钟的交响乐。自那以后,凡是棍棒型的玩具,只要到了小纳德的手里,都会变成他的魔法指挥棒,指挥着他的小小音乐世界。

经过长时间的练习,小纳德对指挥的狂热和执着更深了,提出想跟当地一位有名的指挥家学习!起初,这位指挥家婉拒了小纳德的请求。但通过更深入的接触和了解,这位指挥家发现小纳德在指挥方面确实有高于常人的天赋,于是收下了小纳德这个小弟子。从此,小纳德开始了他的"指挥神童"生涯。

小纳德对音乐节奏的掌握和对音乐的分析、理解,都有自己的态度和想法,老师往往只需稍微点拨一下他就能领悟。而且小纳德不仅课上听得认真,课下练习得也很勤,常常在家听唱片模拟指挥,无论是贝多芬的《第五交响曲》,还是肖斯塔科维奇的《第二圆舞曲》,他都能指挥自如。

学习不到三个月,小纳德就已经可以在一周内熟记一首中等难度的交响乐曲,并通过自己的分析和理解,进行一场完美的模拟指挥了。5岁的时候他就已经能独当一面地登台指挥了。小纳德节奏感十足,他右手拿着指挥棒,主导乐曲节奏,左手指示团员适时突出主旋律,将音乐情感表达得淋漓尽致。

除了指挥,小纳德还尝试着创作音乐,希望能够通过自己之手把自己创作的音乐演奏出来,于是开始了小提琴和钢琴的学习,表现也十分优异。说到这里,小纳德的父母却是非常为难。通常小纳德在听完音乐以后会根据自己的喜好改编一些曲目,但是他最主要的创作时间点却是清晨和深夜。有时候都已经过了午夜12点了,小纳德还是迟迟不肯睡觉,生怕睡着了灵感就飞走了。更令人头疼的是,创作完曲目,他还会兴致勃勃地用他的钢琴或者小提琴完整地演奏出来,然后才能安心睡觉!而在另一个创作时间点——清晨,小纳德仿佛是从梦中得到了一段旋律一般,起来都不肯洗漱,直接就开始写谱子,然后用乐器演奏一遍,顺便叫醒还在睡梦中的爸妈。

小纳德还时常热情地与老师和家长们分享他创作的音乐,俨然一个小小的音乐家。他的才艺也得到了当地音乐家们的认可。指挥通常需要多年的经验才可以胜任,并且还需要有超凡的自信才能赢得乐团中众多音乐家的尊重,而小纳德正在朝着这个方向发展。

（一）学界观点

音乐天赋是最容易在个体处于较小年龄阶段时就有所表现的。有研究表明，个体越早表现出音乐天赋，他就越可能在青春期或者成人期坚持其音乐方面的练习，因而也更可能在音乐方面获得更高的成就。案例1中的乔乔是个典型的声乐类音乐超常儿童。这一类超常儿童的脑中总是充满着节奏和旋律，就像乔乔所说的，有个音乐仙子在她脑中播撒着音符。她们脑中的旋律可能不仅仅是从日常生活的音乐中听到的，甚至可能是从他们身边的事物中听到的。许多音乐超常儿童不仅仅是在听音乐、欣赏音乐、学音乐，更是在分析音乐、创造音乐。她们并不是刻意为之，而是有一种仿佛与生俱来的能力。

像乔乔这种在声乐方面具有天赋的音乐超常儿童，即使处于很年幼的阶段，也能在短短几秒内迅速分辨出不同的歌曲，稍大一点就能对不同的音乐风格进行区分并形成自己的偏好和倾向，再大一点则能够记住并区别不同作曲家的创作风格以及不同歌唱家的演唱风格。她们通常只需稍微一听，就能轻松地分辨出爵士乐和摇滚乐，只需稍作了解，就能区分出勃拉姆斯和巴赫的音乐，她们对音乐有着超乎常人的辨别能力和敏感度。

从认知神经科学的角度来看，音乐与语言及其他类型的认知加工过程是分离的，因而欣赏音乐的过程给音乐超常儿童提供了很多超越语言信息所能引发的感受，并且也只能通过儿童自己去感知而不能通过父母的语言去传递。鉴别有音乐天赋的儿童需要有效的标准和程序，并需要专家来进行鉴定。在较小年龄阶段去鉴别音乐超常儿童并非易事，因为年幼的儿童普遍都比较喜欢音乐，会在音乐中感到快乐，并通过肢体的协调动作来配合。除了像乔乔这样超常天赋表现得特别早的个别例子以外，大多数音乐超常儿童很可能因为音乐天赋表露较迟而被家长或者老师忽视，认为孩子只是单纯地喜欢唱歌和听音乐而已。

阿鲁图尼安（Haroutounian）调查了140位参与过音乐超常儿童鉴别的

教师和音乐家,鉴别音乐超常儿童的标准通常包括以下几个方面:

(1) 音乐识别和辨别能力。

❋ 对声音的知觉意识:对声音的内在感知力和听觉辨别能力。

❋ 节奏感:对节奏能流畅地反应,并保持一种稳定的律动。

❋ 对音高的辨识感:辨别不同音高,能记住和重复旋律。

(2) 创造性诠释能力。

❋ 能创造性地操作声音。

❋ 在演奏和欣赏音乐时有自我的感情投入。

❋ 能欣赏到音质的美妙之处。

(3) 对音乐的投入。

❋ 在音乐活动中持之以恒。

❋ 注意力保持高度集中,并拥有内在激励机制。

❋ 完善自身的想法,建设性地批评指正他人和自己的作品。

每个家长都希望自己的孩子能具有先天的优势以帮助其在未来拥有更高的成就。纵观那些出名的"神童"音乐家或演奏家的成长之路,不难发现,再了不起的神童,也要经过后天不断重复的严格、艰苦的训练,才能将一门乐器演奏到出神入化的地步。那么音乐天才究竟是天生的还是环境造就的呢?我们常说:"这个小孩唱歌唱得真好,他一定在这方面很有天赋!"民间有很多关于音乐神童的逸闻趣事,大多是音乐天才源于天生的例证。例如沃尔夫冈·阿玛多伊斯·莫扎特(Wolfgang Amadeus Mozart)和阿图尔·鲁宾斯坦(Arthur Rubinstein),他们在很幼小的年龄阶段就具有特殊的才能,比如辨别音高(绝对音调)和迅速记住旋律的能力,辨析不同乐器音色的能力。还有研究表明他们的某些脑区比正常人更大,这些都支持了音乐超常儿童脑发育与普通儿童不同的论断。案例2中的小纳德,他在辨别音色音高、记忆旋律、分析和诠释音乐等方面就有着惊人的天赋,并没有经过太多后天的学习和训练,他的这些才能是与生俱来的。

研究表明,从未接受音乐训练的普通儿童同样能够辨别出不和谐的音调。无论是否经过音乐训练,3—6岁的儿童便可以察觉出他们所熟悉的儿童歌曲中的非调式构成音与和弦外音,而音乐训练能够影响儿童的这种感知。此外,维塔拉(P. Virtala)和贝格(V. Berg)认为未接受过音乐训练的人对文化背景与音乐作品的学习均为内隐的,并且辨别大小调和弦时失匹配负波(MMN,反映注意加工的一种指标)具有差异性,听觉皮层对这些音乐结构的加工可能是人类与生俱来和固有的。这都说明人类具有一种普遍的能力,即能轻松感知复杂的音乐,并进行快速且精确的音乐信息加工,强调了人脑对音乐固有的兴趣、音乐的生物关联性,而儿童对音乐的感知可以通过内隐学习获得。像案例2中小纳德这一类音乐超常儿童,通常还会有一个比较突出的特点,那就是能很容易理解、掌握音乐中的和声关系。很多人到成年阶段都无法充分理解和声关系,而对音乐分析具有天赋的儿童,常常自幼就对和声有更好的反应和调谐能力。

  学界也存在着不同的观点(表2.1)。英国的认知心理学家迈克尔·豪(Michael Howe)研究指出音乐天赋并不完全是由遗传决定的。首先,大多数成功的专业音乐家并非神童出身,其音乐天赋也并不一定很早就表露出来,他们大多是通过后天刻苦而严格的训练而获得成功的。即使像莫扎特这样的音乐神童也不能排除其音乐才华是后天环境因素影响的结果,因为莫扎特的父亲列奥波尔得(Leopold)就是一位音乐人。从莫扎特出生开始,这位父亲就让自己的孩子接受大量的音乐熏陶,这无疑对莫扎特后来的成就起到重要作用。其次,有证据表明,接受了严格音乐训练的儿童,在辨别音高方面也能具有远超出普通儿童的能力。也就是说,儿童早期辨别音高的能力也是可以通过后天训练获得的。最后,迈克尔·豪还提到,由于大脑受到后天环境和经验的影响,部分脑区变大可能是音乐经验和练习的结果,而不是取得音乐成就的先天原因。也就是说,音乐超常儿童部分脑区比普通儿童大可能是后天音乐经验和练习的结果,而不是天生的。

表 2.1 对音乐超常儿童的两种不同观点

先天遗传论	后天环境论
很多音乐神童在相当幼小的阶段就拥有非凡的音乐能力	神童非常罕见,许多职业音乐家并非神童,且不少神童在其幼年时期就接受了音乐熏陶
音高辨别能力是天生的,是一种特殊才能	通过严格的音乐训练,儿童在早期也可以获得很好的音高辨别力
音乐神童的部分脑区比平常人的大,产生了音乐天赋	音乐经验和练习导致部分脑区更大

表2.2是一个鉴别音乐超常儿童的量表,该结构性量表对小学年龄段的儿童具有一定的鉴别作用。若评分≥34分,则孩子极有可能具有较高的音乐天赋。但此量表不是唯一的评价工具,即使孩子总分不高,若他在此量表中得分为5分的选项超过半数,家长也可以此为参考,继续为孩子做一些更专业的评估和检测。另外,由于音乐能力的测试通常需要听觉参与,因此很难在本书中做具体介绍,家长也可以通过网络进行搜索,在个人电脑上给孩子做一些音乐能力的测试,比如"wiwistudio音乐能力测试"等。

表2.2 音乐超常儿童鉴别表(小学)

表现	1 (几乎没有)	2 (很少)	3 (一般)	4 (很多)	5 (非常多)
(1) 受到音乐的感染,完全沉浸在音乐中					
(2) 仔细选择一种乐器,不愿放弃					
(3) 轻易记住音乐、旋律,毫不费力					
(4) 对于复杂的旋律片段能够进行重复哼唱,且通常在听完一次以后就能进行重复哼唱					
(5) 能够自然、流畅地随着音乐段落演唱或演奏一段音乐					
(6) 能够用身体对音乐产生反应					

续表

表现	1 (几乎没有)	2 (很少)	3 (一般)	4 (很多)	5 (非常多)
(7) 显示出通过音乐进行交流的特点					
(8) 显示出一种持续创作音乐的内在驱动力					

注：本量表由大卫·苏萨（David A. Sousa）于 2003 年编制。

教养建议

营造浓郁的音乐氛围

为了进一步培养孩子在音乐方面的能力，我们可以为孩子营造浓郁的音乐氛围，让他们最大限度地接受音乐的熏陶。具体的方法主要是让他们多接触与他们的活动相关联的音乐，这样能让他们与音乐有更多的关联。而不仅仅是为他们的日常生活提供一种背景音乐，因为这样有时反而会让孩子降低对音乐的敏感性和注意力。比如，当我们在教授孩子某个时期的历史知识时，就可以播放相关题材的音乐，让他们的情绪、思维与音乐产生更多的关联。当孩子在进行美术创作活动时，可以根据孩子正在创作的主题播放不同的音乐。例如，孩子如果在画中国画，可播放古风音乐或者传统乐器演奏的音乐，如果在画油画则可以播放西方古典音乐等。

此外，我们还可以用能够引起某种情绪的音乐，来激起孩子与音乐的互动，然后让孩子选择另一种艺术表达方式，比如绘画、舞蹈，或者文字描述等方式，将音乐中的情感描绘出来。

让超常儿童接受适当的挑战

不难发现，所有儿童都可以发展他们的音乐知识、理解与技巧，但是音乐超常儿童可能更需要帮助。事实上,对于任何一类超常儿童都是如此。通常超常儿童由于其自身的天赋,普通的课程很快便无法满足其学习需求。他们往往需要接受更多的音乐方面的挑战,才能应用并扩展他们所具有的各方面能力。

当他们在应对各种复杂挑战时,不仅能力得到了提升,且自身内部的奖励机制也被激活,由一种挑战的成功转化为对另一种挑战的渴求。当欣赏并对音乐做出反应的时候,他们可以将自身各方面的音乐能力综合在一起。通常,音乐超常儿童都具有快速的音乐思维,以及对听觉输入的信息加以整合、加工的能力,这在他们从事音乐创作时也会表现得很突出。而且因为音乐是抽象的,它提供了一种不依赖于语言技能的发展技巧的方式,所以音乐超常儿童的语言能力很可能并不强,这种情况在那些母语不是英语的学生中更可能出现。无论其未来如何选择职业,音乐超常儿童都应当在合适的阶段利用各种机会促进其超常能力的发展。应当允许他们在其特别感兴趣的领域尝试有挑战性的课程,比如让他们为不同的绘画作品、不同的诗歌散文配上音乐,并说明原因。或者是让他们听还不熟悉的风格或者音乐家的作品,然后让他们通过个人判断将相同风格或者同一音乐家的作品进行归类等。

提供持续的支持与鼓励

随着音乐超常生达到比较高的演奏水平,他们开始思考从事音乐职业的可能性。他们渴望拥有更多的练习时间,扩展演奏其他乐器的能力,同时参与更多的音乐演奏。具有讽刺意味的是,不少父母在音乐超常生小的时候,曾积极支持了他们,却并不愿意他们选择音乐方面的职业,希望他们将学习重心放在常规学业上。学生在应对额外练习需求与演出的同时还要试图满足父母的学业要求,进行强度更大的常规学业学习,以争取自己在未来的职业选择时拥有更多的选择。尽管许多音乐超常生的确也是学术方面的天才,但这种多重的压力有时太大,有些音乐超常生很可能会因此中止音乐方面的学习,以缓解这种压力。

我们建议，音乐教师与家长要一起帮助音乐超常生通过寻找弹性时间表来应对这种高压力的困难，使得学生可以在其他时间研修音乐课程。此外，诸如"音乐互动联系"（music-link）之类的课程计划可以帮助学校为音乐超常生提供个性化的课程。

尝试教授音乐的新方法

另外，一些音乐教育专家对认知科学的研究成果进行了探讨，并提出了教授音乐的新方法。下列三方面因素对课堂教学的影响值得关注：

（1）从以教师为中心、口头教学的形式转变到以学生为中心、建构主义的教学模式。以演出导向为主的方法需要教师持续扮演指导者的角色，不断地为下一场比赛或音乐会做准备，表演活动远远不只是学习者分享音乐的过程。与此不同的是，建构主义教学所强调的学习者，是作为一个积极参与者，而不是被动接受者。在教师的指导下，音乐超常生进行具有创造性的活动，通过这些过程展示其所掌握的音乐才能。

（2）加大计算机技术和互联网的使用。计算机软件和互联网能够为学生提供许多新资源，相比传统的音乐资源，这两种途径可以让音乐超常生创造性地处理音乐，而不仅仅是按照教师的详细说明练习某一音乐作品。在以项目为中心的教学中，教师可以鼓励学生使用计算机与合成器进行音乐创作，让学生的创作具有更多的可能。

（3）要善于使用创造性思维技巧和元认知策略。针对音乐超常生的音乐教育的一个主要目标，就是激发学生的想象力和创造力。如果教师定期让学生参与需要创造性、发散性思维以达到不同体验的活动，就能激发学生的想象力和创造力。当教师鼓励学生们通过改编、作曲、即兴创作、情感表达和主动聆听，认真仔细地创作音乐时，教师也可以让这些超常生将音乐创作本身看作一种艺术形式。当领会了抽象音乐概念的时候，他们也就学会了通过创造性的决策来解决音乐问题。将良好的音调区分感与高级认知功能结合在一起解决艺术问题，这个过程被称作元知觉。元知觉就相当于艺术的元认知，包括内部的乐感以及对声音的记忆与操作。基于元认识，学生可以与其他人交流对音乐的感受和诠释。

此外,在普通校园的音乐课程中,还有一些措施能够帮助声乐类音乐超常生发展其音乐方面的才能:

✳ 在音乐课上设置普通难度和具有挑战性的音乐任务,预期高质量的反应结果。音乐超常生普遍会倾向于达成为他们设置的预期目标。

✳ 允许并鼓励音乐超常生领导班级的文艺活动,如带头唱歌、指挥班级演唱等。

✳ 课堂中要有快速的回应活动。在这些互动活动中,学生要模仿由教师提供的不断增加复杂性的音乐类型。教师应谨慎使用齐声模仿和回应的方法,因为齐声模仿和回应可能会让一些乐于表现的超常生失去兴趣,应适当地进行分别、独立的互动,但是齐声的集体互动确实能更好地鼓励那些害羞的学生,从而提高其课堂参与度。

✳ 鼓励音乐超常生参与到声乐方面的教学活动中,培养他们带动其他学生进行声乐学习的意识和责任感,这样能够让音乐超常生更有进步和发展的动力。

✳ 提供开放式任务,让学生可以将最近学习到的技巧运用到新情境中。音乐超常生常常会寻找将其音乐兴趣应用到班级活动中的方式。

✳ 给声乐类超常生提供在班上展示他们在课外学到的才艺的机会,比如让他们教授同学们新的演唱方式和发声技巧等。

✳ 让他们在音乐学习中进行一些有情景和环境限制的即兴表演。音乐创作是声乐类超常生的主要培养目标之一,即兴表演是其中的一个重要形式。

✳ 在适当的时候要求学生分析和评价音乐,让他们认识音乐是如何构成和产生的。进一步讨论音乐是如何受不同因素影响的,以及音乐又是如何通过多种方式影响我们的。

✳ 鼓励学生参与学校合唱团等音乐团体。

✳ 给学生提供校外如社区等各种公众演出的机会。

✳ 给学生提供施展个人音乐才华的机会,确保学生获得真实、专业的音乐展示方面的经验,然后对其演出进行分析,并给予建设性的指导建议。

二、音乐超常儿童的特点及培育(二)

案例3

小小钢琴家,弹曲献爸爸

小可今年5岁了,她和普通小孩一样,该有的"坏毛病"一个也不落:挑食,不爱上幼儿园,玩具满地扔,不愿意洗脸。但一提起她,认识的人都会对她夸赞不已,前段时间市里的电视台还邀请她作为嘉宾参加电视节目的录制。小可是当地小有名气的儿童钢琴家。

早在小可一岁的时候,她就迷上了各种能通过按不同按键发出不同声音的玩具,每次给她买这样的玩具,她都能自顾自地玩上好几个小时。不到一岁半,她就对带有音乐按键的玩具特别热爱。两岁的时候,家里到处都是大大小小的钢琴玩具,从巴掌那么大的到比她人还高的三角钢琴玩具都有。起初家里人都没有把小家伙的这个偏好放在心上,直到有一天,小可的妈妈在厨房准备午饭时,突然听见她在客厅用她的玩具小钢琴弹起了儿童歌曲《小星星》。小可妈妈当时心里纳闷:"咦?这是我家宝贝在弹《小星星》吗?她还不足3岁呢,也没有人教过她弹钢琴,怎么就会弹《小星星》呢?也许是个巧合吧,正好她那调皮的双手按到了那几个琴键。"

可没过多久,同样的旋律再次响起。小可的妈妈当即跑去客厅,试着让小可弹点别的歌曲,好确认她弹《小星星》不是巧合。结果让她惊讶不已!不管是《世上只有妈妈好》,还是《找朋友》和《新年好》等儿童歌曲,只要小可会唱的儿歌她都能完整、正确地弹出来。惊讶之余,小可的妈妈按捺不住自己心中的好奇心,想考考这个小家伙到底对弹琴了解多少,于是问道:"小可,你怎么这么厉害,是不是什么歌你都会弹呀?"

"那当然呀,我可以把我会唱的歌都弹出来!"小可信誓旦旦地回答。

"那妈妈哼一段音乐你能现场弹出来吗?"

小可若有所思。妈妈还以为她被难题打击到了,没想到小可随即接受了挑战。

一开始,小可妈妈哼了《沧海一声笑》的前两句,心想这首流行歌曲她这年纪的小毛孩儿肯定没听过,总该弹不出来了吧?出乎意料的是,小家伙只尝试了两遍,就正确地把妈妈哼的旋律弹了出来。接下来,小可妈妈当场哼的歌曲,只要不是太过复杂的,小于12个音节的,小可都能弹出来!

俊采星驰：超常儿童培育指南

来不及等小可的爸爸下班，小可的妈妈就兴奋地打电话过去分享她的发现，机灵的小可突然说道："妈妈，我想弹《小星星》给爸爸听，可以吗？"

电话那头的爸爸连声说好。话音刚落，小可就一手拿过手机放在她的小钢琴边，专注地弹了起来，弹完了还不忘问爸爸她弹得好不好听呢！

从那个下午开始，小可的妈妈便特别注意对小可音乐方面能力的培养。虽然她也学过钢琴，但小可的学习能力实在是太强了，没多久就把妈妈能教的全都掌握了。而且小可的爸爸也希望小可能够接受更正规的教育，充分发挥她的音乐天赋。因此，在小可3岁生日时，爸爸妈妈就为小可购置了一台属于她自己的大钢琴。在小可还不足4岁时，爸爸妈妈就为她请了一位当地有名的钢琴演奏家做她的家庭教师。小可果然没有辜负大家的期望，学习时间还不到一年，她就已经能够上大舞台演出啦！

案例 4

多动小孩惹头疼，手速惊人擅钢琴

最近，一个名叫小云的9岁小姑娘火遍了整个县城，因为这个古灵精怪的女孩参加了省里举办的《小小达人秀》电视选秀节目，还拿了第一名呢！

平日里她总是扎着两个小辫子，走起路来一蹦一跳的，小辫子就跟着摇晃，非常惹人喜爱！小姑娘不仅有可爱的外表，而且很有才华！没错，她就是靠她的才华——高超的钢琴水平，在《小小达人秀》节目中脱颖而出的。

她弹琴的时候非常专注,仿佛全世界就没有别的事物能分散她的注意力了。然而不弹钢琴的时候,她却活泼得像一个"多动症"小孩!她的爸妈坦言道,这个小家伙从小就特别爱动,连吃饭的时候,都会拿着筷子勺子,以惊人的手速把饭桌弄得一塌糊涂,令父母头疼不已。有一次小云的表哥来家里玩,开玩笑地说了一句,这手速不学钢琴真是浪费了!无意间的一句话竟然成了小云学钢琴的契机。

小云的爸妈随后就将她送去专业的培训班进行学习。小云不仅立即喜欢上了弹钢琴,而且学得也比其他小朋友快,才两个月就已经超过了早她半年进入培训班的小朋友了。比起同龄儿童,小云具有超常的手指灵活性和出色的听觉记忆。当别的小孩还在刻苦地记忆每个琴键的音高时,小云就轻松地掌握了琴键的音调规律;当别的孩子还在日复一日地练习最基本的指法,为两只手同时使用不同手指而感到困难的时候,小云稍加练习就做到了双手的协调演奏。此外,小云的音乐老师还提到,这个小姑娘的手指记忆能力也特别强,很多学生在学习钢琴时都需要不断地大量重复演奏同一首歌曲,好让手指能够"记住"演奏指法,形成一种"惯性",让演奏更加顺利、完整,而小云熟练掌握一首曲子的弹法所需的练习量明显小于普通的学生,很多时候她甚至能在老师演示一遍弹法以后就完整地掌握一首曲子,而且还能加以改编,进行即兴演奏。她精力充沛,也非常努力,每天除了老师布置的练习内容之外,还会另外给自己增加练习任务,因此,小云比其他学生学得更快更好也是情理之中的事情了。

小云对钢琴的喜爱并不是三分钟热度,而是越学越起劲。这不,四年过去,她都成了电视台的钢琴小达人了!自从学了钢琴以后,小云也变得比以前安静了一些。可能是小云把她的精力都挥洒在了钢琴上,跳动在指间的音符带走了她"多余"的能量,让这个小姑娘在活泼开朗的同时又多了一分安静文雅的气息。她爸爸开玩笑道:"多亏了大表哥的提议,送她去学钢琴,我们家小云现在吃饭不随意拨饭菜,我和她妈妈再也不用天天擦桌子拖地板啦!"

案例 5

音乐天才也有烦恼呀

看动画片、听儿歌或许是大部分儿童的共同爱好吧,但是小巍却并不如此。不到两岁的时候,他就钟情于纯音乐。只要放这一类音乐,小巍就会安静得如同小天使一般,但只要一换成儿歌或者是动画片主题曲等,他就开始变得烦躁不安,有时甚至会哭闹。再大一点儿,小巍又渐渐开始表现出对古典音乐的钟爱,当家长让他选择听什么音乐的时候,他都会优先选择古典曲目,虽然其他类型的音乐他也很喜欢听。

有一次,小巍照常在客厅边听音乐边画画,突然他大喊了起来:"妈妈,我找不到刚刚那首曲子了!"

听到儿子急切的呼唤声,小巍的妈妈赶紧朝客厅跑去:"小巍,什么找不到啦?"

"刚刚那首曲子我可喜欢了,妈妈,我真的很喜欢,可是我按了上一首,却不是原来那个曲子了,现在我怎么也找不到!"

原来,播放器设置了随机播放,小巍找不到他中意的曲子了。

看着儿子拿着遥控器,着急得眼泪汪汪的,妈妈赶紧拿来遥控器,把最近播放的列表里的乐曲,一首一首地回放给他听,在第七首乐曲旋律刚刚响起不到三秒时,小巍就激动地喊道:"对,就是这首!"

原来是帕格尼尼的小提琴协奏曲《b小调第二小提琴协奏曲》（《钟声》）第三乐章《回旋曲》。自那以后，小巍就对小提琴演奏的纯音乐，尤其是古典音乐中的小提琴协奏曲偏爱有加。

觉得小巍在音乐方面可能是个可塑之才，在他3岁以后，他的爸爸妈妈便带他去大剧院听交响乐团的音乐会。而在第一次看到管弦乐团的演奏之后，小巍仿佛着了魔一般地爱上了小提琴，不管手边有什么东西，不管看见什么玩具，他都可以把它幻想成小提琴，沉醉地拉起来。也正是那一次音乐会经历，让小巍坚定了想要学习小提琴的想法，主动向父母提出要去培训班学习。

在少年宫学习的那些日子小巍变得更加痴迷于小提琴了，上完课还留在教室里继续练琴，直到下一个班（针对更高水平的学员）开课，他依旧没有丝毫回家的意愿，专心地在边上蹭课。小巍在少年宫的表现明显高于其他同龄的学生，因此也得到了老师的重视，特地将他推荐到一位有名的音乐家门下学习小提琴演奏。"别人需要练习一个月的曲子，小巍只用一周时间就够了。"这位音乐家赞叹道："他呀，是我这几年来遇到的最有天赋的孩子，不仅仅是演奏技法的学习，读谱记谱的能力，还有他对音乐的感知力。这是一种与生俱来的能力，是一种能够很快地抓住乐曲中的特质予以表现的能力。别看他年纪小，登台时却表现得沉稳从容。我常常能感觉到，演奏时他仿佛就是小提琴的一部分，演奏对他来说是一种本能的表达。当然，他也是一个极为纯真的孩子，他的音乐中有着属于这个年龄段的孩子气。"

自拜师以后，除了生病以外，小巍每天都会至少安排5个小时练琴，并且每个月都会去音乐家那儿学习一周。这个习惯一直到上小学，他都自觉地坚持着。小学时期的小巍跟其他男孩子没什么两样，活泼好动，阳光自信。从一年级起，就担任班级的文艺委员，是同学们信任的小班干部、好朋友。因为经常要去外地拜师学琴，所以

俊采星驰:超常儿童培育指南

在校学习的时间变得珍贵而又短暂。他跟班里的同学们相处得很融洽,每次回学校都会跟大家分享在外求学时的趣事,并且兴致勃勃地为大家演奏。唯一让老师头疼的是,小巍这孩子似乎阅读速度很慢,还有些排斥阅读。并不是他不喜欢学习,相反,他上课总是非常认真地听讲,不会调皮捣蛋,只是他很难聚精会神地坐在书桌前长时间地看书。

记得有一回,小巍和同桌一起看一本故事书,同桌看完一段内容准备翻页的时候,小巍急忙伸手阻止:"等会!我还没看完呢!"每次翻页的时候,小巍都不得不请求再等一会。同桌终于不耐烦了,忍不住抱怨道:"小巍,你为什么总是看得这么慢?以后我们还是分开看书吧!"

小巍听完感觉十分委屈,因为能跟班上的小伙伴相处的时间很少,他很珍惜,哪怕是看书也想和同学一起看。

"妈妈,我分明已经在很认真、尽全力地去加快阅读速度了,可依旧赶不上同桌,他说他不愿意再和我一起看书了。"委屈的小巍向妈妈哭诉道。

小巍的爸爸妈妈本就为他的阅读问题焦虑,得知此事后更是自责难过了。他们总觉得,是他们过于强调音乐方面的教育,而忽视了对小巍阅读能力的培养,才导致儿子出现了阅读困难的问题。

(一)学界观点

儿童对艺术天然的直觉和感知是妙不可言的。不同类型的超常儿童对艺术的认知更是微妙复杂。超常儿童的类型有很多,他们的天赋不尽相同,个体内部各方面的能力发展也有差异。因此,有些数理超常儿童对艺术作品和艺术创作丝毫不感兴趣,在学校的艺术功课上的表现也很一般甚至有可能很差,唱歌跑调不说,甚至可能连随着节奏打拍子都很难做到;而有些艺术或者语言超常的儿童,在艺术创作与鉴赏、语言习得与应用方面的表现十分突出,但在数理逻辑等方面的学习却不尽如人意。

已有的研究显示,精通乐器的大脑具有相当高强度的可塑性和持续性,即使在患有重度精神障碍和情绪障碍的人中也是如此。那么,擅长音乐的大脑还有哪些地方与正常大脑不同呢?大脑神经认知方面的科学家们对此做了详尽的研究,如表2.3所示。

表 2.3 对音乐家大脑的神经认识研究

研究者与研究方法	研究发现
Elbert 等,1995,采用 PET	与非演奏者相比,弦乐演奏者有比较多的脑皮层活动,控制左手指活动的右侧运动皮层区域比较大。在年纪很小就开始练习弦乐演奏的人群中,这种现象更加明显
Pascual-Leone 等,1995,采用 MEG	对于钢琴练习者,控制手指的运动皮层区域随着练习量的增多而增大
Schlaug, Jancke, Huang, Steinmetz 等,1995,采用 PET	(1) 音乐家比普通人的左颞叶活动要更明显 (2) 音高辨别能力强的人比音高辨别能力差的人拥有更明显和更活跃的左颞叶活动
Pantev 等,1998,采用 PET	有经验的音乐家的听觉皮层比非音乐人的听觉皮层大 25%,这种效应在年纪很小就开始学习音乐的人群中更明显
Gregersen,1998	(1) 对遗传数据的深度分析显示,音高辨别能力的遗传特性可能是这些儿童很早就受到了音乐熏陶的结果 (2) 部分具有良好音高辨别能力的儿童也会表现出非凡的数学能力
Glassman,1998	音乐中的和声关系可以说明工作记忆的容量大小和限度

续表

研究者与研究方法	研究发现
Ohnishi 等,2001,采用 fMRI	(1) 音乐家加工音乐的脑区与普通人的不同。音乐家左颞叶激活更明显,普通人右颞叶激活更明显 (2) 音乐家左颞叶的激活强度与开始音乐训练的年龄相关,开始音乐训练的年纪越小,激活越明显 (3) 有良好音高辨别能力的音乐家比没有这种能力的人的脑区激活更明显 (4) 早期音乐训练可以影响脑左半球用于创造音乐的神经网络的发展
Itoh,Fujii,Suzuki,Nakada 等,2001,采用 fMRI	再次证明乐器演奏时左半球的作用。经过严格训练的音乐家在演奏钢琴的时候,无论他们分别使用左手或右手,还是同时使用双手,其左顶叶比右顶叶激活更明显
Schlaug,Christain 等,2001,采用 fMRI	很早开始训练的音乐家,其左侧和右侧的感觉和运动皮层区域,以及左顶叶区域的灰质容积都比较大
Koelsch,Fritz 等,2005,采用 fMRI	无论是成人音乐家还是接受过正规音乐训练的儿童,他们在接受符合和声规则的和弦和不符合和声规则的和弦刺激时,其大脑左、右半球的额下回外侧皮质及右侧颞上回前部都比非音乐从事者表现出更强烈的活跃度。这种活跃度差异进一步说明音乐家对和声规则违背更为敏感
Minati,Rosazza,2009,采用 fMRI 与 ERP 结合的方法	(1) 音乐家与非音乐家对于和谐与不和谐和弦具有不同反应,音乐家的行为测试成绩优于非音乐家,并且反应时更短 (2) 音乐家具有更显著的左侧额下回和颞上回以及双侧缘上回的激活,和弦类型对于音乐家的大脑右半球的影响较小,对左半球的影响则较明显
Lee,Janata 等,2011,采用 fMRI	三个皮质位点及其功能作用:右颞上沟(rSTS)、左下顶叶(IPL)及前扣带回(ACC)。右颞上沟具有区分音高轮廓的作用,左下顶叶在旋律序列加工中具有重要作用,而前扣带回与音乐结构加工、音乐情感反应及行动感知有关

续表

研究者与研究方法	研究发现
Wehurm, Dege 等, 2011, 采用 fMRI	(1) 听到具有极端错误的旋律时,无论是否接受过音乐训练,受测试者都具有相似的神经反应,即都表现出包括额下回、前运动区及前脑岛在内的一个神经网络的激活,且接受过至少两年音乐训练儿童的激活反应强于非音乐家 (2) 额下回的激活与音高加工、旋律及和声辨别、和声规则违背有关;前运动区激活与音乐期待违背相关;前脑岛激活与信息加工和音乐句法违背相关 (3) 接受过音乐训练的儿童表现出更为强烈的前脑岛激活,可能是由于期待违背引起的强烈情感反应。听到具有轻微错误的旋律时,他们的神经激活主要包括额下回(岛盖部及三角区)与前运动皮层、前脑岛、颞上回及缘上回 (4) 接受过音乐训练的儿童对于极端错误和轻微错误旋律的神经激活更为相似,普通儿童对于极端错误旋律的激活反应更敏感 (5) 普通儿童尝试辨别旋律的偏差时,更多地依赖于听觉工作记忆加工,这是由于他们缺乏相关音乐经验导致的

案例 3 的小可就是典型的乐器演奏方面的音乐超常儿童,她因为在钢琴玩具上重复按了许多次相同的琴键而发现了每一个琴键都有它特定的音调。然后,她依靠自身对不同音调进行准确识别的天赋,默默地记下了每一个琴键的音调,又通过将钢琴的每一个音调与她心中的旋律进行对比,摸索出了《小星星》的演奏方法。又通过重复这种经验学习的方式,学会了其他简单儿歌的演奏方法。重复性的锻炼是小可自学弹钢琴的必要途径,而她对音调进行准确识别的天赋则是她自学弹钢琴的前提和基础。

而案例 4 中的小云似乎拥有超常的"手指记忆"能力,不仅手速快得惊人,记下一整首曲子的弹法也比其他同龄儿童快很多,所需要的练习量也明显小于别人。其实,这种音乐方面的超强、超快的记忆能力,是音乐超常儿童中很常见的一种特质,也是专业的声乐家或演奏家必备的素质之一,因为在进行演出前,他们常常需要记忆大量的乐谱。演出过程主要依靠长时记忆的提取,也就是依赖于长时间的大量练习,然而一旦演出者开始在记忆音乐的基础上进行即兴演奏,就需要调用临时的工作记忆。工作记忆是一种对信息进行暂时加工和存贮的容量有限的记忆系统,1974年,巴德雷(Baddeley)和希契(Hitch)在模拟短时记忆障碍的实验基础上提出了工作记忆的三系统概念,用"工作记忆"(working memory,WM)替代原来的"短时记忆"(short-term memory,STM)概念。工作记忆是认知心理学提出的有关人脑中存贮信息活动方式的概念。人脑作为一种信息加工系统,把接受到的外界信息,经过模式识别加工处理而放入长时记忆。以后进行认知活动时,长时记忆中的某些信息被调遣出来,这些信息便处于活动状态。它们只是暂时被使用,使用过后再返回长时记忆中。信息处于这种活动的状态,就叫工作记忆。这种记忆易被抹去,并随时更换。然而工作记忆的这种具有局限性的功能远远不能解释为什么有些音乐家在演出时能作出如此快速而富于变化的调整,从而进行令人惊艳的即兴表演。他们势必需要调动更多类型的记忆,去完成完美的即兴表演。毋庸置疑,高水平的音乐训练与在工作记忆和长时记忆中处理信息的能力之间存在着特定的联系,但这些联系已经远远超出了音乐训练的范畴。

除了上述提到的超强、超快的音乐记忆能力以外,成功的音乐家还需要具备快速阅读乐谱和歌词的能力,以便演奏出流畅的歌曲和乐曲。但是有些音乐天才在文字阅读方面却表现一般,甚至还会像案例5中的小巍一样,出现阅读速度太慢的困难。为什么会出现这样的情况呢?难道小巍不能将他阅读乐谱的能力迁移到文字阅读上吗?

音乐训练、文字阅读以及序列学习之间存在着相关性。语音意识,作为早期识字的一个主要标志,与音乐训练和特定的脑通路发展都存在着关联性。可想而知,阅读乐谱、歌词的能力与文字阅读能力之间肯定存在一定的关系。早期理论一般认为音乐主要是脑右半球的功能,但从最新的研究结果来看音乐加工似乎弥散于整个脑,并且注意点的选择性变化会改变大脑激活的强度和类型。一系列针对普通人或音乐家进行音乐加工的脑成像研究表明,阅读、谱写乐谱的能力与阅读、写作文字的能力在脑功能上有着明显的分离。音乐家在读乐谱的时候,音符和文字整合在一起,与所演奏或演唱歌曲的听觉输入是一起进入脑中的,而不是分离的。脑区的一个神经网络(卡布丽缇称之为"抽象音乐系统")将上述听觉输入转变为旋律和节奏,从而使个体能够演奏、歌唱或写出下一段音符和旋律。PET研究显示,在进行音乐活动的过程中,脑下枕叶和顶叶尾部的激活最为明显。这些区域的损伤会导致个体丧失读乐谱的能力,但他的文字阅读能力却依然存在。很显然,用于文字加工的脑区与音乐加工的脑区是相对独立的,它们之间可能存在着联系,但这两项活动不是发生在同一个脑区。这些发现提醒我们,音乐和非音乐的文本有着不同的记忆系统和记忆方式。这样就可以解释为什么有些像小巍这样的音乐神童会有阅读障碍,还有些老年性痴呆(阿尔茨海默病)患者虽然丧失了说话的能力,却仍然可以唱歌,而且歌词错得很少或者根本没错。

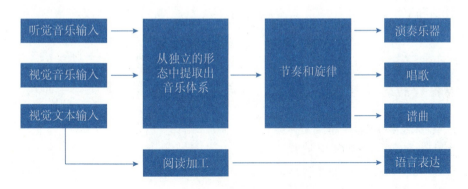

音乐输入和文本输入过程

上图显示了音乐输入(旋律或者乐谱)和文本输入(歌词)的加工过程,两种加工过程相对独立,在功能上也有显著的不同,需要不同的认知操作。

还有研究发现,音乐成就与正规训练的量之间有密切的关系。研究者们对257位年轻的音乐人进行了访谈,通过统计分析发现,高成就者普遍练习得最多,中等成就者的练习时间是中等,低成就者几乎不练习。而练习少的高成就者在测验中的得分未必比低成就者的得分高。此外,他们还发现,练习类型的差异在音乐人年龄还很小、刚开始接触乐器的时候就表现出来了。小时候练习得多的人大多数长大后也练习得多,反之亦然。可以说,不管个体是否在先天上具有音乐方面的优势,大量的正规练习是取得音乐高成就的主要因素之一。

乐器方面的音乐超常儿童是最难鉴定的。即使是具有这方面天赋的孩子,若想拥有卓越的乐器演奏技巧,也需要经过一段时间的严格训练。并非所有音乐超常儿童都能像小可这样自学成才,或者在很幼小的年龄段就接触到真正适合自己的乐器。尽管如此,我们依旧可以根据一些指标,对孩子是否具有音乐天赋进行初步的评估。表 2.4 是一个鉴别音乐超常儿童的量表,若评分结果≥60,则孩子很可能具有较高的音乐天赋。并不是说孩子在测量中最终获得的总分低,他就一定不是音乐超常儿童。如果他在超过半数的选项中获得相当高的分数,那么我们也建议家长带孩子去做更专业的评估和鉴定。

表 2.4 音乐超常儿童鉴别量表

指标	1 (完全 不符合)	2 (不怎 么符合)	3 (一般)	4 (挺符合)	5 (完全 符合)
(1) 未经学习或指导,能自行体会音调;能清楚地辨别高-中-低音					
(2) 对不同的音色、音乐风格敏感;对强音、弱音等自动作出反应					
(3) 与生俱来的良好节奏感;并非一贯自动反应,但通常反应很快					
(4) 参加与音乐有关的活动时,双手、胳膊和身体能与音乐协调作用					
(5) 天生唱歌优美合调					
(6) 动作技巧:双手、双脚和身体随着某一节拍或者音乐协调运动					

第二篇　特定领域超常儿童的特点及培育

续表

问题	1(完全不符合)	2(不怎么符合)	3(一般)	4(挺符合)	5(完全符合)
(7) 喜欢听音乐并对正在演奏的曲子敏感					
(8) 愿意尝试各种乐器					
(9) 模仿的技巧：能基本同步并准确地对音乐或者与音乐协调的动作进行模仿或反应					
(10) 有听音乐和进行音乐表达的热情					
(11) 对某些事物能进行联想；经常注意到身边的事物并把它们与某些音乐联系起来					
(12) 能够超长时间地集中精力学习某种乐器或者从事某种音乐活动					
(13) 有音乐家庭背景					

注：改编自马建勋《破译天才教育密码》中的音乐天才检测量表。

（二）教养建议

像小可这样的音乐超常儿童，即使她在很小的时候不接触这些乐器，其音乐方面的天赋依然是存在的，只是可能表露出来的途径不同，被家长发现的容易程度也不同。我们建议家长在孩子年幼的时候，让他们尽可能多地接触不同的新事物，并保持一颗细心观察的心，以便能敏锐地注意到孩子可能具有的天赋。

 让正规训练为天赋锦上添花

音乐成就与正规训练的量之间有密切的关系：不管个体是否在先天上具有音乐方面的优势，大量的正规练习是取得音乐成就的主要因素之一。

在大量练习的过程中,大多数音乐超常儿童都非常需要来自教师和家长的鼓励和支持。尤其是在开始阶段,父母对于帮助孩子形成日常练习的习惯具有重要作用。这些习惯所建立起的一系列规范,也在一定程度上决定了孩子未来能达到高水准,还是仅仅达到中等水平。

教师对学生音乐能力的发展起着至关重要的作用。教师如果能为学生提供一对一的指导,可以使学生发展得更加充分。因为超常儿童各有特点,其程度也不尽相同,适合的授课节奏也有所差别。当学生作为乐队、管弦乐团或者合唱团的一分子时,指导者最好能强烈地激励他们去演奏更具有挑战性的音乐作品。为了进行表演,学生需要在适宜的强度下进行练习,这被称为有针对性的练习。教师应该常常为学生提供这方面的指导和鼓励,帮助学生认识自身的价值。正如我们在前面讨论过的,若想要超常儿童在某一方面达到高水平,必须每周达到足够的练习时间,而后期的成就与练习习惯更是取决于学生早期的练习强度。只有在掌握了有针对性的练习策略后,音乐超常儿童才能用最少的时间取得最佳效果。

此外,教育机构和学校的课程设计与安排,也会影响到音乐超常生的发展。低水平时期的音乐超常儿童也许可以接受普通的音乐教学。然而,到了中级或者高级阶段,由于超常儿童的基础与学习能力都相对突出,普通的音乐教学将无法满足其需求。这些儿童的音乐能力可能参差不齐,他们的发展潜力各不相同。在这种混合群体中,音乐教师可以选择一种以表演为主的教学方法,让音乐超常儿童有展示天赋的机会。另外,公共演出有助于进一步激发音乐超常儿童发展和学习的欲望。

学校和相关教育机构也可以为学生发展某一方面音乐技能以及独立学习某一类乐器等提供选择,为学生提供个性化、差异性课程,从而加强音乐超常生在演出、音乐理论、作曲和音乐史等方面课程的学习。音乐教师可作为学校和音乐协会之间的联络员,确保学生获得相关音乐资源和参与音乐活动。

灵活设计差异性课程

当音乐超常生已经达到中等水平乃至高水平,针对其进行的课程计划也要相应调整,以满足他们的需求。

对于中等水平的音乐超常生,课程应当进一步夯实所需技术、技巧和探索音乐结构和风格。处于这个水平阶段的音乐超常生通常会寻找校外演出的机会,并希望用高超的技巧完成这些演出。中等水平的音乐超常生应在以下方面多下功夫:

❋ 获得更精细的实践技术。

❋ 利用和享受校内外的演出机会。

❋ 熟悉技术发展。

❋ 提高演出中的精确度和准确性。

❋ 在音乐思维中经历从积极主动到解释性理解的认知转换。

❋ 争取包括随机评判竞赛在内的演奏机会。

❋ 接受更多音乐理解和技术发展方面的指导。

❋ 平衡来自教师、父母以及其他学生在竞赛、练习和演奏方面的信息输入。

对于高水平的音乐超常生,课程应当被设计为练习已发展的技术技巧,提高学生对个人风格、音乐力度变换质量和音乐美感的理解。处于这个阶段的超常生常常已经可以参加竞赛水平的演出。针对高水平的音乐超常生有以下建议:

❋ 分析音乐历史、理论和结构。

❋ 理解不同风格的差异以及针对这些风格差异的各种解释。

❋ 发展创造性理解和艺术推理。

❋ 调整练习技术,充分利用时间解决音乐问题。

❋ 使用技术技巧创造精细的音色质量。

❋ 通过职业类型的演出发展自信。

❋ 参与音乐批评,展示和磨炼敏锐的观察力。

个体越早表现出音乐天赋,他就越可能在青春期和成人期保持其音乐方面的练习。虽然有音乐天赋的人一般在年龄较小的时候就有所表现,但有些人甚至到青少年时期,其天赋都未被认识到。对那些已经具有某种乐器演奏技巧的学生来说,要发展其更广泛的音乐技能,使其掌握更多知识,对音乐有更深刻的理解。在普通的校园音乐课程中,还有一些措施能够帮助器乐类音乐超常生发展其音乐才能:

❈ 给学生提供在班级运用他们在课外学到的才艺的展示机会,比如演奏乐器等。

❈ 让器乐类音乐超常生适当地进行即兴表演。即兴表演是学习、演奏一门乐器的较高境界,是学生完全掌握某种乐器的表现。

❈ 鼓励音乐超常生参与到器乐方面的教学活动中,让他们有带动其他学生进行器乐学习的意识和责任感,产生进步和发展的动力。

❈ 鼓励学生参加校内外的乐器类比赛活动,让他们接受更多的挑战。

❈ 鼓励学生参与学校的乐队。

❈ 给学生提供校外如社区等公共演出的机会。

❈ 定期给学生提供施展个人音乐才华的机会,确保学生获得真实、专业的音乐展示方面的经历。对其演出进行分析,并给予建设性的指导建议和评价。

三、绘画超常儿童的特点及培育(一)

案例 6

妈妈,你能给我一盒蜡笔吗?

小森今年 4 岁了,是一个典型的充满活力的小孩。他性情温和、阳光,但不少人会觉得他有些奇怪,因为他从两岁起就对积木、火车、模型等玩具失去了兴趣;而十分喜欢在户外玩耍,经常一个人在泥地里观察虫子,观察树枝,远眺天空白云,凝视小溪河面。

尽管小森表现得和别的小孩不同,但小森的父母从来不干涉他的行动,反而还会尽可能多地给他自由空间,让他与大自然亲密接触,甚至还经常带他去远足。他的父母认为,小森这个年龄段的孩子,对是非、善恶并没有明确的界定,也没有利益的意识,对大自然的热爱是纯粹的,由心而生的,这种热爱一定会给他带来更多的美好。

去年夏天,一家人带他去海边度假,感受大海。这个小家伙盯着海平面处的船只和落日,突然开口问他的妈妈要东西:"妈妈,你能给我一盒蜡笔吗?"

"当然可以啊,不过你能告诉妈妈你想画什么吗?"

"那边的船和落日好漂亮啊!"小森指着远处的船只说道,凝望的视线始终没有离开那一抹海平面。

"还有海面上的海鸥,岸边的浪花……"

小森一边说着,一边眺望着远方,眼里充满了对大自然的热爱,仿佛想融入那海平面一般。

于是，小森的妈妈便打电话让爸爸在附近的商店买一盒蜡笔和画纸送过来，这个原本在沙坑里翻得像只小猪，在海里跳跃得像只小海豚的小男孩，居然安安静静地趴在沙滩椅边认真地画起画来。一画就是一个小时，直到落日沉下海平面，他才意犹未尽地说道："妈妈，我明天还想接着画！"

接连几天，小森一直专心于他的创作，先是画了海平面，再添上几艘船只，随后再画上落日、飞鸟……虽然当时小森才三岁，但画中的层次感，他对视角、光线的处理以及画的意境，都让父母感到惊讶不已！

小森对于绘画有自己的看法和主见，他很清楚地知道要先画什么后画什么，并且画中各个事物之间的大小、远近、明暗关系都处理得很有特点。他似乎天生就拥有艺术家所特有的感受能力和优秀的空间架构能力。他按照自己所希望的安排与组合进行构图，使平凡的东西变得独具美感。将协调的物体按照三角轴或是斜线来排列，将光与影变成有情感的组合，这些构图手法和意识，在他还没有经过严格训练之前就已经产生，前景与背景的选择、透视缩略等绘画技巧也在他的画中时有展现。在创作写实的风景画时，他也许并不能很逼真地将一些事物描绘出来，但他会将事物进行严格的安排，画作层次、整体构图和明暗的处理都十分细腻。

从那以后,小森仿佛发现了新大陆一般开始每天画画,绘画工具也从单一的蜡笔发展到彩铅、水彩等。他还经常主动提出让父母带他出去远足,不管去哪儿,这个小家伙都会兴致勃勃地带上他的创作工具,去描绘他心中的那些自然风景和事物:蓝天白云、溪流小河、远山田野、绿树草地……

(一)学界观点

3—5岁是儿童超常优势最容易被发现的年龄。这个年龄段的孩子,他们的观察、认知、模仿和学习能力有了质的飞跃,并且他们对某些事物的好奇心也与日俱增,感兴趣的新鲜事物也变得更广泛,孩子的超常优势也最容易被激发和表现出来。

故事中的小森就是一个典型的绘画超常儿童,这类超常儿童普遍比同龄儿童具有更强的空间架构能力以及理解和运用空间的能力。他似乎天生就拥有艺术家所特有的感受能力和优秀的构图能力。

此外,他们对周围环境的关注度也会更高,喜欢亲近大自然,去观察、发现隐藏在大自然中的美好。他们可能会对某一类事物具有特殊的偏好,父母尽量不要去干涉或阻止他们的这些爱好,除非这些偏好可能会给孩子的生长发育带来较大的阻碍。因为这个年龄段的孩子还没有功利的观念,那些喜好都是来自于他们内心简单而纯粹的热爱,以及对他们所认为的美好事物的追求。

毋庸置疑,同样的场景给每个孩子带来的视觉信息输入不尽相同,他们将这些视觉信息通过手笔协调动作进行表达和输出的能力也不尽相同。小森在第一次作画时就表现出了超常的绘画水平,这势必与他自身的能力优势有关,还得益于父母始终鼓励他去亲近大自然,让他做真正热爱的事情从而进一步发展在这方面的兴趣。儿童的学习能力是没有极限的,他们所能摄取的知识远远超过我们的想象。这个时期的孩子同样还未形成分辨是非对错的能力,因此家长也不能完全放任孩子而不进行恰当的干预。

那么怎样分辨一个孩子究竟是单纯地喜欢绘画还是真的拥有绘画天赋呢?绘画超常儿童究竟有哪些特征呢?根据工作经验,我们总结出以下一些特征,但必须说明的是,绘画超常儿童的特征肯定不局限于此:

❋ 从比较年幼的时期开始就喜欢乱涂乱画,但很快就脱离了这种无目的的绘画状态,喜欢花大量的时间在有自主意识的绘画上。

❋ 会用黏土或者橡皮泥塑造各种人和物。

❋ 在选择主题、技巧或者材料时表现出独特性,并愿意尝试新的想法。

❋ 通过艺术来表达感觉和情感——可能在书本或者海报等东西上乱涂乱画,但并不受上面的内容影响。

❋ 喜欢参观艺术馆或者绘画展览等,并对别人的艺术作品感兴趣。

❋ 在观察一幅画作、一件艺术品,乃至观赏美景时,能注意到其他孩子注意不到的细节,包括一些线条、颜色和几何图形等。

❋ 对日常事物有敏锐的观察力。

❋ 通过艺术来传递信息或情感,也能领悟艺术作品中所表达的信息和情感。

❋ 欣赏、批评和学习别人的艺术作品。

❋ 对众多事物有兴趣并容易产生新思想。

表 2.5 是一个关于视觉、绘画方面超常儿童的参考性量表。若你的孩子在本量表中的评分结果≥56 分,则很可能具有视觉、绘画方面的超常天赋。每个孩子都拥有自己的独特性,每一个超常儿童也各有特点,因此该量表不能作为鉴定和评估儿童超常水平的唯一标准。若您的孩子总分并不突出,但他获得 5 分的选项超过半数,也建议您对孩子的绘画天赋多加关注,带孩子去做专业的评估和检测,为孩子提供合适的发展方向和适宜的外部环境。

表 2.5　绘画超常儿童鉴别量表

特点	1（完全不符合）	2（不怎么符合）	3（一般符合）	4（挺符合）	5（完全符合）
(1) 积极参加广泛的、有创造性的绘画活动,并对绘画创造过程表现出浓厚的兴趣和满足感					
(2) 自愿利用业余时间进行素描、油画和雕刻活动(包括随意描画),且一段时间内能专注于一项艺术活动,持续的时间比较长					
(3) 素描、油画或雕刻作品的主题丰富多样					
(4) 在选题、技艺和绘画作品中表现出独创力(例如,运用独特的或想象的观点,用不同方法甚至是自创的方法来使用一种工具或材料,以达到不同的艺术效果)					
(5) 愿意尝试新技巧、新经验和新方法					
(6) 喜欢试验性的方法,欣赏意外的结果					
(7) 用绘画来表达他自己的经历和感觉					
(8) 认真对待绘画作品					
(9) 拥有"用不同方式"重复尝试同一题材或主题的绘画作品的愿望					
(10) 对别人的绘画作品很感兴趣；能够欣赏和学习别人绘画作品中的优点；能够建设性地批评					
(11) 喜欢在三维的环境下工作					
(12) 热爱大自然,对美敏感,有崇高和独特的审美观					

注：改编自马建勋《破译天才教育密码》中的艺术天才测验量表。

俊采星驰:超常儿童培育指南

(二) 教养建议

一旦确认自己的孩子是一个绘画超常儿童,大多数家长都会希望能进一步发展和培养孩子的绘画能力。为了激发层次-构图能力突出的绘画超常儿童大脑中主管图形智能的区域,我们要让孩子尽可能多地参加一些艺术创作活动。这些活动主要涉及绘画、素描、想象力和观察力,以及对老师们所使用的描绘性词语等的理解。对于尚且年幼的绘画超常儿童,我们建议鼓励孩子去创造性地画画。具体而言,就是让孩子用生活中的材料如冰棍的木棒、羽毛等来进行创作,以激发和保持他们的创作兴趣,切莫因为孩子出格、创新的绘画活动制止孩子,而使孩子心怯胆小,不敢有自己的创新。还可以向他们描述一些在他绘画能力范围内的事物,让他们试着画出来或者用积木等东西搭建出模型。让他们用心去观察图片、图标、地图和展览品等,也可以激发绘画动力。

 设计针对该群体的核心偏好学习模式

在针对超常生的教学方案中,大多数关注的是学业领域中的高能力学生的教育,却少有研究涉及如何为那些艺术超常生设计课程,以及如何教育和评估这一类艺术超常生,更别提针对具有某一突出特点的艺术超常生专门设计教学课程了。这可能是因为教育者以及他们所服务的社区通常强调的是学业领域而不是艺术领域。此外,研究者和教育者传统上使用"天才"(gifted)和"天赋"(talented)来描述两种不同的事情。就我们通常的语境而言,"天才"偏向于指在一个或多个学业领域中的高能力,"天赋"更多地是指在视觉或表演等艺术中的出众能力。过去的研究者一般认为,没有直接证据证明具有艺术天赋的学生在学业领域也具有高能力。就目前的现状来看,我们欣喜地看到一些分别为学业天才和艺术天赋者专门设计的教养计划。因为超常儿童的超常之处互不相同,所以因材施教显得尤为重要。

另外，同时研究这两种超常生的研究者认为，学业天才学生在艺术上同样具有天赋，反之亦然。在一项研究中，研究者考察了某个暑期艺术培训班的青少年学生，发现这些学生在学业上也很出色。此外，人们也逐渐意识到超常生往往具有多种能力，比如数学能力常常和音乐天赋相关，这促使某些学区使用多种指标来为特定的教育计划确定学生。比如案例6中的小森，他的层次-构图能力很可能会让他在几何学习方面取得优异的成绩。因此，家长在超常儿童可以承受的能力范围内，可以适当地发展与其超常天赋相关的其他方面能力。

仅仅因为关联性就对某一种类型的超常儿童进行全面培育并不是我们的最终目的，我们的根本目的是更进一步地开拓与发展孩子的超常天赋。尽管存在个体差异性，但我们可以设计出适用于某一特定类型超常儿童的一组核心学习方式，将这一群体与其他类型的超常儿童相区分。

有研究人员提出了超常儿童群体区别于其他同龄儿童的核心偏好模式。在此基础上，我们提出一种针对层次-构图能力类型的绘画超常儿童的核心偏好模式，有三大特征：

(1) 整体的视觉输入。

这一类绘画超常儿童表象上的特征为：已经能很好地整合自身的视觉输入，对事物进行全面、整体的观察。他们对画面的整体掌握能力，就好像别的小孩大多就某物体进行"聚焦观察"，而他们却能"全景拍摄"一般。此外，很多并不能引起他人注意的细节，他们也能很好地捕捉，在进行形象表达时还能给出来自不同角度的视觉表象。因此，在培养这类超常儿童时，应该多选择具有整体感的绘画对象，如视野开阔的风景、层次分明的空间等。

(2) 自主的观察动机。

层次-构图能力类型的绘画超常儿童，具有高度自主的观察动机。这种动机通常比较强烈，能够引导他们的行动。当他们在面对绘画原型或者模型时，会进行有针对性的观察和视觉记忆。例如，普通孩子会注重对绘画对象的细节观察，而不在意前景与背景是什么，而层次-构图能力类型的绘画超常儿童却会注意到。因此,可以为他们选择层次感强、内容充实的绘画对象,让他们有更多的"解析空间"的机会。

(3) 丰富的联想能力。

层次-构图能力类型的绘画超常儿童相对来说具有更丰富的联想能力。很多时候他们在创作时对画面层次和构图的处理不仅仅来自整体的视觉输入,还有联想的因素。哪怕是仅仅给他们单一物体进行创作,他们也会想方设法为画面制造层次感,甚至连明暗关系都能处理得像丁铎尔效应一般层次分明。他们会运用自己的联想能力让画作更具层次感和整体画面感。

 让孩子接受正规的训练

构图讲究的是均衡与对称、对比和视点等。常见的构图形式有水平式(安定有力)、垂直式(严肃端庄)、S形(优雅有变化)、三角形(正三角较空,锐角刺激)、长方形(人工化,有较强和谐感)、圆形(饱和有张力)、辐射(有纵深感)、中心式(主体明确,效果强烈)、渐次式(有韵律感)、散点式(不受边框约束,可自由向外发展)。哪怕是层次-构图能力类型的绘画超常儿童,在其接受正规训练之前,也未必能有如此全面的构图意识。因此,对这类超常儿童的专业培训是必需的。针对这类绘画超常儿童,我们希望家长能给予孩子足够的支持,让孩子去培训班接受正规的训练,如果条件允许最好选择一对一的针对性教学。

(1) 训练超常儿童的层次-构图能力,首先要教会他们化繁为简以进行更好的构图。尽管这类儿童通常很有主见,会明确自己所要表达的主题思想和表现的主要对象,但倘若孩子不懂得将过于复杂的场景进行简化,就会陷入无从下手的困境。构图是指点、线和形相互之间的排列关系,不同的构图会造成画面的对比和变化。同时,它是平衡形式的转化,通过形象的内在联系产生呼应,从而求得画面气势上的平衡,增强作品的表现力。一般表现为有起、承、转、合的动态,是一种画面中气势的变化与联系。

(2) 层次-构图能力类型的绘画超常儿童本身就十分注重对称性和平衡

性。他们或许不用教导,就知道以实体或假想的对称中心或对称轴进行布局。部分之间具有互相对称和照应的关系,从而实现构图的稳定和协调。但是越注重画面的对称性和平衡性就意味着孩子越有可能被这种规则所束缚,因此需要专业的老师进行适当的点拨,学会在变化中寻找协调的统一,灵活掌握变化的原理,让可比成分之间的对立特征更加明显,以加强艺术形象的动人效果。凡是美的物体,首先要富于变化。然而变化、多样性必须要与整齐、统一相结合,才能表现出艺术性。

(3) 层次-构图能力类型的绘画超常儿童更注重对静态事物的描绘。应当让他们知道,事物的运动是动力与中心两者的矛盾统一,均衡是这种运动形式的一种升华。仅从形式上保持均衡是对对称的破坏,而轴线或支点两边的不等形而等量,隐含着对称的原则,实质上是对对称的保持。

(4) 还应该让孩子了解虚和实的对应关系。在绘画中近处为实,远处为虚,主体为实,陪衬为虚。在中国画中虚实表现为形象与空白的关系,具体形象或者有笔墨处为实,省略形象或无笔墨处为虚。虚实互用以加强形象的鲜明性,是中国画构图特有的法则。

四、绘画超常儿童的特点及培育(二)

案例7

一鸣惊人小画家,保驾护航靠爸妈

下周三是艾克的10岁生日,艾克的爸爸妈妈打算为艾克举办一场个人画展,作为送给他的10岁生日礼物。

艾克大概在7岁的时候才表现出对绘画的喜爱。在7岁以前,他不仅没有表现出任何特别的绘画天赋,甚至连画画这件事他都不太喜欢。因此,当7岁的小艾克突然拿起画笔开始画画的时候,艾克的爸爸妈妈也只是把他的画当作一种纯粹的儿童艺术,在自己家中收藏起来。日积月累,家中到处都是艾克的画,尽管他们经常会把艾克的一部分画作裱起来,或者展示在家中,但是从来没有将儿子的画当作一种艺术创作。直到艾克9岁那年,一个做平面设计的朋友来家里玩,看见艾克的绘画作品连连称赞,临走还特地选了几幅,说要送给一些他认识的艺术家们,让他们给艾克指点一下。

艾克的爸爸妈妈当时一口答应。没想到小艾克不鸣则已,一鸣惊人。他的画作在当地艺术家中引起了不小的反响,许多艺术家发来邮件,表示想对艾克以及他的作品有更进一步的了解,还有的想亲自前来和艾克交流。随着时间的推移,艾克对艺术技法的学习兴趣越来越浓,然而艾克的爸爸妈妈都不是艺术家,对于艾克提出的油画和水彩的区别、画面的层次等问题完全无法回答。他们很庆幸、也很感激当地的艺术家们能和艾克谈论绘画,给艾克提出建议。值得一提的是,大自然是艾克创作灵感的主要来源。他不喜欢用浓烈的色彩,也不喜欢用对比鲜明的构图,他的作品浅淡却不失层次,"含有一种超常成熟的哀伤"。当地的艺术家都很喜欢和艾克交流,丝毫不把他当小孩子看待。

艾克的画作有很多突出的特点,这可能与他超强的视觉记忆有关。他的画作通常带有两个明显的特点,那就是颜色处理逼真,细节处理细腻。为什么这两个特点与艾克的视觉记忆有关呢?倘若你亲自看过艾克作画,就知道其中的缘由了。艾克的创作灵感总是源于他曾经见过的事物,但在绘画过程中,他却几乎不需要任何模型,大多数时候他都能通过记忆将从前看到过的事物、画面表现出来。他不像一般的儿童那样对比着模型按一定的顺序勾勒轮廓、处理细节等,却总能确切地将各个细节摆放到位,继而将它们连接起来,每个局部的位置都能处理得恰到好处。

尽管艾克已经小有名气,甚至能办一个个人画展了,但艾克的父母依旧希望他能像普通的孩子一样成长。他们经常会把艾克的最新画作送去画廊,听取画廊负责人和当地艺术家的意见,还会送艾克到画廊和艺术工作室里向一些知名的艺术家学习,但从不会让这些事情妨碍到艾克的常规学业。他们还会给艾克足够的时间去亲近自然,或者跟伙伴们一起踢足球、游泳、骑行或者登山。

(一)学界观点

信息在人脑中是以特定方式来组织的,这导致每个人在看待这个世界时都拥有不同看法。脑神经科学研究表明,左半球优势的个体发展了高度组织化的连续系统,他擅长于从简单到复杂的递进或线性推理,并且这一系统更容易受到听觉输入和语言输入的深层次影响。相反,右半球优势的个体发展了另外一种思维模式,他擅长综合性的思维活动,具有对复杂系统的直觉把握,对概念的同时性加工以及归纳推理的能力。脑神经科学家普遍认为,视觉和空间能力与右半球优势紧密相连。虽然更多的男性是右半球优势,更多的女性是左半球优势,但大脑的双向调控和协调、两个半球的联合活动是高水平的思维所必需的。所有的学习者都同时使用两个半球,但两个半球的使用并不是都一样流畅,两个半球的双向调控和协调程度也不尽相同。

琳达·西尔弗曼(Linda Silverman)是视觉-空间超常生的最早研究者之一。她在研究中确定了两组视觉-空间超常生。第一组学生具有完成任务所需要的很高的视觉-空间加工能力和序列思维加工能力,所以在智商

(IQ)测验上获得了极高的分数。第二组学生表现得很聪明,但 IQ 分数并不高,因为他们的序列思维加工能力较弱。第二组学生可能难以在学校实现他们的潜能,因为可能会有教学风格障碍(teaching-style disability),即传统教学法往往有利于具有高序列思维能力的学习者。教师通常逐步呈现概念,利用训练和重复来加深理解,然后在限制时间下进行测验。因此,单纯的视觉-空间超常生在传统课堂中就会遇到困难,他们的天分也就不能完全实现。

案例 7 中的艾克就是典型的具有视觉-空间优势的绘画超常儿童,这一类绘画超常儿童对物体的色彩、几何图形、空间关系等都具有超常的感知力和记忆力。他们会注意到生活中任何事物上的图形,如书、沙发布或者桌布、墙纸、路牌乃至建筑雕塑等上的图片、表格、地图、图标和曲线等。很多时候,他们就是通过图形来记住身边的事物,靠图形去思考、记忆的。他们在色彩感知、色彩搭配、图形记忆与空间架构等方面有出色的表现,因此绘画的风格大多倾向于表现主义,颜色搭配鲜明而大胆,绘画方式直率而奔放,情感表达也充满着激情与张扬。但是,他们在一些传统的、基础的处理方式和手法上具有一定的学习困难或障碍,往往在常规的培训班或考核中表现得不尽如人意。

没有单一的、准确的测验可以用来鉴定具有视觉-空间优势的绘画超常儿童,目前最好的识别方式是观察孩子是否具有符合视觉-空间优势的绘画超常行为。例如,这一类超常儿童在非语言任务的 IQ 测验中的得分通常要高于语言任务的 IQ 测验得分。而且,他们喜欢捣鼓各种各样的绘画工具,会学习传统的绘画技巧但不一定完全遵守。他们喜欢沉思,非常有主见,会花一定的时间来思考。当他们已经真正掌握了事物的内在意义或已经创造了一个新的内在概念图式的时候,就会弃任务而去。在幼年时期,这一类超常儿童还可能喜欢"破坏",通过解构和重新建构一个立体的物品或玩具来满足他们支配空间的欲望,并试图弄明白这些物品的内部是怎样的,它们是怎么工作的。组织技能并不是这类超常儿童的强项,他们难以保证准时并坚持。以下列出了视觉-空间超常儿童的一部分特征,在复杂思想、抽象概念、整体方法、多重学科学习、归纳学习策略和其他要求综合思维的活动中，这一类超常儿童都有相当出色的表现：

- 依赖视觉和形象思维。
- 不惜以时间为代价，全神贯注于空间。
- 通过直觉掌握复杂的系统。
- 更喜欢综合的方法。
- 擅长概念的同时性加工。
- 积极使用形象。
- 更喜欢视觉定向。
- 组织技能差。
- 喜欢谜语、益智拼板和电脑游戏。
- 擅于掌握困难概念，容易的概念对他们来说反倒是一种折磨。

一旦视觉-空间类型的超常儿童创造了一个概念的心理表象，那么它在该超常儿童的理解和意识中会不断改变。对于这一类型的超常儿童来说，重复是没有必要的，反而还会给他们带来一些困难，重复练习是这类超常儿童的短板。

因此，要发挥这类超常儿童的全部潜能，必须将他们安置在教学风格与其学习风格匹配的学习环境中，创造的自由是他们成长的必备条件。

（二）教养建议

不要误解突出的视觉-空间能力给孩子带来的情绪与感情

视觉-空间类型的超常儿童通常具有非常旺盛的活动精力、超强的视觉记忆、丰富的想象力和优异的空间架构能力，还具有十足的好奇心，他们的双眼好像随时准备发现新的、有趣的事物。他们对周围的事物有着超乎常人的观察力和视觉记忆力。因此，这类超常儿童可能会出现在观察中情绪过度激动的情况，或者专注于视觉记忆的处理和思考而忽视了外部环境。教师及家长若不了解这些情况,很可能会将上述特质误解为"问题行为",视之为"不专心""走神""注意力无法集中""过动""调皮捣蛋""不守秩序"等。再加上超常儿童在学习或人际交往过程中情绪敏感或容易激动,可能引起教师的误解而以负面的方式进行回应,从而影响超常儿童的发展。

此外,绘画超常儿童还有一个容易被误解的特征,就是他们在绘画创作时可能并不按照视觉记忆中物体的空间关系进行通常的处理,其绘画中的空间关系可能很奇怪乃至有些荒唐。

绘画超常儿童通常由于其视觉记忆优势和对几何图形的敏感性,而比普通孩子更早辨认和掌握字母和数字。很多家长有可能因为没有考虑到孩子是视觉-空间类型的绘画超常儿童,而把孩子误认为语言类或者其他类型的超常儿童,从而因培养方向与孩子的天赋不相适应而导致其绘画天赋暂时没有得到发掘。

大部分人的色彩感觉和空间架构能力是可以通过训练来提高的,而绘画超常儿童本身就具有这方面的优势。除了让孩子接受正规的培训和指导之外,更重要的是让他们充分运用自己的优势,将其与新学的内容结合起来。

着重培养孩子对色彩的掌握能力

要让这类超常儿童对颜色有更多的亲切感。调配颜色无疑是绘画学生的最基本技能之一。西方现代艺术之父塞尚这样称呼自己调的颜色——"小白""小棕""小蓝",绘画超常儿童只有和颜色的感情亲切了,才更容易掌握每一种颜色是如何调配出来的,从而使用好颜色。

尝试着训练绘画超常儿童用几种简单的颜色来调配丰富的色彩,让他们在实际操作中学习新的内容比老师的口头教授要深刻许多。通过这种训练,绘画超常儿童凭借着其视觉记忆优势,可以很快地熟悉调色的基本规律,能用八九种颜色表现丰富的色彩关系。刚开始练习时,颜色种类不宜过多,练习调色能力。中间阶段可能要练习所有的常用色,避免对某一种颜色过分偏爱,尽可能掌握每一种颜色的性能。最后,努力简化画面的颜色,做到用最少的颜色表达最多的色彩感觉。色彩大师们作画时,用色一般很少,但给人的感觉往往很丰富、很到位。

尽量创造机会让绘画超常儿童利用外光写生来训练捕捉光色变化的能力。捕捉光色变化的能力非常重要,没有光就没有丰富的色彩效果。而自然光恰恰是变化最多的光,在一天中的不同时间段,色彩都各有明显的特点。即使在同一时间段,光色也是瞬息万变的。这些亲近大自然的写生机会可以让绘画超常儿童更加主动、自发地去探索光色变化,进而掌握表现不同明度、纯度和冷暖的能力。明度、纯度和冷暖是色彩的基本要素,几乎所有的色彩语言都与它们有关,三者的自身变化和交叉变化才使画面的绚丽多彩有了可能。另外,利用色彩来表现背光部分的能力也是十分重要的色彩处理技能。

训练绘画超常儿童利用色彩的纯度、冷暖变化表现空间的能力。空间表现是色彩写生中的一大难题,除了运用素描关系表现空间以外,更要教会孩子充分利用色彩关系表现空间。对比强(鲜灰对比、冷暖对比等)有往前的感觉,反之有往后的感觉。其实这也是一种形色结合的能力,要求创作者以色塑形,其所需要的能力素质正是绘画超常儿童的优势之处,可以让他们多加训练。

适当训练其视觉记忆和空间架构能力

绘画超常儿童的能力优势就在于敏感的色彩感知、超强的视觉记忆能力和空间架构能力。因此,对这类超常儿童的培训在这三个方面应该有所侧重。关于色彩感知能力,上面我们已经介绍如何提升其对色彩的掌握。而在视觉记忆方面,家长和老师可以设置一些具有挑战性的任务让孩子完成,比如拼图就是一项很好的考验视觉记忆的活动。还可以设置类似"找不同"的图片游戏,用一组只有微小差异的照片来考验儿童的视觉记忆。另外,还可以在孩子的绘画创作过程中减少其对绘画原型或模型的依赖性,以训练其视觉记忆能力。

绘画超常儿童通常十分注重物体之间的远近、层次、穿插等关系，尽管少部分绘画超常儿童可以在未经训练和指导的情况下就知道如何让绘画更有立体空间感，但绝大多数还是需要专业的培训和指导才能更好地依照几何透视和空气透视的原理，使事物在平面的绘画上传达出有深度的立体空间感。针对空间架构能力的训练，首先可以通过可变的实物模型让孩子亲自动手组装，以拥有更切身的体会。其次，近代摄影作品中不乏十分注重空间感的杰作，可以让孩子多接触这类注重视觉空间感的照片。甚至还可以让孩子自己借助摄像机，通过不同的机位、角度和光线明暗等来体会同一场景的不同空间感，让其对空间有更强的认知力和感悟力。

另外，绘画名作中不乏空间矛盾、空间错乱的作品，这些绘画作品可以给这类绘画超常儿童原本注重真实性的空间架构能力带来新的挑战和体验，例如埃舍尔的绘画作品等。

埃舍尔的作品

五、如何呵护艺术超常儿童的创造力？

案例 8

你见过"吃垃圾的小恶魔"吗？

真真被许多接触过她的人认为是个天生的艺术家。她活泼开朗，对周围的世界充满了好奇心，善于发现身边的一些普通物品的独特性。她的创作风格多样，有点像波洛克等人的"行动绘画"，身体和意识之间有一种直接的联动。

对真真来说，绘画是一件随心所欲的事情。她作画的工具多种多样，不受常规教条的束缚。她很少在真正的画布上作画，而是经常在身边许多普通物品上作画。她总能发现这些普通物品的特点，并通过创作使这些物品更加独特。在真真眼中，她和这些物品之间没有任何隔阂，任何东西都可能成为她的画布。

画笔、刮刀、羽毛球、纸杯、喷壶和其他玩具都可能是她的绘画工具。她可能会倒上大量的颜料，然后按压画布，引导颜料的流向，创造出微妙的色彩薄层和颜料的泊坑，用尺子刮颜料，用五彩缤纷的闪粉来增加效果。此外，她的画作还会使用一些玩偶或者其他物品构成一些大胆而又新奇的组合。例如，她曾将沙子、树叶、金叶、羽毛、绒球、抹布等物品加入到她的作品中。家里的一切东西，还有她从外面收集来的东西，都有可能被放到画里。她还经常把小提琴、时钟、玩具、椅子、水杯等物品变成自己的画布，在这些普通的物品上作画。

真真很有主见，又拥有创作天赋，她的爸爸妈妈自然高兴。然而，在这些特立独行的创作背后，却有一个总也不能收拾整洁的家，以及一个时常怀疑自己的女儿是不是有收藏癖的妈妈。尽管女儿的爱好给他们的生活造成了不小的困扰，但真真的父母还是选择支持她的创作。

有一回妈妈给家里换了一台新的吸尘器，小家伙居然就在吸尘器上开始画画。她用颜料给吸尘器重新上色，在它的身上涂涂点点，把吸尘器画作一个小恶魔，还把纽扣粘在上边当作小恶魔的眼睛，自己找来胡萝卜削成恶魔犄角的样子，并给吸尘器取了个名字叫作"吃垃圾的小恶魔"。正好那天家里来了几位客人，真真还鼓励客人用手去触摸小恶魔的鼻子、眼睛和犄角，告诉他们分别用了什么材料，怎么给小恶魔上色、让小恶魔变身，以及和它亲密互动。真真的父母舍不得用这个吸尘器，只好再买一个了！

案例 9

"水果作画"风波

傍晚的天空被晚霞染成了橙色，窗外的霓虹与路灯轻微地闪烁，催促着路人赶快回家。小莉的妈妈正在厨房准备热腾腾的晚饭，急促的电话铃声却打破了这份温暖与平静。原来，是小莉所在的幼儿园来了电话,让小莉的妈妈去一趟幼儿园。接到电话后,小莉的妈妈心情十分忐忑:小莉一向性格乖巧,安静温和,不管是在家还是在幼儿园,都是十分听话的,可这回竟然要请家长了,该不会是在幼儿园惹出什么事情了吧?

带着疑惑,小莉的妈妈等不及做完晚饭,就脱下围裙拍了拍衣裳,匆匆地赶到了幼儿园。班主任见到她,还没说话就先叹了一口气:"唉!小莉妈妈,小莉一向听话懂事,在幼儿园里也不会给我们添什么麻烦。谁知道前天下午,她意外发现了操场边上的龙葵,悄悄摘了好多浆果回来,用那些浆果在教室的书桌上画画,老师怎么劝阻也不听。昨天她更是'变本加厉',摘了更多的龙葵果回来教其他小孩画画,还振振有词地说'这里要压得重一点颜色会浓一点,那里我们要轻一点画才能画得细一点……'她呀,甚至还用午餐配的西瓜来画画!"

"用龙葵浆果和西瓜画画?"小莉妈妈向老师再次确认。

"对呀!本来这事,要是小莉听话不再惹麻烦,我们也就不会麻烦您来学校了,可小莉怎么也不听劝,这不,昨天好几位家长都来学校反映,他们看到自家小孩的衣服、书包和文具上到处是龙葵浆果的'作画'痕迹,还以为是小孩在幼儿园被人欺负了呢!"

听完班主任的话,小莉的妈妈就清楚了:其实小莉用龙葵浆果画画的事情她早在前一天就知道了。这小家伙那天一回家就兴奋地从口袋里掏出一把小颗粒状的东西,双手捂着不让妈妈看见,一脸得意地对妈妈说:"妈妈,我给你看一个神奇的东西!"

"什么东西这么神秘呀?"

小莉一边摊开手,一边兴奋地喊道:"是紫色的小果子!妈妈,你知道吗,我可以用它们画画呢!"

话音刚落,这小家伙就跑去书房拿来了白纸,要画画给妈妈看。她小心翼翼地用小手捏着龙葵浆果,歪着脑袋专注地画着,手的力道一会轻一会重,还不停调整画纸的角度,没多久就在白纸上完成了一幅"小桥流水画"。那认真的状态让小莉的妈妈都不忍心打断她。

话说回来,在一岁多的时候,小莉就拿红心火龙果、葡萄、樱桃、苹果、杨桃、香蕉、猕猴桃等水果来画画了,而且特别痴迷。一般情况下,小莉的"水果作画"不局限于一种水果,她常常会用多种色彩不同、形状各异的水果来创作,必要的情况下她还会自己亲自动手将水果削成她想要的样子,来完成她的创作。家里为了让她不再用水果作画,为她准备了充足的绘画工具。万万没想到的是,时隔三年,她又"重操旧业"开始了"水果作画",可真叫人头疼呀!

小莉3岁的时候,还在石头上画画呢!那段时间的小莉,也像现在沉迷于用龙葵浆果作画一般,一到课间或者放学的时候,就在操场、路边寻找合适的小石头,根据石头的形状加以联想,然后通过在石头上作画,将其变为各种惟妙惟肖的动物或者景物。去年夏天,小莉一家去海边玩,爸爸妈妈为小莉准备了儿童专用的挖沙工具,可这小家伙既不同大家一起踩浪花,也不玩沙子,更不理会沙滩上的其他小朋友,而是提着她的小水桶专心致志地搜集适合她创作的鹅卵石!更让爸爸妈妈头疼的是小莉想把这一大桶的小石子提回家!这可难坏了爸爸妈妈,最后经过商量,带了小半桶回去。小莉总是这样专心致志地沉迷于她独特的艺术创作中,乐此不疲,然而这却给家长和老师带来不少困扰。家有小小艺术家还真是不容易啊!

（一）学界观点

儿童的创造能力、创新思想和好奇心是远高于成人的,他们拥有天马行空的想象世界和一个未知而充满新鲜事物的现实世界。同样,他们的学习热情、学习毅力和学习态度也是惊人的。案例中的真真和小莉就是很典型的具有高创造力的绘画超常儿童,她们的绘画功底也许称不上特别出色,在学习常规的绘画技巧时也许并不会表现得很优异,但她们富有创造能力和创新思维,作品中充满着想象力与新奇感,这是她们最与众不同的卓越之处。

创造力也一直是儿童研究的焦点之一。托兰斯(Euis Paul Torrance)的研究表明,创造性儿童的主要人格特征有:

- 具有十足的好奇心,通常能够不断地提出问题。
- 思维与行动具有独立性,并有个人主义和自足倾向。
- 想象力丰富,喜欢叙述。
- 不随大流,不依赖于集体的认识。
- 热衷于探索各种关系。
- 主意多,思维相对流畅。
- 喜欢搞试验,喜欢大胆尝试。
- 具有灵活性。
- 顽强坚忍。
- 喜欢虚构。
- 对事物的复杂性感兴趣,喜欢用多种思维方式探讨复杂的事物。
- 善于幻想。

此外,斯滕伯格也列出了高创造力个体可能具有的七种人格特征:

- 能容忍模棱两可状态。
- 具有克服障碍的意志。
- 具有自我超越的愿望。

❉ 受内在动机驱动。

❉ 具有适度的冒险精神。

❉ 希望得到认可。

❉ 具有为获得认可而工作的愿望。

我国学者董奇将创造性儿童的人格特征概括为：具有浓厚的认知兴趣、旺盛的求知欲；情感丰富；富有幽默感；勇敢，愿意冒险，敢于标新立异、超越常规；坚持不懈；独立性强；自信，勤奋；自我意识发展迅速；一丝不苟。

兰祖利也对高创造力者的特征进行了梳理，他认为高创造力者的特征包括勇敢、乐观、有远见、富有魅力、充满希望、自主选择、乐于勤奋工作、对改变事物具有使命感、对民生问题敏感、身心能量充沛，以及对某个主题或者学科领域的执着热爱等。

多数研究认为，具有高创造力的科学家通常比普通人表现得更加开放、灵活、有动力、有雄心。当然，他们可能会缺乏社交，或者当他们和别人接触时，表现出某种程度上的傲慢自大或不太友善。

研究者发现，这些高创造力者往往在儿童时期，获得了其他人为他们提供的发展创造力的机会，包括环境和选择的多样性以及大量自由探索和自己做决定的权利等，这些都是创造力发展的基础。创造力超常的个体能够以不同于常人的方式来看待问题，他们经常使用发散思维来解决问题和完成任务。

通过以上对高创造力者特征的归纳，我们不难发现，高创造力的超常儿童有很多共同特质。克拉克认为可以从四个维度对高创造力者进行划分，家长和教师可以通过比对来评估孩子的创造力水平，并为其制订更合适的发展与培养计划。

（1）认知理性维度的高创造力者一般的特质是独立、专注、高动机、富有激情，同时具备对任务十分投入的特征。认知理性程度的高创造力者的特征：

- 自律，独立，经常反抗权威。
- "荒唐"的幽默感。
- 承受群体压力的能力较强，发展也较早。
- 更具适应力。
- 更富冒险精神。
- 对模糊不定和不适的容忍度更大。
- 对无聊几乎没有容忍度。
- 很少有刻板的性别角色认定。
- 高度发展的发散思维能力。
- 很强的记忆力，对细节很敏锐。
- 知识面广。
- 需要思考时间。
- 需要支持性的氛围，对环境很敏感。
- 需要获得认可，希望与人分享。
- 有很好的审美判断力。
- 更偏爱复杂性、不对称性和开放性。

(2) 社会情感维度的高创造力者具有一种特殊的感知能力，愿意信任别人，有好奇心、冒险能力和自我启动能力。社会情感维度的高创造力者的特征：

- 独特的感知力。
- 不害怕未知的、神秘的和让人困惑的事物，反而常受到这类事物的吸引。
- 融会贯通的能力。
- 更多地投入任务、享受和创造，较少地浪费时间和精力。
- 有能力面对困惑。
- 体验到自己是创造性的个体，具备原创能力。
- 有接纳冲突和紧张的能力，而不回避。
- 容易辨认出他人的情感和期待。

- ❉ 更好奇。
- ❉ 更多自发性和表达性。
- ❉ 对两分法的辨析力,如自私和无私,责任和愉悦,工作和游戏等。
- ❉ 自我接纳度高,对自己的情绪、冲动和思想不会害怕。
- ❉ 更多的巅峰体验,更好地与他人、与世界相融合,自我超越。
- ❉ 能够集中注意力。
- ❉ 愿意每天都让自己"新生"。
- ❉ 有勇气面对不确定性,关注真相,对自己的情感和思想很确定,并且信任自己的感受。
- ❉ 较少压抑和防御。
- ❉ 更成熟自主,较少依赖他人的观点。

(3) 身体感觉维度的高创造力者更加关注创造力的最终表现——产品。他们对各种新的体验和新的想法持开放的态度,能够很好地平衡外部世界和内部世界。身体感觉维度的高创造力者的特征:

- ❉ 对于新体验、新观点保持开放。
- ❉ 有内在的评价基点。
- ❉ 有全新角度的感知力。
- ❉ 对于外部和内部世界保持关注和平衡。
- ❉ 有延缓下结论和判断的能力。
- ❉ 在传统艺术上表现出高超的技能。

(4) 直觉可能是人类认知的最高形式,具有高度整合性。直觉维度的高创造力者能够使用想象、幻想乃至梦境帮助他们展开创造过程,促进创造力和高水平意识的发展。直觉维度的高创造力者的特征:

- ❉ 有更敏锐的直觉,愿意承认内在汹涌的冲突的存在。
- ❉ 具有感受和释放自己无意识或潜意识状态的思想的能力。
- ❉ 更敏感。
- ❉ 经常表现出通感(synesthesia)的体验能力。
- ❉ 与创造力较低的个体相比,大脑的脑波不同,特别是在进行创造力活动的时候。

✻ 当面对一个新的解决问题的方法时,会给出更多建议(创造力较低的个体容易去分析方法的缺陷而不是探索可能性)。

✻ 可以进入自己有能量的领域。

✻ 可以承受被看作异类或者古怪的人。

✻ 有更丰富的幻想、更多的白日梦。

✻ 更热情,有更强的冲动性。

✻ 当面对新异的设计、音乐或观点时会很兴奋,会积极参与(创造力较低的个体容易产生怀疑或者敌对的情绪)。

(二) 教养建议

正确对待孩子的独特之处

案例9中的小莉对画画怀有持续而强烈的热情,但她独特的创作方式却给老师和家长带来了不少的困扰,想必这种情况是很多超常儿童的家长都会碰到的。一方面,做家长的自然是希望孩子能有比其他孩子优秀、突出的地方。发现孩子具有某一方面的天赋,总是希望能尽量去守护和培养孩子这一方面的能力。但超常儿童往往又带有一些普通孩子所没有的特点,比如爱好特殊、固执己见,像案例中的小莉热衷于用水果作画,任凭老师、家长如何劝阻也无济于事。此外,数理超常儿童常常会不爱表达,很少与他人互动或进行人际交往,具有不同程度的"自闭倾向",语言或者艺术超常的儿童可能会由于对某一些方面的知识具有浓厚兴趣而导致偏科严重等。

面对孩子的独特之处,家长应该保持足够的耐心,不能将对孩子的培养变成揠苗助长,也不能对其放任不管,要耐心地寻找究竟是什么原因让孩子的特点给身边的人们带来困扰。案例9中小莉的绘画天赋并不是给家长和老师带来困扰的主要原因,家长不应该去阻止孩子的创作,而应该在继续支持和鼓励孩子画画的同时为她提供别的绘画工具,或者激发她去寻找新的绘画工具。当然,最重要的还是要对孩子进行教育,不能不分对错,让创新成为孩子不懂事的借口。

因此,家长和老师要正确看待孩子的这些不足之处,切不可因为孩子的天赋带来了额外的烦恼而去阻碍、压制孩子超常优势的发展,必要时可以向正规的超常教育机构寻求帮助。

学习的特质在超常儿童身上会更加凸显,他们在自己感兴趣、热衷的事物上会表现出难以比拟的执着,例如案例8中的真真热衷于用身边的各种物品进行组合创作。这种创作天赋固然不需要也无法被教育或锻炼出来,但却需要得到保护和培养。试想,如果案例8中真真的行为受到妈妈的制止,在萌芽期就被遏制了创作活动,那真真还能成为那个创造出"吃垃圾的小恶魔"的小艺术家吗?

成人与儿童相比具有更多的生活经验和"正确"想法,但是其想象力也时常被经验所局限。因此,我们不应该仅凭自己的喜好和价值判断去干扰孩子的创作行为,要尽可能地为儿童提供自由发展的空间和自主创作的条件,在他们接受系统的艺术课程的时候,尽量不要去批评或否定孩子的创作。无论你是否能理解和欣赏孩子的创作,都应该鼓励并尊重孩子的创作。只有这样,孩子的天赋能力才能得到充分的表现和拓展。

 尊重孩子的高创造力

利用脑电图(EEG)和脑血流量(CBF)测量技术,脑神经科学研究发现:个体在进行发散思维活动和聚合思维活动时激活的神经网络是不同的;个体在艺术活动中激活的神经网络比在传统的死记硬背的学习任务中激活的神经网络多;由艺术激发的情绪还会使大脑的边缘系统和额叶产生更多的活动。而艺术创造活动通常是跨学科的、跨模态的、经验性的和情绪性的,想要进一步发展和锻炼孩子的创新思维和创造力,开拓孩子的艺术大脑,父母、教师不仅需要尽量避免对孩子创造活动的限制,还需要主动为孩子创造可以激活发散思维的、具有多类艺术融合性的活动场景,让孩子拥有更多的锻炼机会。

在培育一名创造性很强的绘画超常儿童时,除了给他自由作画的空间之外,还可以让他在另一种艺术形式下进行创造性表达,比如可以让他选择一段喜欢的音乐,或者是一篇散文或诗词,让他用绘画的形式对那段音乐或者文字带给他的情绪和感受进行开放性的、创造性的表达。培养绘画超常儿童的方法是多种多样的,这些培养措施应该遵循以下原则:

* 尊重孩子并让其自由探索。
* 创造一种气氛,使音乐、书籍、艺术等成为孩子周围环境的自然组成部分。
* 尊重孩子的思想和提出的问题。
* 尊重孩子的隐私。
* 接受孩子的癖好。
* 重视异常和逆反行为。
* 帮助孩子从错误中学习。
* 避免使孩子对性别角色产生成见。
* 鼓励自我表现。
* 教孩子如何去观察并真正地领悟。
* 帮助孩子学会相信他自己的感觉。
* 允许孩子发挥自己的创造力。

俊采星驰:超常儿童培育指南

六、如何理解艺术超常儿童的癖好?

案例 10

偏执"艺术家",饭前要画画

小艾今年6岁了,身边的亲戚朋友,都称她为"偏执的小艺术家"。说她是"艺术家",是因为小艾十分喜欢绘画,而且画得非常棒,小艾父母的同事、朋友以及小艾的老师们公认她的创作水平远高于同龄人;而说她"偏执",是因为她平时是个活泼可爱、聪明伶俐的小姑娘,可每当她一有绘画的灵感或者在画画时,便完全变了一个人,全程都不跟任何人讲话,别人与她交流也毫不理会。她从来都不会在画画的时候停下来做其他事情,画画时也非常有主见。有时小艾的爸爸妈妈想为她提供一些创作建议,但小艾根本不肯听,只管自己埋头沉思、画画。

小艾的爸爸妈妈早就习惯了她这样的绘画状态了,但亲戚、朋友和学校里的老师、同学们不了解这一情况,认为小艾性格偏执,有些甚至还觉得小艾是仗着自己的天赋"摆架子",这让父母很担心她的人际关系。且不说小艾创作起来不理别人,她其实连她自己也不理会!不管是深夜还是吃饭时间,不管是正在外面玩耍还是在家中做别的事情,她只要一有创作欲望,就一定会专注于绘画中,丝毫不会在意身边的环境,甚至是自己的需求。

有一次,小艾的爸爸妈妈带她去一家古香古色的餐厅吃饭。餐厅的大厅里摆放了一座假山,其间还有拱桥、水车和栈道,这小家伙一下子就被它给吸引住了,没吃几口饭便跑到大厅愣坐在跟前看。小艾的爸爸妈妈试图让她先吃饭再回来看,可是小艾并没有理会他们。这就是小艾要开始画画的征兆啦!无奈之下,小艾的爸爸妈妈只得吩咐服务员暂停上菜,去车上取来了小艾的画画工具。小艾接过画纸和彩笔,就开始画了起来。

尽管大厅里面人来人往,声音嘈杂,有来去匆匆的服务员,有客人催菜的喊声,还有其他小孩在边上玩闹的嬉笑声,但小艾似乎置身于此情此景之外。她有条不紊地支起她的小画架,在地面上铺开颜料,调色板渐渐地被小艾染上了颜色,色彩有很多种,小艾创作得有条不紊。小艾画得十分逼真,还将旁边玩闹的小孩也画进了画中,让整幅画的构图更加对称、和谐。

50多分钟后,小艾的这幅"水车山水画"终于接近了创作的尾声。她开心地用手中的画笔指着画问道:"爸爸妈妈,你们看我画得好吗?"小艾的父母连声夸奖,连服务员也都很佩服小艾的绘画能力和专注力。

这小家伙没听完大家的赞叹,就自言自语起来:"这边的颜色对比还不够?"妈妈试探性地问小艾肚子饿不饿,可这位"偏执的小艺术家"丝毫没有注意,又专注于她的创作中去了。

大约 5 分钟过去了,小艾停下笔,愣愣地站着,注视着刚刚完成的这幅画,一动不动地,仿佛在做最后的检查。过了几秒后才从她的创作世界中回过神来,自言自语道:"嗯,这下没问题啦!"

说完便调皮地一回头,摸着肚子说:"哎呀,我的肚子都饿扁了!"

唉,可算是能吃上饭咯!我们的小艺术家可真是执着啊!

案例 11

自闭儿童爱绘画,颜料画笔是玩伴

3 岁那年,洛洛被诊断为中度自闭症。为了改善洛洛的自闭症,爸爸妈妈带她去过很多医院,尝试过很多疗法。尽管洛洛的自闭症得到了缓解,但这些治疗始终没有起到"釜底抽薪"的作用。到洛洛 5 岁的时候,爸爸妈妈带她尝试了艺术疗法,本没有抱着太大的希望,结果却让他们喜出望外。

洛洛不爱与人讲话,也不会和别人有肢体和眼神上的交流,周围的环境变化和声音都很难引起她的注意。而且洛洛平日里总是一个人发呆,很难有什么事情能提起她的兴趣。也正是这个原因,洛洛在各方面的能力都比同龄儿童要差一些。比如,不爱和周围的人交流接触导致她的语言表达能力和人际交往能力较差。洛洛也没有与他人团结合作的意识,更没有分享的意愿。另外,因为周围的事物很难引起她的注意,所以很多人都觉得她有些木讷。而洛洛内向、不爱动的性格也让她的运动能力跟不上身边的其他小孩,导致她体质较弱,经常生病。

在尝试了艺术疗法之后,洛洛渐渐变得开朗起来,开始注意起身边的世界,并用画笔去描绘自己对这个世界的理解。从洛洛的画中可以看出,她其实是一个十分阳光的小女孩,她的画总是跳动着缤纷的色彩,对比鲜明,而构图也总是古灵精怪的,让人看了有一种眼前一亮的感觉。虽然她依旧不爱和别人交流,但每当有人对她的画作提出疑问,或者与她谈论绘画的时候,她就不再像以前那样对别人的话语无动于衷了,而是很积极、很热情地去回答别人的问题。她很乐意和别人交流绘画上的问题。

有一次,洛洛突然跑到书房来,兴高采烈地举着她的画笔和颜料盒对妈妈说:"妈妈,我给你介绍我的新朋友吧!"

说着,她一支一支地向妈妈展示她的画笔:"这支画笔最大,所以它叫壮壮。"

"这支画笔是用来勾线条的,所以它叫小线。"

"这支画笔是我画画课表现好,老师送给我的,所以它叫乖乖。"

……

或许,一个天真的小孩给自己的画笔取名并不是什么稀奇的事,但对于洛洛来说,这却是难能可贵的了。求医那么多年,洛洛的父母始终没有找到能够有效改善洛洛自闭症的方法,而绘画不仅让洛洛开始注意起身边的世界,在画布上展现她阳光活泼的内心,还

> 让她主动跟父母交流,而且有了交朋友的意识。现在,洛洛与外界的交流已经不局限于画布中了,她甚至主动提出想去学习更多的绘画技巧。洛洛似乎很有绘画天赋,不仅学得快,还很善于在那些绘画技巧上加以创新,她最近的几幅作品还被老师送去投稿,在省图书馆的大厅展出呢!
>
> 作为一个多项能力都稍弱于同龄人的儿童,洛洛却在5岁的时候表现出了超群的绘画能力。洛洛是个左撇子,习惯用左手进行绘画。她热衷于画各种各样的动物,尤其是鸟,其画画方式与超常儿童乃至成年艺术家有很高的相似度。唯一不能用现有的儿童心理学研究解释的是,洛洛几乎跳过了每个儿童必须经历的乱涂乱画阶段、勾勒框架阶段,在开始绘画的初期就展现了很高的绘画技能。

(一) 学界观点

近百年来,当科学家、教育家和心理学家将研究的注意力转向儿童时,往往都是通过大量搜集儿童的绘画作品开始的。几乎每一个儿童都会画画并且热衷于画画,而且大多数儿童还会满怀激情地画上好几年。更重要的是,越是年纪小的孩子,他们在作画时受到世俗的束缚越小,这些画作也越贴近他们内心的真实表达,因此通过它们也更容易参透孩子们的内心。另外,从孩子的绘画作品入手去研究儿童还有一个好处,那就是这些图画作品易于收集、整理和保存,也就便于人们对其进行系统(尽管不一定透彻、完备)的分析。

具有超常天赋的孩子往往比普通孩子更容易产生偏执心理,案例10中的小艾就是很典型的例子。她一旦绘画就开启了"勿扰模式",沉浸在个人的创作中,不受其他事物的干扰和影响,也不会因为其他事情而停下创作进程,甚至连肚子饿这样的生理需求都没能引起她的注意。

科学家、艺术家常常都有着高度的执着。我们知道,像梵高那样的艺术家,生前穷困潦倒,甚至连基本的生活条件都无法保障,却依旧高度投身于艺术创作之中,经常一天连续作画十几个小时。那么到底是什么原因使这些天才艺术家如此偏执呢?难道这种类型的天才艺术家的大脑结构和神经机制真的和正常人不同吗?偏执是这些天才艺术家成功的原因吗?

为此,神经认知领域的科学家对偏执心理现象进行了研究,并试图加以解释。首先,我们需要了解的是:人类的一切行为都是需要大脑中的神经路线来驱动的。而对所有个体而言,驱动其神经路线来完成某一行为,都是为了启动大脑内部的"自我奖励"机制。

大脑内部的"自我奖励"机制究竟是怎么一回事呢?顾名思义,即通过奖励刺激某行为的再次发生。人的大脑内可以分泌多巴胺和五羟色胺(血清素),这两种化学物质的分泌可以使某一个行为的神经路线得以巩固,从而使这个行为的神经路线再次开动的可能性提高,人也会因此而对这一行为产生依赖或执着。反之,如果一个行为没有引起多巴胺分泌,它就会受到其他行为的竞争和压制,从而降低再次出现的可能性。

有研究以老鼠作为实验对象,探讨偏执的内源动机。对照组中,老鼠被关在一个只有开关却没有任何食物的笼子里,只要老鼠一按这个开关,就会有一小块食物掉下来。经过偶然的触碰,老鼠发现了这个开关的"玄机"之后,便会不停地按开关。实验组中,老鼠被关在拥有两个开关的笼子里,按左边的开关老鼠会获得一小块食物,而按右边的开关则会引发对其下丘脑前区的一个电刺激。

VTA(ventral tegmental area,腹侧被盖区)是脑内主要的多巴胺神经通路之一,电刺激会引起大脑大量分泌多巴胺。老鼠按右边开关能更直接且得到更多的多巴胺分泌。于是,实验组的老鼠就出现了极度的执着:它们不停地按右边的开关,完全不碰左边的开关来获得食物,直到饿死。

多巴胺由VTA产生,通过三个基本路径到达不同脑区。一条线路通往前额叶,是自我奖励的主要结构。一条线路进入纹状体,协调动作定势的形成(如学会骑车、滑冰)。还有一条进入伏隔核。伏隔核抑制 VTA 的多巴胺分泌,使欣快的感觉有所节制,比如调控笑的持续时间以及这种感觉的激烈程度。

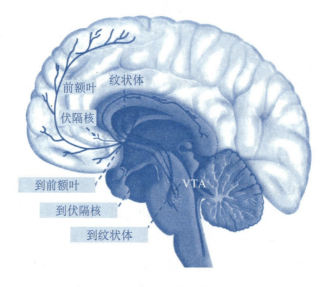

大脑中的多巴胺线路

人们常说,天才和疯子往往只有一念之差。也许很多专业的研究学者认为这种说法没道理。但以梵高等天才艺术家的事例来看,如果没有偏执的心理,如果不是多巴胺对绘画创作这一行为的神经通路加以重复的巩固,他就很难在极度贫寒的状况下依旧高度执着地创作,留下大量不朽的作品。或许,人类艺术创作和创新行为的动机是来自脑内的化学平衡,超乎常人的高度执着和创造性则来自超乎常人的、具有高度重复性的脑活动。有一种说法,灵感来源于下意识。反复的思考产生的下意识可能会大大增加灵感出现的机会。

除了上述提及的偏执心理以外,神经认知学界还有一种概念叫作孤岛能力(islets of ability),又称学者样技能(savant skills),指障碍个体在一般能力普遍落后的情况下某一个或几个领域表现出来的与其整体能力极不匹配的超常能力。显而易见,案例11中的洛洛就是一个典型的拥有孤岛能力的儿童,她同时还患有中度孤独症。具备孤岛能力的个体在其特定才华或天赋与整体心智水平之间呈现出不一致、不协调的状况。这是在儿童各方面能力发展过程中出现的一种令人疑惑的状态,也突破了人类既定的认知模式。此外,坎那(Kanner)曾经提出过 11 个孤独症案例,其中 6 个案例中的主人公在音乐和刻板记忆领域具有杰出表现。里姆兰德(Rimland)也对孤独症儿童进行了大规模调查,该调查涉及 5400 名孤独症儿童。他研究发现,这 5400 名孤独症儿童中,有 531 名(9.8%)具有孤岛能力。特雷费特(Treffert)甚至还在其研究中得出这样的结论:人类一半的孤岛能力都产自孤独症谱系障碍,至少 10% 的孤独症谱系患者具有孤岛能力,而其他障碍的患者只有 1% 具有孤岛能力。可见,尽管不是所有的孤独症个体都有孤岛能力,也不是所有的孤岛能力都来自孤独症个体,但孤独症与孤岛能力之间确有某种内在联系。

(二)教养建议

  给予更多理解,弹性干预与适当治疗并举

这类超常儿童在进行他所痴迷的事情时,往往是不考虑时间、地点、场景等因素的,而只凭自己的兴趣和意愿做事情。他们或许会废寝忘食,甚至可能连正常的学习和生活都会受到影响。每个这样令人又爱又头疼的超常儿童的家长,都会有同一个顾虑:到底要不要打断孩子的这种沉迷?要不要干预孩子的这种"偏执"?

在对待具有偏执倾向的超常儿童时,无论是老师还是家长,都应该给予孩子更多的理解,也许这种偏执是出于他们对自己正在做的事情的无与伦比的热爱,也许是因为他们还未成熟的心智不懂得考虑更多的环境因素和外部条件。家长应该在尽量不阻碍孩子超常天赋发展的同时,进行一些试探性的干预,这种试探性的干预不应该是强制性的、指令性的,而应该是顺应孩子超常特点的弹性干预,这样才会更容易取得正面的效果。

毫无疑问,超常儿童的鉴别是十分困难的,而上述提到的兼具障碍特质的超常儿童更是难以鉴别。大多数兼具障碍特质的超常儿童不能像洛洛那么幸运地将天赋优势表露出来。相反,大多数父母、教师以及特殊教育人员会将焦点放在该儿童的障碍面,期望针对他们的障碍而尽早提供治疗,往往会忽视其超常潜能的发掘与培育。因此,这些兼具障碍特质的超常儿童的潜能开发,非常值得家长和特殊教育人员的重视。如果兼具障碍特质的超常儿童的优势能力或超常面能够尽早得以发展,其效果或许比忙着进行障碍面的补救或治疗更好。

当我们说,对于兼具障碍特质的超常儿童,开发其超常潜能的意义可能大于补救和治疗时,并不意味着对其障碍特质置之不理。而是说,家长和老师应该在首先发展和培养其超常特质的前提下适当地对其障碍特质进行干涉和治疗。值得注意的是,当这种干涉和治疗成为孩子的困扰,甚至影响其天赋发展的时候,家长和教师就应该停止继续干涉。比如,一些数学超常儿童不喜欢交际,强制要求其进行社交可能会成为其莫大的困扰。一些患有孤独症的绘画超常儿童比较排斥语言表达,就应该尽量让其用画笔来表达。对一些偏执的艺术家,如果强行中断其创作过程,不仅会打断其思路和灵感,更可能让其产生厌恶和反感等负面情绪。

 给家长的温馨建议

在面对兼具障碍特质的超常儿童时,家长可以从以下方面进行努力:

✤ 在家中创设可以缓解孩子障碍特质并能够进一步激发孩子超常潜能的氛围。

✤ 与孩子建立一种亲密的、相互尊重的关系,让孩子感受到更多的关爱并拥有更自由的发展空间。

✤ 做孩子的榜样,尽量去体谅、理解孩子的想法。

✤ 接受孩子的不完美。

✤ 对孩子在家里和学校的活动感兴趣。

第二篇　特定领域超常儿童的特点及培育

✿ 关心孩子的情绪和想法,多与孩子沟通交流。

✿ 不在孩子之间进行比较,每个孩子都是独一无二的。

✿ 帮助孩子学会时间管理。

✿ 教育孩子超越自我,并正确对待失败。

✿ 引导孩子朝着他感兴趣的目标努力,但不要替孩子设定目标。

✿ 设定合理的且双方都应做到的要求和规则。

✿ 持续、有耐心地展现对孩子的爱、信任和支持,避免让孩子产生失落等负面情绪。

✿ 为孩子提供支持,积极与学校合作。

✿ 必要情况下,可向心理健康中心等正规机构寻求帮助,但切莫让小孩认为自己不正常而产生自卑感。

七、语言类超常儿童的鉴别

案例 12

小话痨"小可"

张教授夫妇最近乔迁新居,所有琐碎的事务完毕后,便邀请亲朋好友们周末来他们的新家做客。这一天,张教授夫妻俩忙着接待来访的客人,向他们介绍客厅、书房和卧室等。当他们带着客人走进小可的房间时,有一个十分宽敞的游戏帐篷,里面放了各式各样的模拟野外郊游的玩具。张教授解释道:"这是小可玩耍的地方,她喜欢一边在里面玩游戏,一边不停地讲话。一个小女孩,怎么这么喜欢讲话?"

3岁不到的小可太喜欢讲话了,即使在周围没有其他人的情况下,她也会一刻不停地自言自语。家里常常会有客人来访,而小可总是在客厅里玩。客厅宽敞而明亮,很适合小孩玩耍。可是小可总是停不住嘴,客人来家里都没法和她的爸爸妈妈好好地聊天。因此,爸爸妈妈特地在她的房间里布置了一个帐篷,好让小可能无拘无束地讲话。小可常常会蹦出很多新奇、有趣的话语,有很多词汇令她的爸爸妈妈都惊讶不已。"我不能一边做事一边跟别人讲话,这个孩子倒是可以一心二用。让她专心安静地做一件事可难了。"爸爸笑着和朋友们说道。

有一回,张教授出差带回来一套儿童绘本,小可虽然看不懂上面的文字,却十分喜欢翻看那些绘本并为里边的图画配上解说。十本书几十个故事的插图,她都能配上相应的解说,而且每次的解说都有所不同呢!这也表现出她对事物的思考,展现了她超出同龄人的语言能力。

第二篇 特定领域超常儿童的特点及培育

（一）学界观点

语言类超常儿童通常依靠词汇进行思维。一旦他们打开话匣子就会讲个不停。虽然他们愿意和别人进行互动交谈，但是却并不一定需要有听众。无论是在玩耍还是在学习，他们通常都会自言自语。语言类超常儿童的天赋如果没有得到恰当的运用，就可能会犯一些错误，如说谎、争吵或打小报告，等等。

很多家长可能并不会把孩子的这一特征看作语言超常的体现。表 2.6 为大卫·苏萨(David A. Sousa)于 2003 年编制，可用来确定儿童是否具有语言方面的天赋。

表 2.6 语言类超常儿童检测量表

特点	1 （完全 不符合）	2 （不怎 么符合）	3 （一般 符合）	4 （挺符合）	5 （完全 符合）
（1）写作或者谈话非常连贯并有想象力					
（2）组织课文的方式优于其他同龄的学生					
（3）能简洁、流畅地表达自己的观点					
（4）在写作中能运用比喻，引用诗句					
（5）能带领小组达成小组的写作目标					
（6）能轻而易举地抓住写作风格的本质，并能结合自己的需要灵活运用					
（7）能够以富有想象力的方式使用戏剧和幽默					

续表

问题	1 （完全不符合）	2 （不怎么符合）	3 （一般符合）	4 （挺符合）	5 （完全符合）
（8）能富有创造力而严肃地探讨文学作品中的社会和道德问题					
（9）能令人信服地证明自己的观点					
（10）在口语的声调、韵律、发音以及写作的语法组织等语言要素上表现出特殊的意识					
（11）不管是在口头表达还是书面写作中，都能在抽象和假设的水平上提出论证充分的论点					

注：该量表不以总分高低去评判孩子是否为超常儿童。根据孩子得分情况，如果某些选项达到4—5分，可以此为参考，带孩子去做专业的评估和检测。

除此之外，语言类超常儿童还有其他隐藏在"聒噪"表面下的天赋吗？仔细观察会发现，他们可能在以下方面有出众的能力：

✻ 语言意识。这些儿童能够理解语言的性质，同时在韵律、重音、声调以及书面语言的语法和使用等语言特性上表现出独特的兴趣。他们通常容易对其他语言产生兴趣，并能够领会其他语言的声音与单词之间的关系。

✻ 交流技巧。具有交流技巧的儿童常常能运用幽默和生动的表达，轻而易举地获得听众的注意。他们在谈话中善于运用比喻或引用诗句，表现出同龄人所不能及的创造力；他们能简洁流畅地表达自己的观点，并且其表达方式能够吸引特定听众的兴趣；他们能带领集体达成共识、实现目标，会关心集体中的其他人。

✻ 推理和辩论。不管是在口头表达还是在书面写作中，这些学生都能在抽象和假设的水平上提出理由充分的论点，能充分地证明自己的观点，同时知道如何使用提问策略挑战别人的观点。

部分语言类超常儿童有一个性格上的特点——喜欢教导他人。他们有时会帮助自己的兄弟姐妹去理解事物,或者为同龄人辅导功课,还喜欢与别人辩论或者劝说别人。他们能从这些活动中获得快乐。

语言类超常儿童常常会率先分享他们知道的知识。他们喜欢朋友之间富有意义的谈话。他们很有兴趣解释他们所知道的,并愿意跟朋友学习他们所不知道的知识。因此,大部分语言类超常儿童通常希望有两类朋友:一类是他们能够影响的,另一类是能够影响他们的。

(二)教养建议

耐心聆听

耐心听他对你讲的故事或者对一大堆事情的解释。你可以提一些问题来向他表明你对他所钟爱的事情也很感兴趣。当他对某些事情进行思考时,要及时地给予回应,这样能够增强他对你的信任。如果他对某些问题感兴趣,也可以向他提供一些合适的书籍或相关材料。这表明你不但认真地倾听他,而且很关心他。他需要你倾听他并且和他谈话。这是你常常需要做的。当你对他的行为对错进行总结时,可以使用描述性的形容词。你还可以让孩子大声重复你让他做什么,比如完成要做的事情的步骤和你让他放置玩具的地方。

面对人际关系的挑战

语言类超常儿童的天赋也可能会给他的人际关系带来挑战。他可能会讲很多话,并且对自己还不是很了解的同伴做出负面判断。他可能会有轻视别人的倾向,特别是对那些不如自己知道得多的同龄人。当需要他认真倾听别人讲话的时候,要学会及时打住。在父母和老师看来,不停地说话或许是一个坏毛病,应当对此加以约束。因此,父母常常会对不停说话的孩子说"安静""住口""认真做事情,不要再讲话了"。如果这样的话,语言类超常儿童的天赋可能得不到很好的培养和发展,他的"超常能力"可能会因此停

俊采星驰：超常儿童培育指南

滞不前。对于语言类超常儿童来说，不能和自己进行对话，或者不能参与到别人的对话中，都会让他感到压力。

八、语言类超常儿童的早期教育

案例 13

色彩大咖"小豆子"

飞飞现在 25 个月了，是个活泼可爱的小男孩。这天，妈妈带着他来参加早教班。这个班里其他小朋友基本都快到 3 岁了，他是这个班里年纪最小的小朋友。但这并不影响飞飞融入这个集体，因为他的语言发展似乎比哥哥姐姐们还要好。他最喜欢跟在哥哥姐姐们身后吧啦吧啦地不停说话，老师给他起了个小外号——"爱说话的小豆子"。

这颗"小豆子"不仅爱说话，而且还能很流利地说出完整的句子。早在小豆子刚学会说句子的时候，他就已经能自如地运用一些连接词，比如"然后""接着"……很快，他就能准确地使用一些具有转折意义的词汇进行表达，比如"但是""本来"等。这让小家伙的语言一下子就显得"老练"起来。飞飞不到两岁的时候，有一次吃午饭，妈妈责备飞飞吃饭不认真："飞飞，你怎么不认真吃饭呀！"没想到飞飞居然回答道："我本来是想吃面条的，但是你又没有给我做。我不得不吃米饭，虽然我并不想吃。"这一番话说得飞飞妈妈目瞪口呆！小家伙不仅要求多，还很能说呢！

小豆子还有一个特殊的爱好，就是给自己喜欢的玩具起名字。

他可不是简单地给玩具取一些毫无意义的名字,而是根据玩具的颜色、形状、功能,甚至是材质,对玩具进行命名。比如给粉色的石膏小女孩取名为"粉红妹",给举着大铁锤和大盾牌的巨人取名为"铁巨人"……小豆子的叔叔给他买的一辆玩具火车,有一次不小心从高空摔落,因此它时常会开着开着就断掉半截。结果小家伙机智地给它取名为"绿蜥蜴"!

他的学习能力也非常出色。学习颜色的时候,其他小朋友还在学习红色、绿色、蓝色这几个基本颜色时,飞飞已经可以准确地区分十种以上的颜色了,包括棕色、粉红色等。绘画课上,他看到了两支不同的蓝色画笔,便对老师说:"老师,我要大蓝色和小蓝色的笔。"老师听后,便笑眯眯地拿着两支笔跟他解释道:"应该是深蓝色和浅蓝色。"飞飞便用手指分别指了指这两支笔,跟着老师复述了一次:"深蓝色,浅蓝色。"到了第二周,开家长会时,飞飞兴高采烈地拉着妈妈的手跑到了展示自己上周绘画作业的地方,指着自己的画对妈妈说:"这是我的画,老师说我画得好看! 妈妈看,天空是浅蓝色的,海洋是深蓝色的。"

（一）学界观点

语言类超常儿童在早期就会表现出超越同龄儿童的语言学习优势，其中一个显著的特点就是语言发展早。

已有的研究表明，语言发展早是语言类超常儿童的一个共同特征。一般儿童会在12个月左右的阶段说出第一个词，而很多语言类超常儿童会提早至少2个月开口说出第一个词语。并且，在后续的成长过程中，语言习得的各个阶段他们都会领先于同龄儿童，并且学习的速度也更快。

发展认知神经科学研究表明，语言学习的敏感期为0—5岁。1岁以内婴儿会辨认口语中的单词和其他比较小的语言单位，并对母语的韵律敏感；6—9个月的婴儿能对语言输入的特征进行处理；9个月的婴儿能关注音位顺序；12个月左右的婴儿可说出最初的词汇。此后，婴儿的词汇量以平均每个月1—3个词的速度缓慢增长；到2岁左右（尤其是18—24个月），婴儿能理解和表达的词汇量猛增，语言学习迅速而有效。维拉在研究中发现，到两岁半时，儿童已学会造句，句子中的形容词、名词及名词短语、介词及介词短语等都能以与成人语言相类似的结构形式出现。

大多数的孩子都会"一个耳朵进一个耳朵出"，看过的内容不重复就很容易忘记。但语言类超常儿童通常会记住各种各样的信息，而且在日后加以应用。美国天才儿童协会（national association of gifted children，NAGC）举过一个例子，一个6岁的孩子去航天博物馆，回来后能够准确地画出他见过的宇宙飞船。语言类超常儿童相对于同龄儿童，在记忆力方面有明显的优势，而且在表达上也更为准确和多样。

（二）教养建议

 善用母婴语言

家长和学前教育工作者如能根据幼儿语言发育的进程，适时地给予语音、词汇和语法刺激，可以在语言敏感期内帮助幼儿形成良好的语言能力。母婴语言也叫儿童指向型语言，即父母或成人对婴幼儿使用的非常短小、简单的句子，甚至是字词。同婴幼儿讲话时，成人不仅要讲得慢，音调要高，经常重复，而且要会强调关键词语（通常是指代物体或活动的单词），许多时候还会吸收婴幼儿语言的叠字成分。这样，就在成人语言与婴幼儿还未成熟的语言之间架起了一道桥梁，语言学界称作"中介语"，它在婴幼儿语言发展中发挥着不可替代的作用，符合最近发展区原理。然而，在理论和实践中，都存在着成人要用规范语言与婴幼儿交谈的说法和做法，其出发点是避免不规范语言的输入。研究表明，儿童并不能通过直接模仿成人的语言而习得语法规则，父母用儿童指向型语言讲话的主要目的是与孩子进行有效的沟通。因此，婴幼儿语言教育要善于运用儿童指向型语言，注意由简单到复杂的过渡。

 用好指认-命名策略

在儿童词汇爆炸期（普通儿童在18—24个月之间，超常儿童会提前6个月左右），单词的学习速度显著加快，每周增加10—20个新单词。这些新单词通常聚焦在"命名"上，也就是说，词汇爆炸主要表现在"命名"爆炸。这时的婴幼儿似乎已经意识到，每件事物都有自己的名称，因此他想要学会所有物体的名称。这时，孩子还不能完全用语言表达，主要表达手段是用手指指认。因此，父母应善于采用指认-命名策略，不仅可以满足孩子指认事物的欲望，更有助于迅速扩大其词汇量。

九、语言类超常儿童的认知教育

案例 14

不是树,是圣诞树哟

快到圣诞节了,幼儿园老师在教室里布置了很多圣诞装饰,圣诞树上挂满了一个个小礼物。小朋友们都好奇地围在旁边,想知道这些小盒子里面都装了些什么神秘的玩具。上课的时候,老师带着小朋友们做游戏,说道:"同学们,大家今天都会收到圣诞老公公的礼物哟。你们看,这是什么呀?"说着便指着教室一角的圣诞树。"树!"小朋友们纷纷答道。这时飞飞站起来说:"这是圣诞树。"然后

接着说道:"圣诞老人会把礼物放在袜子里的。"老师很好奇,班里最小的"小豆子"居然知道这么多。放学后,老师向来接飞飞的妈妈说

道:"想不到飞飞这么小居然还知道圣诞树和圣诞老人呢。"妈妈也觉得惊奇,笑着摸了摸飞飞的小脑袋,解释道:"可能是在家里看到过类似的漫画书,他就记住了吧。"

"小豆子"还是很在意"圣诞树"与"树"的区别的,他特别在乎对事物的精确表达,只要是能够用语言精确表达并与其他事物区分开来的,"小豆子"是不愿意模糊地描述的。有一年春节,家里来了客人,看见穿着新衣服的"小豆子"从房间里跑出来,就热情地招呼了一句:"哇,小帅哥出来啦!"结果"小豆子"居然出人意料地反驳道:"我不是小帅哥,我是穿蓝色羽绒服的小帅哥!"惹得全场客人都捧腹大笑!平时妈妈在给"小豆子"穿衣服或者选购物品时,"小豆子"也习惯将这些物品进行详细、具体的描述,或许"小豆子"就是喜欢这种精确的表达吧!

(一)学界观点

"小豆子"在认识事物、区分物品的学习上比同龄孩子要早很多,体现出了语言类超常儿童的认知发展水平的超前。皮亚杰的认知发展理论指出:"认识不完全决定于认知者或所知的物体,而是决定于认知者和物体之间的交流或相互影响。根本的关系不是一种简单联想,而是同化和顺应。认知者将物体同化到他的动作或运算结构中,同时调节这些结构,分化它们,以顺应他在现实中遇到的未预见情况。"这种理论认为,儿童的语言发展与认知能力有很大关系,语言习得不是本能的、自然的过程,而是天生的心理认知能力与客观经验相互作用的产物,认知能力的发展决定语言的发展。认知发展理论认为,儿童大脑里有一种先天的语言习得机制,在某个发展阶段,儿童语言表现由一套存在于他大脑中的语言机制控制,而不仅仅是对成人语言的模仿,语言能力不能独立于认知能力而存在,语言能力的获得要以一定的生理成熟和认知发展为基础,并在非语言的认知基础上能动地建构起来,语言的习得是一种认知结构的动态建构过程。认知发展理论既不反对天赋论,也不认为外在环境决定儿童语言能力的形成,它更强调儿童语言发展与儿童在环境中主动经历的事情之间的关系。这些直接经验被"编码"到儿童思维中,从经验转化为词语表征。语言发展与儿童的智力发展有关,智力通过直接、具体的经验获得发展。人的语言能力并不是天生的,语言发展以认知为前提,伴随着认知能力的发展而发展,通过后天的学习而获得。

认知图式是皮亚杰认知发展理论的一个核心概念。发展是个体与环境不断相互作用的一种建构过程,个体内部的心理结构不断变化,而认知图式正是人们为了应付某一特定情境而产生的认知结构。具体地说,图式是指围绕某一个主题组织起来的知识的表征和贮存方式。人的一生要学习和掌握大量的知识,这些知识并不是杂乱无章地贮存在人的大脑中,而是围绕某一主题相互联系而形成一定的知识单元,这种单元就是图式。比如,我们见到某种动物的图片,就能很快想起它的名称、性情、生活习性等很多有关该动物的知识。认知图式在语言发展过程中充当储存知识的信息包,对语言的理解、推理和破译发挥着关键性的作用。每个人都有自己的认知图式,他通过这个认知图式对自己所接触的语言进行理解、推断和反应。当出现从来没有听说过的人或事的时候,他的认知图式就会出现"零反应"或"错误反应",再通过"同化"(主体把外界刺激纳入自身已经形成或正在形成的图式中)或"顺化"(当原有认知图式不能同化新的刺激时,认知主体通过必要改变来适应现实)的作用,使其成为自己认知结构的一部分。

有人做过一项实验,给大学生提供6幅不同的有关鸟儿的图片,然后问他们:"这是什么?"他们都想用最科学、最全面的语言抽象出"鸟"的特征,给"鸟"下定义。而当把同样的6幅图片给幼儿园的小朋友时,他们会异口同声地说"鸟"。不同的回答体现出不同的认知水平,同时也体现出在语言符号、客观世界和语义这"语义三角"中不同的联系方式。儿童首先建立起来的是客观世界与语言符号之间的联系,以此为基础才会形成对特定语言符号笼统、模糊的语义认识,然后再把这个模糊的语义认识进行类推,这就是儿童语言的泛化现象。

那么,儿童什么时候才能建立起这种有意的"认识"呢?从语言习得表征上来说,是在儿童主动问"这是什么"或者通过行为表现出这一疑问的时候。比如,孩子在看画册时会用手指问他们感兴趣的事物。怎样促使儿童尽早"意识"到语言符号与客观世界和语义之间的这种联系呢?这就需要情景创设。

儿童认知发展遵循从具体到抽象的规律。儿童最初习得的词绝大多数是与一定实体相联系的,其意义具体单一,多为指人或指物的名词。由于孩子主要通过听觉、视觉认识客观世界,一些动态的物体和颜色鲜艳的物体更容易刺激孩子的感官,更能吸引他们的注意力,他们往往更早习得这类词语。

从儿童意识到客观世界、语言符号和语义之间的联系开始,他们就懂得了类推:在某一客观环境中习得的语言,换一个时间和地点,事物的基本特征依然存在,儿童就可以据此类推,这就是儿童语言的泛化现象,也是孩子从单纯通过感觉和知觉认识世界到通过感觉、知觉和语言认识客观世界的转折点。

除此之外,语言类超常儿童的概念和思维能力的发展也相对超前,理解力及解决问题的能力较强。但具体表现不同,有些表现为抽象思维能力更强,也有些表现为直觉思维能力超常。超常儿童对事物的理解快,能够迅速发现事物之间的关系。在一项实物图片类别推理实验中,3—6岁的超常儿童成绩高于同龄普通儿童成绩2个标准差以上,并高于年长2岁的普通儿童成绩,他们已经能在一定程度上理解事物的本质关系,并表现出理解问题迅速、善于概括关系、能抓住本质特征等思维特点。

语言类超常儿童除了语言习得速度快之外,语言的流畅性和复杂性也相当高,他们很早就可以说出具有复杂的语法结构和逻辑关系的句子。这与超常儿童的推理和理解能力密不可分。

语言类超常儿童在年龄很小时就能做简单的推理,这种推理是需要更多背景知识支持的。儿童发展推理能力就是要发现各个部分之间有意义的联系,并将这些意义与自己的原有知识相连接,建立起连贯性。因此,丰富儿童有关世界的知识、有关事实的知识、有关人与人之间关系或社会的知识等,都对其推理能力的发展有重要作用。还需要发展一些高级思维技能,例如设法理解遇到的生词、难词的意义,将故事内容与自己的原有知识相关联,理解故事的中心思想等。这些高级思维技能可以在早期通过成人读故事或分享阅读的过程中得到发展。

同时,儿童的理解能力的发展对阅读发展非常重要。理解是由一系列认知活动组成的,如解释文章中的信息、激活头脑中的原有知识、构建一个与自己的知识相连贯的情境或图画等。例如,"小刚在楼道里扔了一个瓜皮""小红摔倒了"这两个句子并没有给出两个事件之间的联系,但是读者马上会使用头脑中有关的知识,把这两个事件连接起来,并进行因果推理:"因为小刚在楼道里扔了一个瓜皮,所以小红摔倒了。"阅读文章时,同样需要在多个事件、多个事实之间建立意义的连接,并将文章各个部分表达的意义与读者的有关知识背景进行连接。

(二)教养建议

 向孩子提出具有挑战性的问题

在语言类超常儿童的早期教养中,父母和老师应提出具有挑战性的问题,让儿童有机会思考和评判概念,从而深入理解他们接触到的事物。儿童的理解能力发展也有赖于一些基本认知能力的发展,例如工作记忆。当连续听句子中的一系列词,或听故事中的一系列句子时,就需要发展短时记忆能力,以便理解句子或故事。儿童的阅读理解能力与口语、语音、识字等技能同时发展,学前阶段的教育应注意儿童阅读理解技能的学习。阅读理解是一种复杂的活动,包括许多技能和过程。语言类超常儿童这项技能的发展早于普通儿童,他们的学习速度远快于普通儿童,但这项技能的成熟和自动化需要一定的时间和大量阅读经验的积累。

第二篇 特定领域超常儿童的特点及培育

 培养孩子早期阅读能力

在学前阶段给语言类超常儿童提供丰富的机会很重要,儿童听故事时的主动加工与理解过程类似于上学后的阅读理解过程,根据儿童早期理解能力的发展可以预测他们上学后的阅读理解能力。如果我们等到儿童上学后、学习字词后才发展儿童的理解技能,就会错失发展儿童阅读能力的宝贵时机。

十、抓住语言学习关键期

案例 15

"小小翻译家"贝拉

贝拉一眼看去就是一个寻常的小姑娘,4岁的她家住莫斯科,正处于无忧无虑的时光。与其他小朋友不一样的是,不管别人用俄语、英语、法语、德语、西班牙语、阿拉伯语还是汉语问她问题,都会被她流利而且基本没有口音的语言表达震惊到。在一档俄罗斯电视节目中,主持人、嘉宾或者评委,无论以这7种语言中的哪一种与之交流,贝拉都能轻松流利地应对,让人叹服。

贝拉毫无疑问是个"小天才"(语言类超常儿童),不过成为小天才之路也是异常艰辛的。2岁时,贝拉的妈妈无意中发现贝拉可以很完美地复述她刚刚教给她的英文单词,于是便开始教她学习更多的英语句子,结果没过多久贝拉就可以轻松地掌握这一门语言了。

家人发现孩子的语言天赋后,就给孩子聘请了不同的语言老师,每天小贝拉都会花6个小时来学习外语,从上午10点到下午1点,再从下午5点到8点。知道才4岁的小贝拉居然每天有这么高强度的学习安排,很多观众都表示不安。他们认为不应该剥夺孩子的美好童年,怎么可以让孩子每天都浸泡在课堂中呢?

虽然小贝拉的童年是在语言学习中度过的,但是贝拉自己却很喜欢上这些外语课,一点儿也不觉得枯燥。每天起床都会兴冲冲地期待学到新的事物用不同语言的不同说法呢。

(一) 学界观点

儿童的语音习得是指婴幼儿有发音意识,主动把声音和意义连接起来。在这一过程中,儿童必须先了解发音与发音器官的联系,之后发音与意义之间的联系才能建立起来。儿童又通过视觉和听觉的观察来模仿和制造自己的"声音"。因此,模仿对儿童语音习得具有重要意义。儿童往往先习得口型或唇形变化明显的发音,而影响口型变化的发音是辅音。在一些对婴幼儿的观察中发现,婴幼儿往往先习得由双唇音/m/、/b/、/p/构成的发音。对于看不见发音器官的那些辅音如/k/、/g/、/s/,儿童会在较晚的时期习得,而对口型基本没有变化的辅音/l/的习得最晚,并且在习得这个发音的过程中父母通常需要对孩子进行不断修正。

在孩子习得语言的过程中父母不能急于求成、拔苗助长,应该从容易模仿的发音开始,让孩子从感觉到知觉,再到认识发音的方法和特征,逐渐掌握语言技能。

白田健二(Kenji Hakuta)的研究指出,双语儿童在语言知识测验和一般智力测验上的成绩显著低于单语同伴。进入 21 世纪后,研究则发现这些早期研究是有严重缺陷的,因为它们所选择的双语儿童通常是来自社会经济地位较低的第一代或第二代移民,其本身不是很精通英语,而且他们所参加的测验是用英语实施的,而不是用他们最精通的语言,而对照样本则来自中产阶级,英语是其主要的语言。近来一个控制良好的实验研究发现,双语者在认知发展上占有优势。双语者在 IQ 测验、皮亚杰守恒问题以及一般语言熟练程度上的得分等于或高于单语同伴。最新研究证明,学习外语可以促进大脑语言相关区域生长。一项 fMRI 研究表明,成功的双语单词学习会引起背后的神经变化。大脑的可塑性可以通过第二语言学习实现,也就是说,第二语言学习可以引起大脑结构的变化。从单语和双语的比较研究来看,双语者从一种语言切换到另一种语言并没有显著增加认知负担。早期接触多语环境可以促进有效交流。可见,正确认识和运用双语、多语教育有助于幼童语言天赋的开发及认知发展。

尽管目前有关语言习得关键期的研究存在着一定的分歧,但总结诸多研究结果,下列观点得到了越来越多的支持。

语言习得过程在婴儿早期阶段就已经开始了。如果 5 岁之后再开始学习语言,其语言的发展是不完善的。开始学习语言的年龄越晚,语言习得的效率越低。语言习得的关键期和大脑的可塑性程度存在着一定的关系。第二语言的学习也存在关键期,突出表现在:学习者年龄越小,越容易习得第二语言的正确发音。是否年龄越小越容易学习第二语言的语法,目前仍需要进一步的证据。语言习得的关键期可能有多个,不同的语言成分的习得关键期可能不同。

语言习得是否存在关键期？关键期在哪一个年龄阶段？这些问题是语言学家、心理学家等多年以来关注的热点问题。这些问题的研究对于发展儿童的语言、特别是对指导第二语言的学习或教育具有重要的现实意义。

关键期的概念来源于生物学,是指个体发展过程中环境影响能起最大作用的时期。在关键期中,如果具有适宜的环境影响,个体行为的习得特别容易,发展特别迅速。

勒纳伯格(Eric Lenneberg)最早提出语言习得关键期的概念。他认为在语言习得过程中存在一段时间,在这段时间内,由于生理因素的作用语言的习得最为容易,超过这段时间,语言的习得就会受到一定程度的限制。

学术界对语言习得关键期的具体时间并没有达成完全一致的意见。但综合各种意见可以看出,语言习得关键期一般是指从出生到青春期前的这段时间,其中1—5岁较为关键。在关键期内,通过接触自然的语言环境儿童会很自然地学会语言,如果错过了关键期,语言学习的效率就会大大降低。

约翰逊(Johnson)等人的研究表明,英语语法学习存在着一定的关键年龄,8岁之前学习英语者的成绩最好。一旦过了关键年龄,语言的学习并不是完全不可能,但是学习效果会事倍功半。除了第二语言的语法掌握程度与学习年龄有关外,第二语言发音的准确性以及口语理解的准确性也与学习年龄有关。

（二）教养建议

正视多语教学

9个月以前的婴儿对于音位结构模式更为敏感,9个月大的婴儿可以考虑通过新语言的简短实验来学习新的音位结构模式。到一周岁时如果能听懂数百个词汇,并会说若干个有意义的词语,其语言能力就获得了长足的发展。

到9个月,婴儿就会期望对不同形状的物体用不同的名词进行标记,也开始对命令做出正确的反应,可见他对词语的理解在9个月时就已经发展起来。婴儿能在10个月左右学会简单的词汇,这一时间比人们原先认为的要早。婴儿通常在10—14个月说出具有真正意义的第一批词。在18个月左右,婴儿词汇量表现出急剧增长,即"词汇爆炸"。"词汇爆炸"期婴儿平均每天学习9个新词,17个月婴儿平均能表达100个词,而30个月婴儿能表达的词超过500个,一年内差不多增长了5倍。在6岁左右,儿童学习的词汇(包括派生词等)超过14 000个,可见婴幼儿学习新词的潜能巨大。创造性是婴幼儿语言天赋爆发的另一集中表现,也是语言最突出的本质特性。婴幼儿一旦具备了语音和词汇基础,就会表现出语言的创造性。婴幼儿从几个单独而无意义的发音起步,逐渐发展出数千个有意义的听觉符号,继而这些符号按照语法规则组合起来,就产生了无数的信息,体现出语言的创造性。语言不仅可用于交流,还是创造的工具。儿童所说的大部分话都不只是重复他们以前听过或说过的,他们会根据需要"即兴"创造出许多新奇的内容或新的信息。

敏感期也是指婴幼儿语言天赋凸显的关键期。在生命早期学习第一语言比较容易,例如8—16个月是婴儿语言理解的快速发展期,8个月婴儿已经开始对听到的语言产生反应,16个月时已经可以听懂相当数量的短句,会用简单的表达方式来表达需求。在2.5—5岁,儿童的语言变得与成人非常相似。同样,在生命早期学习第二语言也比较容易。婴幼儿尽管会很容易混淆双语的发音,会将一种语言的语法和词汇用到另外一种语言中,但到了3岁,他们就会清楚地意识到两种语言相对独立的系统。儿童在早期学会母语之后学习第二语言,也可以获得与母语相近的第二语言技能。

诚然,上述研究成果是国外研究者基于其本土环境与文化取得的,尚未得到我国本土化研究的验证,但也不乏参考和借鉴价值。

选择关键词汇

婴儿说出的第一批单词大多是他们曾经操作过的物体或者参与过的活动,也就是他们通过感觉运动图式所理解的某些经验。比如,汉语儿童掌握的第一批词包括"奶、蛋、鞋、娃娃、积木、狗、猫和汽车",以及"抱、睡觉、吃、亲和笑"等。总之,婴幼儿说得最多的是他们已经通过自己的身体感觉理解的内容。一般而言,婴儿理解和表达的词汇首先是名词,其次是动词。而当词汇量达到一二百时,婴儿就会想办法将这些词汇组织起来,变成他人可以理解的语言。其语法复杂程度是他们所掌握词汇量的函数,随着词汇量的增长而增长。这样,围绕身体感觉的词汇、句子和话题发展开来,婴幼儿即步入语言发展的快车道。

主动地倾听和交谈

婴儿仅仅依靠听他人谈话是很难习得语言的,他们必须积极参与到语言使用中。研究发现,儿童如果只是看大量电视节目,并不能保证学会单词或语法。经常参与使用语言的社交互动,对于掌握语言来说更为重要。因此,与成人尤其是母亲之间的互动和交流,对于婴儿在语言形成过程中取得的进步至关重要。尤其是在咿呀学语的阶段,互动越多,婴儿的语言能力越好,发音越准确。可见,早期的互动非常重要,最好让婴儿处于成人和其他儿童的陪伴下,处在一个舒适、清晰的声音环境之中。

十一、儿童早期阅读

案例 16

爱看宇宙书籍的小麦

3 岁的小麦早餐吃的是吐司加果酱,其间他在脑中过了一遍昨天看的故事书,然后和奶奶一起动身前往图书馆,去寻找一些关于宇宙的书籍。这是他最新的爱好。回家的时候,他和奶奶一起读书——如果奶奶读错了单词,他会帮忙纠正。小家伙十分聪明,已经可以背出 8 个字母的长单词啦。几个月前,在平板电脑上的视频帮助下,他自学了英语、法语、西班牙语、俄语和日语从 1 到 10 的单词。小麦的妈妈对儿子的才能非常自豪:"我们就是普通的工薪族啊,也不知道他的聪明才智是从哪来的。"

小麦的聪颖很早就显现出来了,他 11 个月大时就学会了走路。他总是着迷于书籍。让妈妈和奶奶感到头痛的是——他都不需要午

> 睡,小脑袋一直在转。妈妈在晚上9点前根本没有办法把他哄睡,好像他根本就不会疲倦。
>
> 　　小麦有一个习惯,就是每天晚上睡前都要看书。每当妈妈跟小麦说:"你该去睡觉啦!"小麦就会径直跑向床边的书桌,挑出他最喜爱的一本宇宙故事书爬上床,等着妈妈来和他一同读书,直到困意袭来才肯睡去。小麦仿佛把看书当作睡前必须履行的一个仪式,每天睡前都坚持着这一项活动。或许在这个小家伙的睡梦里,也都是宇宙书籍吧!

(一)学界观点

　　年幼的儿童凭借丰富的色彩、生动的图像、成年人的口语讲述以及相应的语言文字来理解以图画为主的婴幼儿读物的所有活动都是早期阅读。早期阅读的重要目的是激发孩子的学习动机和阅读兴趣,增加其口语词汇,提高其语言理解能力和口语表达能力,丰富孩子的生活体验,发展其阅读技巧,使其在阅读中学习汉字并形成阅读习惯。

　　早期阅读是口语发展的延续,口语能力或者听说能力是早期阅读的重要基础。儿童读物是早期阅读的重要媒介。儿童读物主要有这样的特点:主题贴近儿童的生活经验、日常需要和口语经验,语言幽默,想象力丰富,有一定情节,图画与文字相配合。在早期阅读教育中需要发展儿童的口语能力、理解能力和初步的识字能力。

(二)教养建议

　　父母的指导有助于儿童早期阅读能力的发展:

　　(1)在开始阅读一本书时,父母可以准备和提供与书内容有关的知识,启发儿童谈谈过去的经验以及这些经验与书的关系。

(2) 在阅读过程中,引导儿童观察图画,进行有关的讨论。

(3) 基于相关经验对书的内容或结尾进行预测。

这些活动有利于儿童将已有的知识经验与图书内容结合起来,发展理解和推理等能力。在阅读过程中,多给儿童提供注意文字的机会。例如,通过让儿童读和说,关注他们辨别字形和语音的能力;通过领读,使儿童熟悉阅读的节奏;通过听读、指读,使他们了解汉字与音节的对应关系等。这些活动都有利于发展儿童阅读的基本能力和技巧。

阅读一本书后,让儿童用自己的语言描述故事或故事中的信息,并就书中感兴趣的内容、词汇等进行讨论,把书中的内容与实际的生活联系起来。这些活动都有利于儿童丰富口语词汇,发展语言表达能力以及高级思维能力。儿童开始阅读的时间可以很早。这一阶段还不是真正的阅读,其主要目的在于使儿童开始理解什么是阅读,了解嘴里说的事情可以被写下来,写下来的书面文字可以让别人读,形成关于阅读的基本概念。

学习阅读要经历一系列阶段,包括给儿童读故事、分享阅读、指导性阅读和独立阅读等。其中,给儿童读故事阶段主要是给儿童提供机会观察别人阅读,享受别人读故事、自己听故事的乐趣。所用儿童读物应有一定的丰富性,符合相应年龄段儿童的理解水平,引发儿童对阅读的喜爱,使儿童萌发自己阅读的动机。分享阅读阶段主要是使儿童更加主动地参与阅读过程,帮助儿童了解字形与语音的对应关系,了解书面文字与口语的关系,促进理解,扩展词汇,建构丰富的背景知识。通过儿童和老师的互动,使儿童享受阅读的快乐。所用儿童读物的内容、句子和词汇要相对简单,内容之间的推理过程也要相对简单,书中的句式、词汇要有一定的重复。

语言类超常儿童具有高水平的思维技能,很早就可以独立阅读。在儿童学习阅读的初期,帮助儿童创设良好的氛围,培养儿童对于书籍的亲切感以及对阅读活动的胜任感,是学会阅读的第一步,也是非常关键的一步。

十二、阅读与创作

案例 17

会演讲的小书袋

奇奇与父母和姐姐一起在美国华盛顿州生活。奇奇从三岁半开始读英文书,随着年龄的增长,她读的书越来越多,而且速度越来越快。到7岁时,奇奇已读完1600本书,老师称奇奇的阅读年龄已经超过20岁。

让人惊讶的是,这个文静秀气的小姑娘偏偏喜欢看关于战争和武器的军事书籍。对于枪支弹药,她能向同学们介绍得头头是道。哪种枪是在什么时候发明的,拥有什么特性,在什么战争中被广泛使用,以及被淘汰的原因是什么,她都能讲得一清二楚。最近,她还迷上了潜水艇、航母等海上作战大型军事装备。对各种型号的航母她都了如指掌,对航母的发展历程、航母的特性及其背景故事等也有比较深入的了解。

此外,她对历史书籍具有浓厚兴趣,常常阅读关于拿破仑、世界大战的历史书。她爱看法国哲学家的书籍,也能一天读3本小说。自4岁以来,她写了400多篇故事和诗歌。还出版了故事集《飞扬的手指》,包含300多篇故事,故事大多以中世纪为背景,从古埃及写到文艺复兴,文中表现了她对于政治、宗教和教育的见解,令人难以相信这是一个8岁女孩的作品。

（一）学界观点

阅读是个复杂的领域，它和语言的发展有着密切的关系。一般认为，所谓阅读就是认识汉字获得词义，组织各个词义去理解句子的意义，最后结合各个句子的意义理解整篇文章的意义。然而近40年来的心理学研究告诉我们，这种认识并不全面。阅读是个体依靠头脑中的原有认知能力与知识，主动获取信息，从文本中建构意义的过程，是读者将来自于书面材料的信息与自己头脑中的已有知识经验相结合，主动进行信息加工的过程，因此阅读过程包含着复杂、抽象的思维活动，需要多种认知过程和复杂技能的参与。

很多超常儿童在很早的年龄就开始独立阅读了。根据推孟（Lewis Terman）的研究，智商在170以上的人，有43%在5岁前就可以阅读，13%在4岁前就已经开始阅读。现代儿童的早期教育进行得更早，有学者统计自己研究项目内的超常儿童，大约90%在5岁前就能进行阅读。有些语言类超常儿童，在2岁就表现出对阅读的浓厚兴趣，随着其语言和认知能力的发展，他们会比同龄儿童更早地学会阅读。

在现代社会，阅读能力被称为"学习的基础，教育的灵魂"。阅读是人在一生中获取知识信息、发展智力、进行社会交往的重要途径之一。如果我们说儿童的语言发展是一个自然的习得过程，在正常的家庭环境中大多数儿童都能够自然习得相应的语言能力（听说能力），那么阅读能力的培养则需要通过教育。阅读能力的培养依赖于幼儿时期的早期阅读教育，而且儿童阅读能力的发展是一个长期的过程。

探讨儿童早期口语能力的常用研究方法包括观察和记录儿童的自然对话、父母问卷等，如儿童语言语料交换库存储了大量各种语言的儿童与父母的自然对话。国际上已经发展了一些量表，用来评估儿童的语言能力。比较通用的量表是《麦克阿瑟-贝茨沟通发展量表》（MacArthur-Bates communicative development inventories，MCDI）。该量表可以帮助了解8个月到两岁半的儿童语言发展是否正常。目前，这一测量儿童语言发展的方法已被推广应用于约20种语言的研究。研究表明,16个月以前普通儿童能够表达的口语词汇非常有限,一般在50个词以内,最初能说出的词主要是生活中熟悉的词和单音节词(如"猫"),受到儿童概念发展、生活经验、发音器官等的限制。超常儿童则会表现出相对提前两个阶段的水平。普通儿童在17—18个月以后口语词汇量会爆发性增长,两岁半左右能掌握600—700个词。随着儿童生活经验的丰富和社会交往的增加,其词汇量进一步迅速增长,5—6岁能说出的词汇有2000—2500个,可理解的词汇增长到14000个词,包括很多抽象词,如"友谊""成功"等。12岁儿童能理解的词汇可达到50000个。

近年来国内与国际科研成果表明,汉语儿童的口语与阅读发展有别于西方语言儿童,由于汉语的语音、词汇、语法与汉字的一些独特之处,家长需要更加注意儿童口语能力、理解技能以及认知技能的发展。研究者们发现学习阅读需要依赖许多基本认知能力的发展。儿童在最初学习阅读时,需要发展分析字词拼写规则的视觉能力,需要发展辨别字词读音的精确的语音能力,需要发展流畅发音的能力,需要发展理解语素组词规则的能力等。这些基本认知能力在学前阶段就已经开始发展,并且会影响儿童上学后的识字能力。有研究曾测试3—5岁儿童的语音、语素、命名速度等基本认知能力与其汉字识别量之间的关系。结果表明,语音、语素、命名速度等基本认知能力与其汉字识别量具有很高的相关性,认知能力很差的儿童是难以顺利学习汉字的。追踪研究还进一步发现,3—6岁儿童如果在这些认知能力发展上有缺陷,会导致上学后的阅读困难。如果儿童还伴有语言发展迟缓,那么上学后的阅读困难会更加明显。汉字的学习与西方拼音文字的学习不同,儿童需要在更大程度上了解字词的形、音、义之间的关系,才有可能具备流畅的阅读能力。

（二）教养建议

 早期的口语词汇积累

有研究者记录了 42 个家庭中的儿童在 7—36 个月期间的口语词汇，每天记录一个小时。到儿童 9 岁时，研究者再对他们进行阅读和其他学习能力的测验。结果发现：儿童在 1—3 岁时的口语能力已经存在很大的个体差异，其口语能力与父母对儿童说话的数量有很高的相关性；儿童在 1—3 岁时在家庭中得到母亲的语言输入量与他们在 9—10 岁时的阅读能力有很高的相关性。如果追溯学校期间阅读能力高的儿童在 1—3 岁时的早期发展情况，可以发现他们的母亲每天对儿童说的词汇量可以达到 30000 个。而对于那些在学校期间阅读发展较差的儿童，其母亲每天对孩子说的词汇量仅为7000—8000 个。这表明早期语言输入量对儿童学龄期阅读能力的发展十分重要。对英语、普通话和粤语儿童及其看护者的语言词汇中词类比例的语料分析以及计算机模拟研究表明，语言输入的特性限定了儿童词汇的学习，影响了儿童学习的动词、名词、形容词等词类的发展变化。近期研究进一步发现，除了成人的语言输入量，儿童与成人的对话轮换数也是重要的影响因素。这表明语言不是一个被动的过程，儿童的主动参与在语言发展中也十分重要。父母应该积极参与儿童的语言交流与沟通过程。

前面我们简单介绍了普通儿童口语发展的过程。口语能力包括口语词汇、听力理解、口语表达、语义和句法知识等，口语能力是阅读发展的基石。儿童口语词汇的宽度和深度为阅读理解提供了基础。很多研究表明儿童口语词汇量与书面字词能力、阅读能力乃至智力水平都有显著相关性。在学龄前给孩子提供良好的语言环境是非常重要的，如给儿童讲故事、读故事书、鼓励儿童复述故事、与儿童对话等都可以促进儿童口语词汇的发展。幼儿园、家庭应注意鼓励儿童说话，如让孩子讲讲他一天的生活、新认识的好朋友、幼儿园里的新鲜事等,这都会给儿童提供一个促进词汇学习的良好环境。词汇学习可以分为快速匹配和延伸匹配两种方式。快速匹配是指儿童从自然听到的句子或篇章语境中推理新词的意义。儿童的大量词汇就是在这样的情境下习得的,这种情况下获得的词义可能是初步的、不完善的。延伸匹配则需要更完善的词汇知识,让儿童更加全面地理解和使用该词汇。在给儿童读故事的过程中,可以包含快速匹配和延伸匹配两种方式,如既可以让儿童在句子、篇章语境中学习新词的意义,老师、父母也可以通过提问、讨论等方式加深儿童对词汇意义的理解。

 指导性阅读

指导性阅读是在教师指导下的阅读活动,使用精心选择的读本,教师在儿童阅读、讨论时给予指导,以扩展儿童的口语词汇和知识储备,引导儿童使用合适的理解策略。指导性阅读能够帮助儿童发展阅读需要的高水平思维技能,进一步为独立阅读做好准备。

十三、注意情感交流

案例 18

多才多艺小作家

小兰上一年级以后很喜欢画漫画,漫画的内容都是她之前看过的书中的故事。在小兰1岁时爸爸每天给她讲睡前故事,大部分是关于中国文化的,一天一个故事,一个月一本书,一直讲到她三年级。

在小兰3岁时,爸爸妈妈就常带她去图书馆和书店,让她自由选择自己想看的书。小兰对阅读的热爱让爸爸非常高兴,然而小兰选书的喜好却让爸爸感到奇怪,比如她喜欢看有关情商的书,并且会做批注或者写读后感。小学三年级的时候,她就可以将书中的故事用图画表达出来,画成连续的漫画。爸爸妈妈看到女儿小小年纪就可以将故事画出来,非常高兴。

小兰在学校的时候不太爱说话,性格很内向,也不太愿意参加集体活动,但其实她在小时候就报了很多兴趣班,有音乐、舞蹈、绘画、写作等。爸爸妈妈觉得她弹出来的曲子和跳出来的舞蹈都没有什么感情,但她的文字和绘画却包含丰富的情感。小兰喜欢写故事,文字写得很简单,但常常涉及世界末日、自己生病等主题。这让爸爸妈妈非常担心,常常会找时间和她聊天,她说话简洁,能够很准确地表达自己的情感和情绪。原来,小兰在学校因为很少说话,也不太合群,有时会被同学欺负。她从来不惹父母生气,也从来不告诉爸爸妈妈自己在学校被欺负的事情。渐渐地,随着小兰长大,她的文风也变得温和了,她的舞蹈和音乐也逐渐有了情感。

小兰是一个十分喜欢描述和表达的女孩子,5岁生日的时候,爸爸妈妈问她:"小兰,你有什么生日心愿吗?"小兰若有所思地沉默了一会,对爸爸妈妈说道:"我希望可以一直自由地表达。"父母对于小兰的回答感到十分惊讶,但仔细回想起来又觉得在情理之中,因为不管是画漫画还是用文字来书写,小兰一直在表达自己的情绪和想法。她作品中的感情与想法是如此丰富,以至于大人们都惊叹于她的表达。或许,她和其他孩子的不同之处就在于这种对表达的执着和热爱吧!

（一）学界观点

超常儿童多集中于自己感兴趣的知识学习，却不愿意和陌生人交流，也不善于与同龄儿童沟通和相处。虽然他们同样渴望与同伴交往，但是他们更愿意与其他超常儿童交往，并从中获得好奇心的满足。然而即使在互联网时代，要找到和他们能力相当且志趣相投的伙伴仍然是困难的。因此，超常儿童更倾向于选择独处，将更多的时间和精力转向他们所感兴趣的事物上。语言超常儿童的表达能力在成长过程中逐渐凸显，尤其在文字和绘画的表达上，可以表达出很复杂的概念。对于语言超常儿童来说，一旦他们有了灵感，常常会用笔记下自己的所思所想。

（二）教养建议

鼓励 + 游戏

当家长希望帮助自己的孩子提高写作能力的时候，应该以一种放松的心态和孩子一起努力，对孩子的进步表示祝贺，帮助孩子燃起热爱写作的火苗。爸爸妈妈可以很随意地和孩子一起用新词造句，探讨其中的意思，玩拼字游戏，或者玩纵横填字谜游戏。这些活动都有助于激起孩子学习生词的兴趣。

给孩子写信

根据孩子的年龄可以试着给孩子写一些东西。对于年龄稍大的孩子，这是帮助他开启思维大门的一种既安全又有效的方法。你能够通过文字同他分享知识、观点，并向他提出启发思维的问题。你的孩子会有足够的时间来回答它们并总结出一些对他来说或许很难当面说出来的重要知识。给孩子写信能提高他的兴趣，激励他去行动以获得成功，同时也增强了他在家长身上获得的安全感。

十四、维护孩子的选择空间

案例 19

安静的"叛逆"小孩

小兰在小学时一直沉默寡言,没有什么朋友。到了中学,她逐渐开朗起来,变成了一个假小子。还有了自己的闺蜜圈,常常在放学的时候与伙伴们一起玩耍。但是在初中三年级的时候小兰的成绩突然开始下降。爸爸知道小兰对于课程学习没什么兴趣,只爱写作,但也没想到成绩会下降得这么厉害,于是便给小兰买了一些辅导资料,并找了个周末和小兰促膝长谈,跟她说了在学校读书的目的和人生道路的选择。小兰低着头没说什么,只是静静地听着。在下半学期的考试中,小兰的成绩渐渐地回升了。爸爸这才放下心来。

一年年过去,小兰也即将步入自己的大学生涯。她的中文和英语成绩非常好,中学时便通过自学在托福考试中几乎拿到了满分。而其他科目的成绩却常常不及格。在选择专业时,爸爸妈妈本以为她会选择语言类的专业,结果她却选择了编剧专业。虽然爸爸妈妈对这个专业并不是特别认可,但也没有阻拦,在女儿喜欢什么、做什么选择方面他们基本不干涉。

在大学生活中,小兰在图书馆广泛涉猎,各种类型的图书她都看了个遍,包括微积分和古兰经这样和其专业相去甚远的书籍。为了看古兰经,小兰还特意学了阿拉伯语。在大学自由的气氛中,小

> 兰不断拓宽自己的视野,寻找自己的爱好,自学了吉他,还会在周末去参加街头艺术表演。临近毕业,她告诉父母,她决定要报名入伍,去部队中体验生活,因为她觉得所有的作家都要面对军队,才能更深刻地感受生命。

(一)学界观点

超常生多专注于自己感兴趣的知识的学习,学校的教学内容一旦无法引起他们的兴趣,便会引发厌学情绪。这个时期如果不加以引导,一味对他们进行批评和指责,很容易变本加厉地让他们对学校产生抵触情绪。小兰的爸爸动之以情、晓之以理,孩子是能够理解父母的用意并去思考问题的。一个宽松、自由的环境可以帮助超常生找到自己的人生道路,最大限度地发挥自己的天赋。

超常生会对自己的人生方向进行思考和选择,他们对自己感兴趣的事物会全身心地投入,同时对未来也会有一定的规划。一个自由的成长环境和包容她的选择的父母,才让小兰的天赋没有被埋没。无论是小时候可以自由选择要读哪本书,还是长大之后选择要学什么专业、在哪里工作,父母都给予了充分的理解和支持,唯一的干涉也仅仅是告诉她在学校不读书是不可以的。其实,所有的超常儿童都需要家长和老师给予他们一个自由、宽松的成长环境,包容他们的特殊选择。

(二)教养建议

 充分给予孩子选择书籍的自由

对于语言类超常儿童来说,他们喜欢去阅读任何他们感兴趣的书籍,还会阅读那些超出他们年龄段所能阅读的书籍。语言类超常儿童需要在阅读活动中形成自己的观点,证实自己的想法,而不是简单被动地阅读。阅读书籍会让他们从中受益,这些书能给他们很多帮助。或许超常儿童并没有让父母给他们讲故事,但他们当中很多人会自己偷偷地阅读。他们愿意学习新的知识、接受新的观点。语言类超常儿童性格独立,在对人生道路进行选择时,他们所敬仰的人(如父母)与他们进行平和的对话对于帮助他们明辨是非至关重要。

十五、初识运动超常儿童

案例 20

运动小达人

"呜——"一阵哭声从身后传来。妈妈回头一看,小雨趴在地上,揉着眼睛。

"这孩子怎么又摔了?说了让你好好走路,就是不听!"妈妈一手把他从地上拎起来,拍了拍他身上的灰。

虽然小雨说话比其他孩子晚,但他一直活泼好动。2岁的时候,在其他孩子还只会简单的拍球时,他就已经会运球了。他喜欢跟在哥哥姐姐后面到处跑,一到户外就谁也拉不住。有一次,爸爸妈妈带小雨去度假村滑雪,本来想让他坐在滑雪车胎上慢慢滑,但是小雨却对滑雪板产生了浓厚的兴趣。3岁的小雨仅仅用了一个上午,就可以有模有样地独自滑雪了。要不是爸爸妈妈坚决地叫停,他可能不吃饭滑到晚上也不觉得累呢。

为了让他过剩的精力有可用之地,爸爸给他报了各种兴趣班,其中小雨最喜欢的还是足球和游泳。在兴趣班里,他是年纪最小的孩子,但是他的协调性却出奇地好。

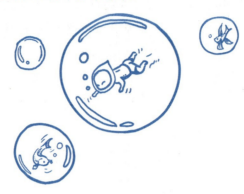

在每周的游泳班上,他总是游得最快的那一个,灵活得像一条小鱼,甚至下课了也不愿意从水里出来。这条"小鱼"非常有天赋,擅长各种泳姿,即使是不太容易的仰泳,也能很快学会。

上小学之后,小雨的个子越长越高,比同龄人都要高出大半个头,但还是调皮爱玩。游泳课上的训练他的成绩一直排在第一,每次比赛他都尽全力去游,一点儿也不想落在别人后面。四年级时,教练让他去参加区比赛,因为状态不佳,他输给了一个年龄稍大于他的男孩,他恼羞成怒地当场扔掉了泳镜。

这孩子气的举动让父母哭笑不得,教练也在一旁笑着说:"小小年纪就有这么强的胜负欲,说不定以后真的能成为一名运动健将呢!"

案例21

在舞蹈中识字

6岁的小美被妈妈带去了芭蕾舞培训班,穿上了美丽的裙子,心情好得不得了。小美从小就很活泼,和小伙伴们一起玩游戏时,她的手眼协调能力非常好,像一个小大人。一旦跑起来,男孩子都会被她甩在身后。为了让小美不变成一个假小子,妈妈特地让她去学芭蕾。而小美在芭蕾上似乎非常有天分,脚尖舞非常稳,从来不会摇摇晃晃,这不禁让妈妈后悔没有早点儿带她来学跳舞。

　　小美今年上小学二年级了,她在语音、拼写和其他语言技能上存在着一定困难。但是她的双手却非常灵活,平时在家里,小美最喜欢给自己的芭比娃娃缝衣服。她用小手帕和手工纸,给每一个娃娃都设计并亲手制作了好几套可爱的衣服。不仅如此,连平时哥哥花一周时间才能拼好的邮轮模型,她竟然只要两个晚上就完成了。在每学期的校园游园会中,展览区都会有小美的手工作品。然而,小美的语文成绩也着实让爸爸妈妈头痛。

　　后来,小美的老师想到了一个好办法。她建议小美边动边学,在学习生词的时候,可以自己在小黑板上画出来,或者直接挥臂,在空中写出这个词。这个方法看似奇怪,但小美倒是很喜欢。不到一周,她的听写作业成绩居然有了明显的提升。

俊采星驰:超常儿童培育指南

（一）学界观点

普通儿童在2岁时，会简单书写，会拍球、抓球和滚球，会两脚交替上下楼，会做开瓶盖、解纽扣等精细动作。而运动超常儿童则会有超出该年龄段水平的肌肉控制力。他们可能已经会骑小三轮车，能快速跑步（虽然还会跌倒）。他们会使用剪刀，能端装得较满的水杯，能自己脱衣服或穿裤子，甚至可以画直线和简单的人物画、风景画等。有些体育超常儿童能较精确地把球投入儿童式篮球架的框里，自如地用双脚跳过障碍。其中，能精确地按照纸上画好的线路裁剪图形，就是肌肉控制力的表现之一。

与普通儿童相比，运动超常儿童能够更好地协调全身运动，他们通常有能力完成大型肢体运动。因此，他们在体育运动方面会表现出极大的热情，并很可能获得巨大的成功，如滑雪、跳舞、爬山等。这类儿童也同样能轻松做出小型肢体运动，他们的身体协调能力让他们能很专业地做出规定动作，以及掌握需要运用小块肌肉的技能，如缝纫、烹饪、打字和制造模型等。

也有一些孩子擅长大型肢体运动，却在小型肢体运动方面力不从心，也有与此恰恰相反的孩子。毋庸置疑，在这两方面都有优秀能力的运动超常儿童的肢体智能要强于在单方面有优势的普通儿童。

运动超常儿童通常无法保持"安静"状态，他们兴奋激动的时候，身体就会不由自主地动起来。运动对他们而言，就像呼吸一样。

随着年龄增长，儿童通过标准化测试反映出的若干种体适能项目的表现也会不断提高。一般来说，男孩的表现会优于女孩。在儿童早期和中期，男孩和女孩的运动能力差别还不大。在少年期开始阶段，男孩运动表现的提高速度加快，而女孩要到13—14岁才能提高，之后提高速度变缓或进入平台。

儿童的奔跑速度和腰部柔韧性的发展，与其早期的下肢生长发育有关。身体由腿部、躯干、颈部、头部组成，其中腿部首先达到生长高峰。因此，在少年身高突增期早期,男孩的腿相对于身高而言长得更快,这可能会影响跑步速度和下躯干的柔韧性。女孩在突增期运动表现的相关数据并不多,但和男孩一样,女孩手臂的静态力量和爆发力(垂直纵跳)在身高达到生长高峰后也会出现突增。女孩力量突增的数值只能够达到男孩最大值的一半。在月经初潮前后,女孩的运动表现就不再与生长突增呈现一致的趋势。

关于运动智力的研究大致可以分为三类,即以差异理论为依据的研究、以认知心理学理论为依据的研究和心理生理学方面的研究。这些研究为理解运动智力都做出了贡献,但它们在运动智力的概念、研究方法及研究范式上还有许多不足之处。而多元智力理论的提出对重新定位运动智力的研究方向具有重要的意义。

加德纳的多元智力理论认为智力是由多种平行的智力构成的系统。同时每一种智力都包括子能力并且拥有不同的表现形式。多元智力以组合的而非独立的形式发挥作用,其中运动智力只是多种平行智力中的一种。

斯腾伯格的层次智力理论强调智力是由一组基本的心理能力组成,同时也承认存在一般智力因素。综合加德纳与斯腾伯格的理论,可以认为,一般智力、身体-运动智力和专项运动智力之间,具有层次不同而又相互作用的关系结构。

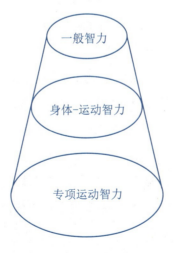

一般智力、身体-运动智力、专项运动智力的关系结构

多元智力理论认为每一种智力包括的子能力是以组合的而非独立的形式发挥作用的。在以认知心理学为方向的运动智力研究方面,我国学者对运动智力与一般智力的关系做了探讨。有的学者认为运动员的智力应包括一般智力和专项智力,以操作思维为主的一般智力是基础。专项智力是指运动员在参加训练和比赛过程中表现出的信息加工速度、认知策略和反应认知方式等特征。张力为等人认为运动智力是人们在掌握运动技能和表现运动技能过程中必须具备的心理条件或特征。

目前的运动智力研究主要是以传统的智力理论为依据,运用因素分析的方法来描述智力结构,并注重对智力结果的测量。而以认知心理研究为基础的多元智力理论则通过研究智力行为发生的内在加工过程来探讨智力的本质,认为只有通过对智力行为的心理过程的研究,才能科学地揭示智力的本质和特性。这给运动智力的研究范式带来了新思路。

传统的运动智力研究主要从运动员智力与其他人群的智力差异以及认知心理学的角度来理解运动智力,主要以语言智力和数学逻辑智力为主,而多元智力理论注重从生活、生存角度来看待智力的本质。加德纳的多元智力理论列出了除传统的语言智力、数学逻辑智力以外的其他几种与人类生存、生活息息相关的智力,特别是人际交往智力、生存智力等。斯腾伯格提出实践性智力,注重在具体的情境中研究各种智力。这表明运动智力的研究需要生态化。特别是要在具体的某种运动情境中研究专项运动智力,才能真实地反映出专项运动智力的水平。

案例 21 中小美借助运动的学习方式,反映了运动超常儿童有时是通过运动的方式来进行思考的,运动对于这类超常儿童来说非常重要,他们运用全身来进行学习和思考。但是,这也让他们经常觉得自己与学校或家庭格格不入。如果以孩子不情愿的方式反复要求他们坐好、认真听讲和好好学习,可能会让他们感到沮丧甚至绝望,甚至阻碍他们运动优势的发展。一旦出现这种情况,运动超常儿童可能会变得不像以前那么活泼,在学校和家庭中的学习也会变得非常困难。

（二）教养建议

 用肢体动作辅助学习

家长和老师在教导运动超常儿童时，要时刻记住一点——"他们在运动中思考"。所以，让他们自己去摆弄模型、爬树、踢球，可能要比让他们安静地坐着学到更多的东西。

在对运动超常儿童的教育过程中，应当让他们充分利用触摸和运动的方式来感受生活。因为他们的独特天赋，他们更容易从"做"中学到更多的东西。当家长计划让他们学习某些事情的时候，可以设计让他们在"手不闲着"的状态下学习。

当运动超常儿童在语言学习上出现困难时，我们建议他们在家里学习时可以用手在空中比划，有条件的话也可以用粉笔或者湿海绵在黑板上进行书写。借助于手部的动作，他们可以更好地记忆文字。这种方式对于其他知识的学习也同样会有帮助，比如化学公式、人物姓名或是容易混淆的词汇。

在课余时间，家长应当允许他们参加自己喜欢的运动，并找教练给予专业的指导。在生活中当他们站着、跳着或是在椅子上晃来晃去时，不妨宽容一点。也可以通过让他们学习舞蹈、表演等来提升协调性和气质。

空中书写会运用到手指、前臂、肩膀和后背的肌肉，这对运动超常儿童来讲比单纯地在纸上书写更有效果，肌肉运动可以在一定程度上帮助他们学习和记忆。让孩子在"写"的时候说出写的内容，这样可以同时动用他们语言智能中的两种因素——"听"和"说"。老师们可以把孩子们分成小组，用空中书写的方式进行教学，鼓励孩子们在家里也这么做。

因为运动超常儿童善于用触摸和运动的方式学习和思考，我们也可以用一些小道具来帮助他们。可以用彩色铁丝弯成文字和数字的形状来辅助他们学习，或者用沙盘让他们练习书写。

十六、运动超常儿童还是"多动症"?

案例 22

宝宝是多动症吗?

"飞飞,你给我站到教室后面去!"老师生气地看着飞飞命令道。

6岁的飞飞默默地放下刚才一直在手中把玩的小皮球,沮丧地走到了教室后面。这已经不是第一次被老师罚站了,上一次他拿着笔到处扔,还差点被老师揪到办公室去。"这次还不错啦,毕竟没有让我叫妈妈来学校。"飞飞心里想。就连罚站,他也不老实,一会儿踢踢脚,一会儿伸伸胳膊,一刻都停不下来,惹得周围坐着的小朋友注意力都转移到他身上了。飞飞超乎寻常的充沛精力和好动让老师非常头痛,课堂纪律在飞飞身上真的没什么约束力。家长会后,老师特意让飞飞和妈妈留下来,建议妈妈带飞飞去检查一下,是不是有多动症。听到老师这么建议,妈妈也非常地担忧。

平时在家,飞飞也是活力四射,停不下来。他不仅把自己的房间折腾得乱七八糟,还常常在客厅里玩滑板。奇怪的是,不管白天飞

> 飞怎么折腾,晚上依然有十分充沛的精力,从来不按时去睡觉。
>
> 上课坐不住,下课到处疯,妈妈不由地担心即将进入小学的飞飞能不能跟得上学习进度。忧心的妈妈只好打电话预约了医生,准备去给飞飞做个检查,看看他是不是真的有多动症。

(一) 学界观点

虽然运动明星会受到大家的欢迎,但是运动超常儿童在很多时候却会被老师和家长误解。他们在肢体运动上的优势在入学前可能会被家长频频表扬。但随着年龄的增长,入学后的他们有可能会出现学习跟不上的问题。因为在此期间,运动超常儿童面临着一个巨大的挑战——如何约束自己的行为。对他们而言,遵守课堂纪律,安安静静地坐在那里听课可能会是一个比较难以达到的要求。

家长和老师应该帮助运动超常儿童认识到自己的优点,同时也要教育他们做到尊重他人,不能在集体环境中打扰别人。他们必须要学会不打扰老师教学和不影响其他同学学习。

运动超常儿童可能会经常玩手指,不停地摆弄物品,或者四肢一刻不停地活动。在旁人眼中,他们根本就停不下来。许多运动超常儿童会被误认为患有多动症(ADHD)。两者很容易混淆。事实上,许多被诊断为儿童多动症的孩子很可能运动能力出众,他们可以通过触摸和运动来进行学习。

有研究提出一个儿童多动症的简单判断法,目光不能坚持注视光点的儿童,需要警惕是否为多动症儿童。在以往的研究中,儿童多动症的主要检查依据就是"注意力不集中"。然而一般家长很难将"注意力不集中"的"多动"与正常的"好动"区别开来,因此难以正确诊断。

2005年,英国科学家提出一种方法,通过观察儿童眼睛的运动来诊断多动症,准确率超过93.1%。在实验过程中儿童被要求戴上特制的护目镜并坐在计算机前,将目光集中于屏幕上移动的光斑,科学家通过护目镜可以监测儿童眼睛的运动。结果显示,多动症儿童的眼睛运动方式与普通儿童有显著差异。普通儿童将目光集中于光斑的时间可达 30 秒乃至 5 分钟,而患多动症的儿童仅能坚持 3—5 秒。研究人员表示,该诊断方法可用于 3 岁以上的儿童。据估计,儿童多动症发病率约为 3%—7%,但是近 80% 的患者没有得到诊断。该方法不需要儿童与心理医生谈话,仅需 10 分钟,更容易被儿童接受。当然,儿童多动症也不是这么简单就可以确诊的,观察孩子的注视时间只是一个方面。家长或老师可以请专业的医生做进一步的检查。

(二)教养建议

运动超常儿童的家长可以多关注孩子的体能以及他们的触摸和运动方式。运动是这类超常儿童感受生活的奇妙通道,在学习和生活中不必过于在意他们是否患有儿童多动症,而要考虑他们能否更好地约束自身的行为和尊重他人。

赢得孩子的信任

家长可以通过让运动超常儿童多参加户外活动、在相关运动中多花时间陪伴他们和提供必需的体育器材供他们练习等方式来帮助他们充分发展自己的肢体能力。孩子同父母一起参加体育活动或者一起完成某项活动是非常有效的建立亲密关系的方法。父母可以在空余时间和孩子一同整理房间,或者和孩子一起游泳、踢球。在活动中,孩子更有可能畅所欲言,父母可以获得一个很好的机会和孩子进行交流,从而提高孩子的安全感和对家庭的归属感,并赢得孩子的信任。

管教与激励

由于运动超常儿童"好动"的特点,在一些特定的公共场合家长让儿童学会得体的行为举止是十分必要的,比如在餐厅里不能让他们上蹿下跳。

这类教导也要注意采取合理的方式，不能用贬低孩子人格的方式进行。家长可以引导儿童通过调整自己的行动去解决问题，而不是对他们进行无用的说教。以下提供几个建议供参考：

✻ 触摸式表扬。运动超常儿童对肢体语言的了解更快，因此可以对他进行"触摸式表扬"或者"触摸式矫正"。例如，当想要夸奖孩子时，可以在对他肯定的同时拍拍他的后背，理理他的头发，或是对他眨眨眼睛。如果想要告诉孩子不要急躁，要三思而后行的时候，也可以轻轻抚摸孩子的脑袋，或者摸摸他的额头。家长的这些动作，有助于孩子理解和记住他所说的话。

✻ 建立信心。家长和老师应当鼓励运动超常儿童树立学习目标和理想。定期和孩子们一起进行锻炼，让他们在信任、理解和鼓励中成长。

✻ 培养团队精神。运动超常儿童最容易和其他爱蹦爱跳的小伙伴们做朋友。我们会发现，如果一个孩子坐不住，那么他的朋友很可能也是如此，因为他们就是通过这些行为建立起彼此之间的友谊的。作为家长应当鼓励孩子多交朋友，在集体运动中培养团队精神，引导他们相互帮助，彼此敦促。一些运动超常儿童可能会有一些改不掉的小动作，免不了会影响他人，甚至还可能惹恼别人。这在一定程度上导致他们在结交小伙伴的时候会遇到阻碍。但是这类儿童大多精力充沛，而且有很强的团队协作能力，这些特点原本应当使他们成为受欢迎的班级活动参与者而不是不受欢迎的捣乱者。因此，老师可以对他们的行为作出正面的引导，并在恰当的时候当着其他孩子的面进行表扬，这会让他们产生集体归属感。

十七、运动对超常儿童成长具有积极作用

案例 23

数学天才爱运动

麦克是一位数学超常生,刚刚 20 岁的他就已经拿到了知名大学的博士学位。他可不是传统意义上的"书呆子"。麦克从小喜欢运动,而且展现出过人的运动天赋。在小学体育课上的跳马练习中,全班同学就属麦克的动作最标准、最漂亮。

进入大学后,麦克在实验室搞研究、摆弄机器、计算数据的同时,仍抽空参加多种文体活动,尤其喜欢爬山、骑车、赛艇等体育活动。有人形容他工作时的劲头"简直像个疯子,似乎有使不完的精力"。麦克这种充沛的精力,正是他合理休息和经常锻炼的结果。

麦克爱好运动,不仅仅是兴趣,也是为了提高学习效率。在他看来,必须通过丰富的文体活动,才能获得充沛的精力,保持清醒的头脑。

案例 24

出色的跑者图灵

图灵有很多头衔,数学家、逻辑学家和现代计算机之父。但是很少有人知道他也是一位出色的跑者,甚至差点站上了奥运会的舞台。图灵从中学开始跑步,但直到30多岁才开始正式的长跑训练。虽然图灵在跑道上的成绩远不及他在计算机科学上的成就,但他出色的运动天赋丝毫不逊色于他的头脑。

虽然图灵很迟才开始正规的长跑训练,但是他从高中时就展现出了惊人的运动天赋和充沛的体力。14岁那年,他在谢伯恩寄宿高中就读的第一天,当地的公共交通设施由于大罢工而全部停运。图灵没有等到交通恢复,就从南安普敦一口气骑行96公里到达位于多塞特郡西北的学校上学,引起了全校的巨大轰动。

而当他进入剑桥国王学院读书时,曾多次在学校和伊利镇之间跑步往返,一个来回就有50公里左右。

科学研究需要花费很多的时间和精力,而跑步也就成为了图灵的放松方式。即使天气不好,学校的足球队停止训练,校园里的同学依然可以看到图灵在操场上不停地跑着。

从剑桥毕业后,即便工作忙碌造成跑步的时间大大缩减,图灵还是会想方设法去跑步。他会以双脚代替交通工具,从家里跑到工作的地方。"当他跑到科研会议的现场时,他的同事们都惊呆了!"图灵的传记作家安德烈·霍奇这样说道,"最关键的是,他跑得比一些交通工具还要快。"

他的跑友J. F.哈丁曾经问图灵,他是为了什么跑步。图灵只是回道:"什么也不为。我做的工作压力太大,我能把压力从内心去除的唯一方式就是使劲地跑。"

当然,图灵在英国跑圈出名不仅因为他的"大器晚成",还因为他别扭的跑步姿势和奇怪的喘气声。在跑道上,图灵总是握紧双拳,高抬手臂,而他的脚也会不自然地外拐,这让俱乐部里的其他成员都感到很奇怪,而且他在跑步时总是会发出比一般人大很多的喘气声。作为沃尔顿田径俱乐部秘书,哈丁的一段描述在多年之后被人们广泛流传:

"我们未见其人,先闻其声。他跑步时,发出一种吓人的喘气声……但我们还没来得及跟他说上话,他就像一颗出膛的子弹那样从我们身边掠过。"

(一)学界观点

 动作在儿童早期心理发展中的作用

动作是人类个体的一个基本的、重要的发展领域,而运动则是实现动作发展的基本途径。动作和运动在儿童早期心理发展中占据重要地位。皮亚杰的认知发展理论和布鲁纳的认知表征理论都高度重视动作在儿童早期心理发展中的作用。

在儿童早期智慧大厦的建设过程中,动作发展就是"砖块",而运动就是制作"砖块"的主要途径之一。有学者指出:"运动对儿童是非常重要的,对于知识的建构和感觉、知觉的发展尤为如此。这一点会在以后的发展阶段中显现出来。运动不光有助于身体的健康发展,还有助于自尊和自信的确立。儿童对自己身体运动的这种控制能力可以迁移到日常生活中去,使他们能在各种情境中应对自如。身体动作也是社会交往的手段之一。"

董奇等提出:"从个体心理发展的生理基础以及心理各个具体方面的早

期发展来看,动作作为主体能动性的基本表现形式,在个体早期心理发展中起着重要的建构作用,它使个体能够积极地构建和参与自身发展。"动作在个体心理发展中主要有以下作用:

✤ 动作对于大脑的发育具有促进作用。不断练习和提高动作可以促进大脑在结构上的完善,从而为个体早期心理的发展奠定良好的基础。

✤ 动作使个体对外部世界各种刺激及其变化更加警觉,并使感觉、知觉精确化。

✤ 动作是婴儿认知结构的基石,动作使得婴儿的认知结构不断重建和改组。

✤ 动作改变着个体与物理环境、社会环境的互动模式,使个体从被动接受环境信息变为主动获取各种经验。这既促进了个体自主性、独立性的发展,同时也深刻地影响着个体的社会交往特点,进而对个体的情绪、社会知觉、自我意识等产生影响。

✤ 动作的发展扩大了个体与周围环境接触的范围。使个体能够多角度、深入地探索其周围的物质世界与社会环境,从而给个体带来大量新的经验。

智力技能与知觉动作技能间的关系

皮亚杰以"知觉动作阶段"来称呼儿童认知发展的最初阶段,他认为知觉动作智力正是个体智力的最初表现形式。就智力和动作的关系而言,知觉动作在认知发展和记忆过程中具有重要作用。

知觉动作技能实质上不仅仅是"肌肉的"活动,它经常是作为一些操作步骤的组合而出现的,它与动作的选择以及动作的顺序有关。作为规则的复杂联合体,掌握一套操作步骤也是一种智力技能。

所有智力技能(intellectual skill)都是建立在知觉动作技能(perceptual-motor skill)的基础上的,因此动作在人类心理行为中具有根本的重要性。儿童早期的动作发展不仅是其智力发展的重要指标,更是其智力发展和心理发展的主要建构力量来源。

智力技能和知觉动作技能同源性的观点是美国心理学家罗森鲍姆（Rosenbaum）等人提出的。智力技能和知觉动作技能同源性是指：智力技能的习得和知觉动作技能的习得具有极大的相似性，依赖基本相同的心理机制。实际上，人类大脑中处理思维和处理知觉动作的部位并非人们想象那样有明显差异，两种技能都有外显和内隐的知识，这两种技能的学习速度、训练效果和学习阶段都令人惊讶地相似。就像人们常说的，人类个体具有在特定领域内达到一定目标的能力，而这种能力是可以通过练习不断提高的，其中包括智力技能（例如解决数学问题、下棋等）和知觉动作技能（例如拉小提琴、拳击等）。

另一方面，智力技能和知觉动作技能也有所不同。有的天才运动员不善言辞，有的口才好的人动作笨拙。这些能力的专门化似乎反映了习得机制的专门化。因此，罗森鲍姆将智力技能和知觉动作技能的不同之处概括为以下几点：

✿ 知觉动作技能比智力技能更基础。从个体发展来看，知觉动作技能发展先于智力技能，或者至少比绝大多数智力技能出现得早。

✿ 智力技能和知觉动作技能对应的大脑区域不同。例如，与视觉系统同源、位于中脑底部的神经核在所有脊椎动物中有一致的功能：协调与眼、耳和头部定向运动控制有关的视觉、听觉和躯体感觉信息。这个区域和其他与知觉动作行为相关的大脑区域在结构和功能上是一致的，这说明知觉动作技能的控制机制是高度专门化的。而能够区别人脑和其他动物大脑的是与智力技能联系最紧密的区域（如中枢皮层的联合区）。这些资料表明知觉动作技能和智力技能依赖不同的神经通路。

✿ 与智力技能的操作有关的知识比与知觉动作技能的操作有关的知识更容易用语言来表达，这是两种技能的又一区别。人们可以把解决数学问题的步骤或者下棋的步骤写下来，别人就可以凭借这些指令说明来解决类似的问题。但是，没有人能写下骑自行车和蹦跳床的指令让别人读了以后就能掌握，掌握知觉动作技能的唯一途径是反复地练习。

尽管智力技能和知觉动作技能表面上看起来不同，但是个体习得它们的途径基本上是一致的。两种技能之间的一致性多于区别性。传统观点一般认为,小脑主要与动作的协调和控制有关,小脑受损会导致异常的动作症状,比如肌肉衰退、动作启动迟缓、动作计划错误和震颤等。然而上世纪80年代中期以来,已有确凿的证据表明小脑也具有认知功能。临床研究揭示小脑损伤会导致条件作用和持续性时间分析障碍。对发育紊乱儿童的神经研究发现,小脑功能失调与孤独症、威廉姆斯综合征有关联性。脑成像研究发现,小脑在执行如词语生成、序列学习、触觉分辨和工作记忆中的信息保持等任务时都很活跃。因此,小脑在知觉动作技能和智力技能两个方面都有着重要作用,不应把小脑看作纯粹的知觉动作技能器官。

运动与创造性思维

儿童在运动过程中需要学习如何在某些情境下创造性地使用某些动作技能,体育运动可以锻炼创造性思维。适量的体育运动可以使超常儿童在运动环境中得到许多成长机会。

体育运动能促进感知和记忆的能力,其中感知能力是智力的外在表现形式。田径、球类、体操等体育运动项目能够很好地锻炼儿童的感知能力。例如,球类运动要求参加者的观察能力要强,视觉范围要广,判断能力要准确,否则就难以在比赛中观察和捕捉瞬息万变的战机,也就不能恰当地采取自己的行动。感知能力是通过时间知觉、空间知觉和运动知觉来表现的。任何复杂的技术动作都是以感知能力为基础的,知觉的敏锐性和准确性是掌握各种技术动作的重要心理基础。在体育运动中,通过判断动作速度能够锻炼人的时间知觉、空间知觉和运动知觉。例如,乒乓球运动中的接扣球对球的飞行速度与落位判断的感知能力的要求就非常高。

记忆是将获得的新信息在大脑里贮存一定时期的能力,是大脑对经历过的事物的反映,也是智力的重要指标。在体育运动中,正确地识记各种动作的顺序和轨迹,形成完整的动作表象,是掌握与从事任何运动项目所必需的。

显然,感知能力和记忆能力是可以通过体育运动得到锻炼和提升的,体育运动能有效地促进和发展人的这两种能力。

在进行体育运动时,首先要对体育项目的动作程序进行全面的观察,特别是对动作姿势、运动方法、节奏变化等的观察和注意,才能进而领会、模仿和演练。观察力和注意力是掌握动作技术的必备条件。坚持体育运动,能提高人的观察力与注意力,而观察力与注意力的增强是智力发展的基础。

体育运动的整个过程都离不开思维活动,运动技能的形成与运用都是在中枢神经系统的支配与调节下进行的,运动员掌握动作的过程是形象思维与逻辑思维协同作用的结果。例如,在体育比赛中每个人的技战术行动必须依赖思维活动能力,没有积极的思维活动就无法对比赛中错综复杂的变化做出正确的判断,就难以识破对方的行动目的和战术意图,掌握对方战术行动的特点与行动规律,也就无法确定自己的行动目的。

体育运动能够提高脑细胞的功能,有助于人的智力开发。经常参加体育锻炼的人,视觉、听觉等感觉器官都比较敏锐,大脑神经细胞的反应速度和大脑皮层的分析、综合能力也都比较强。大脑皮层对人体的各种活动是有分工的,有的区域负责脑力活动,有的区域负责体力活动。根据兴奋与抑制过程的相互诱导规律,运动时负责体力活动的区域高度兴奋,使得负责脑力活动的区域抑制,从而得以休息。运动后负责脑力活动的区域的功能得以恢复,有助于提高学习效率。

有人总结出了"8−1＞8"的公式,即每天从8小时的学习时间里抽出1小时进行体育锻炼,7小时的学习效率要大于8小时。现代心理学研究正在从智力结构、智力深度等方面挖掘体育锻炼的作用。体育运动是一种开放的活动形式,经常运动可以使大脑更清醒,有助于提高大脑对疲劳的耐受力。人在运动过程中获得的信息是多渠道、多方位、多层次的,在获取信息的过程中,人的视觉、听觉、身体感觉等方面得到不断的刺激,这有助于对新知识的学习与积累,认知反应系统得到开拓与发展。

在学习科学文化知识的过程中,大脑皮层有关区域处于高度兴奋状态。随着学习时间的延长,易产生保护性抑制,学习效率降低。适当的体育活动会引起运动中枢兴奋,使与脑力活动相关区域的脑细胞得到休息。同时,由于体育活动能有效地促进血液循环，提高呼吸系统的功能，使大脑获取更多的氧气，从而为提高大脑思维、记忆能力提供必要的物质保证，也有助于脑力劳动效率的提高。因此，体育运动对知识学习的作用可以说是"磨刀不误砍柴工"。

食物是血糖的供给源。运动能使人食欲大增，消化功能增强，可促进食物淀粉转化为葡萄糖，并源源不断地供给脑神经细胞使用。经常从事体育运动的人，心脑血管会更具有弹性，血液循环也更加通畅。经常从事体育运动的人血液循环量比一般人高出2倍，能够向大脑组织提供充足的氧气和营养物质，使大脑功能增强，思维更加敏捷。另外，体育运动还能促使大脑释放有益的生化物质，这些物质对人的思维能力大有益处。

健全的神经系统是智力发展的物质基础。经常参加体育运动有利于大脑的发育和营养，能增加大脑皮层厚度以及脑神经细胞树突数量，能为大脑细胞提供充足的氧气和营养物质，使人的视觉、听觉、本体感觉、神经传导速度和神经过程灵活性得到提高。例如，一般人从感应信号（如见到光或听到声音）到立即做出反应的时间为0.3—0.5秒，而经常从事体育运动的人只需要0.12—0.15秒。这表明，长期进行体育运动可以有效提高人的反应速度与思考速度。可见，人脑的思考速度、反应速度与神经系统的功能存在一定的相关性，而神经系统功能的提高能大大促进人的智力发展。

美国学者基斯特记述了两位超常儿童的案例。诺玛是费尔蒙高中网球队员和合唱团员，又担任学生会委员和数学联合会会员，两年来各科成绩保持全优。梅伦德里是新墨西哥大学入学新生，原为威利中学的学生会主席、校橄榄球队和篮球队队员以及全国学联委员，他的科技小制作参加过博览会展出，他在电视台发表过讲演。除了各科成绩优秀外，他还在两项大学初级水平的学科竞赛中获奖。这颠覆了人们"高分是靠整天死记硬背换来的，高分学生从不参加文体活动，也不会参与社会交往"的刻板印象。伊利诺斯大学教育学教授赫伯特沃伯格认为，高智商学生有时候反而不像普通学生那样发奋，事实上，有些优秀学生比同学花的学习时间更少。梁正洪从心理角度分析，认为喜欢体育运动的学生，他们的好胜心理、竞争意识是比一般学生强的,这有助于人才的健康成长。

（二）教养建议

平衡智力技能与知觉动作技能

智力技能和知觉动作技能存在一致性的观点给我们的启发可以归纳为以下几点：

✿ 知觉动作技能的发展与智力技能的发展是并行不悖的,不应贬低知觉动作技能的重要性。

✿ 儿童早期的动作发展不仅是其智力发展的重要指标,更是智力发展乃至心理发展的主要建构力量。

✿ 早期教育的出发点应该是婴幼儿的动作发展,而非符号化领域的智力发展。

遗憾的是,婴幼儿动作和感觉发展的重要性并未引起足够的重视,在许多人看来儿童符号能力及其训练是更加重要的。虽然符号能力是极其关键的,但是过分强调符号系统的作用,特别是把抽象符号系统在儿童早期发展中的作用置于一个过于重要的位置是非常危险的。这种危险在于以所谓早期智力开发的名义压缩了婴幼儿动作和感觉发展的空间,使他们远离感性经验,在相当程度上剥夺了他们通过动作主动建构自身经验的机会。

德国学者奥腾伯格（Helmut Altenburger）认为:"如果在童年缺乏运动刺激,那么他们将会对运动持消极态度,而且对运动既没有热情也没有技能。这使他们的器官和肌肉长期得不到有效的锻炼,以致体形变坏、运动能力低下,甚至智力受损。无限制地沉溺于多媒体如电视、电脑和其他静态游戏之中,将减少儿童游戏和运动的时间,同时还会引发社会问题。儿童渴望运动,运动是他们的基本需要。"运动不仅是一个物理上的行动,而且是交流感情和表现创造性的一种方式。当个人的日常生活同艺术的、创造性的运动保持平衡的时候,他们会经历一种强烈的整体感受,会更加积极地参与到生活当中。

 提倡自然体育,获取足够的感知运动经验

要充分保证儿童的游戏和户外活动时间,使他们获得充分的感知运动经验,并在此基础上掌握"复杂的动作技能和运动协调能力",实现整体运动协调和精细运动协调,促进感觉运动系统机能的平衡发展,同时建构内在的逻辑-数学经验和心理表征,实现生理、心理各方面的和谐健康发展。

在超常儿童的体育课程中,××中学的案例值得借鉴。在××中学的少儿班中,学生们心智超群,但身体发展却相对落后,心理发展也不尽如人意。一方面,身居城市的少儿班学生,与大自然接触的机会越来越少,上学、放学都有家长接送,与同学交流、互动、游戏的时间变得稀少,让身体活动起来的机会就大大减少了;另一方面,在学校里,少儿班是少数人群,学习也相对封闭,他们在情感发展、社会适应能力发展上缺少必要的刺激,从而导致心理发展的不均衡。

针对这个现状,体育教师进行了自然体育的尝试,把体育课开到大自然中去。随后,朴素的自然体育课在实践中渐渐发展,一种以自然体育课为核心的教学模式逐渐成熟。

在体育课程安排上,少儿班将校内与校外结合起来。在校内,每周两节的体育课为常规体育课;在校外,每周安排一个下午时间的自然体育课。在四年的学习时间里,少儿班的体育课总数远远超过普通班级初中加高中体育课总课时。

在教学内容上,结合学生的年龄特点,自然体育以满足学生力量、速度、耐力、柔韧性、灵敏度、协调性等身体素质发展需要以及社会适应性、情感、人格等发展需要为主,主要的形式有远足、登山、游泳、划船、滑冰、抖空竹、定向越野、腰旗橄榄球、独轮车和自行车骑行等。

以自然为"障碍",把战胜、超越自己作为一种培养人、锻炼人、教育人的方法,以自然为朋友,把亲近、敬畏、热爱自然作为促进身心健康、发展活动能力和提高适应能力的手段,从而实现多元的人际交流和人与自然的交流,促进情感发展和人格发展,全面提高综合素养。

　　学校体质健康监测显示,该班级学生在耐力素质方面取得了"令人震撼"的进步。毕业时,该班级男生1000米和女生800米成绩的平均值,男生为219.87秒(全国15岁城市男生平均值为270.63秒)、女生为193.6秒(全国15岁城市女生平均值为257.37秒)。尽管没有专门的身体素质强化训练,也没有"考什么、练什么"的应试体育,自然体育在提高学生身体素质方面有着独特的作用。

第三篇

超常教育的中国实践

超常儿童培育是一个系统工程,除了超常儿童本身的资质外,还需要科学、合理的家庭培育,也离不开良好和稳定的社会支持。中国的超常教育实践在国际上独树一帜,对中国的人才培养起到了关键作用,为世界教育贡献了加速培养的典型案例。

第三篇　超常教育的中国实践

一、实践基地：超常教育的"试验田"

少年班是一种特殊的高等教育形式,主要招收尚未完成常规中学教育,但成绩优异的青少年。1978年,第一个高校少年班成立于中国科学技术大学,之后有13所高校相继开设"少年班"。受到教育模式、生源质量、学生心理素质等因素的影响,当前我国有3种不同模式的高校少年班,分别在中国科学技术大学、西安交通大学和东南大学。

在高校少年班的带动下,中小学的少儿班也应运而生。这里仅对有一定影响力的学校少儿班进行简要介绍,以展示我国大学—中学—小学系列的超常教育实践样貌。

中国科学技术大学少年班

（1）办学历史与特色。

20世纪70年代中后期,中国教育界百废待兴,科技人才严重断档。常规的人才培养模式和培养进度无法满足国家发展对人才的迫切需求。在加快实现现代化建设目标的背景下,我国积极探索包括针对超常学生的特殊教育的道路。1974年,回国访问的李政道教授看到当时国内理科人才断层的状况,建议国家培养一支"少而精的基础科学工作队伍"。在随后和周恩来总理会面时,他建议道："理科人才也可以像文艺、体育那样从小培养"[1]。这一提议得到了毛主席、周总理的赞同,并交由中国科学技术大学实施。为落实该提议,中国科学技术大学最初提出过"关于创办理科中学的设想"[2]。

---

[1] 司有和.从中国科技大学少年班看理科超常少年的发现和早期培养[N].光明日报,1979-12-15(3).

[2] 朱清时.中国科学技术大学编年史稿[M].合肥:中国科学技术大学出版社,2008:152-159.

但因多方面因素的限制,当时并没有马上实现。1977年,江西冶金学院的教师倪霖向时任国务院副总理方毅写信,推荐智力超常的孩子宁铂。方毅为此信作了批示:"请科技大学去了解一下,如属实,应破格收入大学学习。"接着,各地推荐优秀少年的来信便源源不断地飞向中国科学技术大学。根据方毅副总理对推荐宁铂来信批示的精神,中国科学技术大学组织了多批考核小组奔赴全国各地,最后录取了21名优秀少年。围绕这21名少年如何组织教学的问题,中国科学技术大学的相关领导展开了热烈讨论。最终,定下了创办大学少年班的思路①。这21名少年正是少年班第一期的学生(表3.1)。

表3.1 少年班大事记

时间	大事
1978年	少年班成立,第一期招生21人,最小者年龄仅为11岁
1979年	需要经过高考,形成30—40人的招生规模
1985年	在总结和吸收少年班成功办学经验的基础上,针对高考成绩优异的学生,仿照少年班模式,创办了"教学改革试点班"(又称"零零班")
1986年	形成高考初试、复试录取的模式,在复试中增加心理测试
1988年	中国首届超常教育学术研讨会在中国科大所在地——合肥召开,少年班模式推广至多所高校和中小学
1994年	全面实行早期科研实践、大学生研究计划
2004年	全面实行4～6年弹性学制和个性化学习计划
2008年	少年班学院成立
2010年	少年班"创新试点班"成立,放宽了1岁的年龄要求,与传统意义上的少年班在招生模式上有所区别
2018年	少年班成立四十周年,少年班模式形成新一轮的累积效应
2019年	少年班新一届领导班子上任,院长、书记均是少年班的毕业生

---

① 司有和.录以备考:中国科技大学少年班办学之缘起[J].教学研究,2018,41(5):56-60.

1978年3月8日,中国科大少年班正式开学。这一时期,"早出人才、快出人才"成为当时国内教育领域的紧迫任务。中国科大少年班突破传统招生和培养模式的局限,首创自主招生模式,并在全国率先实行通识教育和导师制。少年班学生入学后不分系,而是集中进行2—3年的基础性学习,然后在导师的指导下在全校范围内自由选择专业。创办不久,少年班教育即见成效。最先4届的145名少年班毕业生,有109名被录取为研究生,录取率为75%。而同期全国大多数重点大学的研究生录取率只有10%左右。

少年班的成功启航对高等教育的发展和人才意识的唤醒,产生了冲击波式的推动作用。1985年5月,由教育部颁发的《中共中央关于教育体制改革的决定》中明确提出要"多出人才、出好人才"。在此背景下,北京大学、清华大学等12所重点院校纷纷创办少年班。中国科大也仿照少年班模式,开办"教学改革试点班"(也称"零零班"),旨在将其成功经验向普通本科生推广。在这一阶段,少年班复试增加了心理测试和现学现考环节,突破了传统选拔中只关注学科成绩的局限,将选拔的侧重点转变为综合素质水平。具体培养细节更加关注教学和实践、智育和德育的相互促进:增加了实验教学环节,建立一系列开放性实验室;增设人文素质类课程,开设大学生心理健康和挫折教育讲座等。但是由于各方面原因,在20世纪90年代中后期,大多数高校少年班宣告停办。加上国内舆论环境对少年班教育的误导性宣传,少年班模式一度受到争议和质疑,其招生选拔也受到了一定程度的冲击。

21世纪以来,我国高等教育实现了大众化,教育的关注点逐渐从知识传授和技能培养转向培育创造性人才。近10年,社会各领域对拔尖创新人才的渴求愈发强烈,"双一流"战略的提出和十九大报告的内容更是表明国家培养一流领军人才、创新人才的决心。中国科大少年班坚持创新前行,不断探索和完善拔尖创新人才培养机制。2008年,中国科大成立少年班学院。借少年班成立三十周年的机会,中国科大首次邀请各大媒体和社会各界人士近距离观察和讨论少年班模式。少年班的积极努力及其与媒体间的良好互动,有效地改善了社会对于少年班的认识。从这一年开始,在关于少年班的媒体报道中,原本占据主导地位的"神童""天才""智力超常"等词语逐渐让位于"运动""音乐""兴趣""人文素养"等代表着少年大学生全面发展的关键词。2010年,在少年班、零零班的基础上,少年班学院新增了创新试点班,主要面向年龄为17周岁以下的非应届高中生,通过先面试、后高考的方式择优录取。现今的少年班学院主要由少年班、零零班和创新试点班组成。表3.2详细对比了三者在招生、选拔和培养上的异同。三类班级除录取路径不同以外,采取相同的"1+1+2"培养模式:先进行1年的基础和通识教育;第2年在全校范围内自由选择学科平台,进入各学院学习;后2年在导师指导下进行专业学习。

表3.2 中国科大少年班、零零班、创新试点班基本信息对比

班级	招生			选拔		培养模式
	对象	人数	报名方式	选拔形式	复试科目	
少年班	不满16周岁的高二及以下学生	40左右	中学推荐/自荐	先高考、后面试	数学、物理、非智力因素测试	"1+1+2"模式
零零班	高中毕业生	100左右	中学推荐/专家推荐/自荐	从当年高考录取的本科生中选拔/部分通过入学摸底考试录取	数学、物理、英语	
创新试点班	不满17周岁的高二及以下学生	150—200	中学推荐/自荐	先面试、后高考	数学、物理、化学、非智力因素测试	

此外,在提倡分流培养的基础上,现今少年班学院的学生培养过程更加注重多方位引导。具体措施体现在:① 鼓励学生的自我发展:允许跨院系选课、攻读双学位,配以导师制,对每位学生予以个性化的辅导等。② 除跟随中期分流政策外,专业意愿十分明确的少年班学生,从入学起可直接进入主修专业,按照相关专业培养计划学习。二年级及更高年级的学生还可以个别申请转专业。而且,对于学生申请自选专业,学校层面不设任何专业或成绩的门槛。现今,这项措施已在中国科大本科教育中普及。③ 各院系会在大一、大二下学期末,以专题报告等形式向学生介绍专业,还会组织感兴趣的同学深入实验室和科研项目实地考察,避免学生盲目向某些热门专业集中。而对于那些未被接收的学生,还有专业的学业指导中心专家为其制定个性化培养方案。④ 建立滚动调整机制,实施动态管理。截至2018年,以少年班学院为依托,中国科大联合中国科学院、各地研究所和一些优秀科技公司共开办了16个英才班,既包括"华罗庚数学英才班""严济慈物理英才班"等基础科学类英才班,也包括"信息科技英才班""人工智能科技英才班"等高技术类英才班。其中,华罗庚数学英才班、严济慈物理英才班等5个英才班入选为国家"基础学科拔尖学生培养试验计划"。少年班学生可以根据自身学习能力随时调整进出这些计划。相关数据表明,中国科大入选"拔尖计划"的科技英才班学生约95%继续深造,严济慈班学生的深造率甚至超过了98%。其中,出国深造率近60%,远高于中国科大的平均深造率。5个基础科学类英才班继续深造率高达96%。"拔尖计划"毕业生在科研创新方面的发展更是"后劲十足"。如2010级严济慈物理英才班学生、现美国麻省理工学院博士研究生曹原,在《自然》杂志连续发表2篇文章,在石墨烯超导领域取得重大发现,2018年还登上了《自然》年度科学人物榜首。另外,为了适应新时代对交叉学科人才的需求,进一步发挥少年班学院宽口径人才培养的优势,中国科大少年班还开始与合肥微尺度物质科学国家研究中心等国家级研究机构合作办学,共同探索交叉学科高端人才培养模式,深化创新人才培养模式改革。

(2) 办学成果。

40 余年来,中国科大少年班成功培养出许多在海内外不同领域的领军人物。截至 2018 年,少年班学院共培育了 4140 名毕业生,其中少年班 1589 人,零零班 2110 人,创新试点班 441 人。已毕业校友中约 80% 进入国内外教育科研机构继续深造,远高于普通高校本科生的平均深造率,而获全额奖学金出国(境)留学率也超过 40%,深造单位大多数为世界排名前 50 名院校,如牛津大学、剑桥大学、斯坦福大学、麻省理工大学、加州理工学院、哈佛大学、普林斯顿大学、耶鲁大学等。超过 250 名少年班毕业生在国内外著名学府、科研机构担任教授。有 70% 左右的少年班毕业生活跃在 IT、金融、制造等行业,其中约 35% 在世界 500 强公司、企业任职,成为各行各业的中流砥柱,为社会经济发展做出了很大贡献。其中,活跃在科技界的代表人物如 2016 年度最具影响力的十大"科技创新人物"、中国科学院院士杜江峰(1985 级),中国科学院外籍院士兼美国国家科学院院士、美国人文和科学院院士、哈佛大学化学和物理学双聘教授庄小威(1987 级),美国国家科学院院士兼美国人文和科学院院士、斯坦福大学生物学教授骆利群(1981 级),斯隆研究奖获得者 31 岁即被哈佛大学聘为教授的尹希(1996 级)等;投身商界的如清华紫光集团副总裁郭元林(1978 级),美国汇丰银行高级副总裁骆小春(1984 级),华为集团董事、移动宽带与家庭产品线总裁万飚(1987 级),以及寒武纪科技创始人、同为少年班毕业生的陈云霁(1997 级)、陈天石(2001 级)兄弟等。40 余年来培养出的一批批优秀人才是少年班社会影响力的核心来源,他们用自己的成功证明了少年班的价值与意义。

(3) 辐射示范效应。

40 余年来,中国高校少年班从"科大开创历史"到"国内纷纷开办"再到"坚持创新前行",始终承载着时代对人才的诉求和期待。与此同时,少年班也以其特别的人才培养理念影响着社会人才观,特别是拔尖人才观的塑造。随着我国教育改革和创新脚步的加快,近十年来中国大学的拔尖创新人才教育有了很大程度的进步与革新。

在少年班的办学经验基础上,目前已有多所高校在教学中采用少年班

"前期拓宽、加强基础,而后自选专业分流"的培养模式。另外,还有20所国内重点高校加入了"珠峰计划",学习少年班单独编班、集中培养的形式,根据各自的学科优势成立了数学、物理、化学、生物、计算机科学等多个学科领域的创新试点班。例如,北京大学的"元培学院"、清华大学的"清华学堂人才培养计划"、南京大学的"英才培育计划"、复旦大学的"望道计划"、中国科学技术大学的"科技英才班"、浙江大学的"求是科学班"、西安交通大学的"基础学科拔尖人才实验班"、上海交通大学的"致远学院"、哈尔滨工业大学的"英才学院"等。自2009年实施以来,该项目在人才选拔、个性化教学和国际化交流等方面卓有成效。到2018年,该计划共培养本科生8700余名,其中4500余名已经毕业。前4届毕业生中,96%的学生继续攻读研究生,其中有65%的学生进入了排名前100的国际知名大学深造,10%的学生进入了排名前10的世界顶尖大学深造,初步实现了成才率、成大才率高的阶段性目标。现在,已经有一小部分拔尖学生开始崭露头角,已有364名学生顺利实现了博士毕业,2位学生入选"国家青年千人",40位学生获得一流高校教职①。

2018年,"珠峰计划"2.0版正式推出。新的培养计划增加了实施高校数量,进一步拓展了学科范围,新增了天文学、地理科学、大气科学、海洋科学、地球物理学、地质学、心理学、基础医学、哲学、经济学、中国语言文学、历史学等学科②。对在各领域有突出天赋的学生进行统一而不失个性化的教学培养,让他们能够充分发挥自己的潜力。

---

① 李曼丽,苏芃,吴凡,等."基础学科拔尖学生培养计划"的培养与成效研究[J].清华大学教育研究,2019,40(1):31-39,96.
② 中华人民共和国教育部.教育部等六部门关于实施基础学科拔尖学生培养计划2.0的意见[EB/OL].(2018-10-17)[2020-03-20]. http://www.moe.gov.cn/srcsite/A08/s7056/201810/t20181017_351895.html.

西安交通大学少年班

（1）办学历史与特色。

1985年，西安交通大学（以下简称"西安交大"）就作为全国第一批试点高校开始设立少年班，西安交大少年班是国内现有的三所高校少年班之一。本着"破格选拔，因材施教，挖掘潜能，注重创新，超常教育，培育英才"的办学指导思想，针对超常少年的特点，西安交大少年班采取身体和心理协调发展、智力与非智力因素协调发展、知识与能力协调发展的培养方针，旨在培养一批具有创新精神和良好科学素养的高端人才。

与中国科大少年班有较大的不同，西安交大少年班每年通过自荐或中学推荐的方式从应届初中毕业生里招收130名左右的青少年，学生不需要参加统一高考，但仍需参加学校组织的初试和复试。被录取的考生还须在高中和大学进行两年的预科教育，预科教育阶段合格者方可免试进入大学学习，因此实际的大学入学年龄常常在16—17岁。在培养方案上，实行"预科—本科—硕士"八年制贯通培养。其中，预科两年（第一年委托西安交通大学附属中学、江苏省苏州中学、天津南开中学培养，第二年起在大学培养），预科两年期间，学生既有西安交通大学学籍，又有所在预科中学学籍。本科四年，硕士两年。这样，既克服了一般的本科教材与高中知识脱节的现象，实现了"初中—高中—大学"三个阶段的知识衔接，又克服了大学生通识教育基础薄弱的现象，实现了"预科+基础通识+宽口径专业+创新能力"的贯通培养。从2018年起，学校还对少年班学生辅以两阶段导师制，开放钱学森班、基础学科拔尖班等特殊人才培养通道，少年班学生完成两年预科教育后，将直接分至各专业，或通过参加单独组织的选拔考试进入各类试验班学习，以进一步实现"分类培养、因材施教、优中拔尖"的人才培养目标。为真正选拔出智力超常的少年儿童，学校多次优化和完善招生录取环节：2005年实行"一考免三考"的政策，2007年招生考试加入面试环节，2009年面试环节加入团队合作创作作品要求，2010年增加心理素质测试环节，2011年增加体能测试，2014年引入了一套科学的心智测试评价体系，通过创新潜能指数和综合素质指数来衡量。2015年,在复试环节中又引入了笔试的"现学现考"环节,由学校知名教授录制35分钟讲课视频,内容为本科甚至研究生课程内容,用来测试学生的学习能力和反应能力。

西安交大招生办曾这样总结学校少年班的三个优势:"一是学生具有年龄上的优势,可以从初中毕业生中提早选拔优秀人才进行培养。二是可以实施素质教育、能力教育和具有创新精神教育的优势,免去中考、高考和研究生入学考试,即'一试免三考'政策。三是少年班学生可以享受贯通式培养教育的优势,他们只用8年的时间来完成本需10年才能完成的学业,如果他们在这8年的时间中没有被淘汰,便可以获得硕士学位。"

(2) 办学成果。

经过30多年的实践,西安交大少年班的人才培养模式趋于完善,取得了非常好的效果。西安交大少年班已经毕业1113人,其中有20多人在世界一流大学担任教授和终身教授,80%以上取得了硕士和博士学位,在国内外从事科研、教育和管理工作。众多校友在30岁左右就做出世界瞩目的成就,大批优秀人才成长为所在领域的中流砥柱。对已毕业20年的360余名学生的跟踪调查发现,38%从事教育科研行业,19%在民企或外企工作,18%在国有企业工作,15%在事业单位工作。这些优秀学子持续发挥着超常少年的能量,在自己的岗位上不断努力着,得到了所在单位和行业的高度认可。其中,活跃在科学界的代表人物如现任哥伦比亚大学纳米力学研究中心主任、31岁即获得美国政府授予青年学者的最高奖励"美国青年科学家总统奖"的陈曦(1990级),美国加州大学圣芭芭拉分校教授、2005年被美国麻省理工学院《科技评论》杂志评为全球前35位未满35岁科技创新前沿的世界女性郑海涛(1990级)等;投身商界的如现任济钢集团总公司自动化部首席工程师、曾被《人民日报》誉为"22岁的电机专家"的付春钢(1985级),中国南方电网有限责任公司的副总经理杨晋柏(1989级),深圳市凯立德科技股份有限公司的首席技术官冯汉平(1992级)等。

从目前公开的毕业生数据上,西安交大少年班总体的成才率和影响率远胜于常规体系下毕业的大学生。西安交大少年班发展的时间尚短,许多培养成果还有待时间的检验。而在探索创新教育与素质教育、中学教育与大学教育的有机结合等问题上,西安交大少年班有其特殊价值和示范意义。

东南大学少年班

(1) 办学历史与特色。

东南大学少年班(以下简称"东大少年班")成立于1985年9月,也是首批教育部批准的开设少年班的12所院校之一。

比较特殊的是,东大少年班成立后一直依托东大的特色学科院系进行管理。最初,东大少年班挂靠基础科学系并成立专门的少年班管理委员会。1987年,少年班改由无线电系管理。1990年东大少年班正式改称"强化少年班"(简称"强化班"),生源范围拓展为应届保送生、已录取的电类专业新生中的优异生和特招少年生三部分。1993年,强化班开始试行6年制本硕连读制度,1993级强化班有21名学生在6年时间内出色地完成了本硕阶段的全部学习任务。1996年,强化班从由无线电系管理改为由教务处直接管理。2004年依托东南大学百年工科办学优势,以工程拔尖人才培养为主要特色的吴健雄学院成立。同年,吴健雄学院在电类强化班的基础上,扩展到机械动力类强化班,采用前期大类基础集中培养、后期专业分流的"2+2"培养模式,新生总人数增加到120人。2006年,以学校建筑学和土木工程两个强势学科为基础,开设了"杨廷宝班"。2007年,在吴健雄学院强化班"2+2"培养模式多年探索实践的基础上,作为人才培养模式的一种创新实践,学院新建"高等理工实验班",实施"单独招生,独立编班,导师指导,优才优育,特殊培养"的模式。2016年,学院推出开放式、个性化拔尖人才培养的"工科试验班"(也称"吴健雄班"),进一步优化"厚基础、宽口径、强交叉、重个性"的人才培养方案,推进"三制五化"的人才培养理念,即"书院制、导师制、完全学分制,小班化、个性化、国际化、卓越化、本研一体化",构建荣誉教育体系和开放性荣誉激励制度,进一步与国际荣誉教育模式接轨。自此,两类强化班和实验班被全新的工科试验班取代。2019年,网络空间安全学院又新增设网络空间安全专业少年班,积极构建少年网络安全人才选拔和培养平台,促进具有潜质的少年学生尽早进入网络安全领域。从少年班到强化班,到现在的吴健雄学院,东大少年班的办学宗旨也从最早的"早出人才、快出人才",转向培养"能引领中国发展的创新性人才"。

与其他高校少年班相比,现在的东大少年班学生分属吴健雄学院和网络空间安全学院两个学院,不设独立的班级建制。东南大学招收15岁以下在校高二(含)以下学生,招生人数通常较少。被录取考生的高考成绩要达到所在省的当年重点本科录取控制线,合格考生参加东南大学举办的少年大学生面试,经综合考虑,择优录取。

(2) 办学成果。

30多年来,吴健雄学院共为国家培养了2500余名各类专业人才,许多毕业生在科技、经济、管理等领域为国家经济建设以及教育、科技、文化的发展贡献着聪明才智并发挥着重要作用。大约85%的毕业生迈向更高平台深造,其中,25%进入斯坦福大学、加州大学等世界一流大学的一流工程学科,60%进入本校、清华大学、北京大学、上海交通大学等国内一流高校。尽管毕业生中年龄最长的现今才50岁左右,但诸如贝尔实验室统计研究室研究员孙晓东(1987级),东大"长江学者"特聘教授顾忠泽(1985级),微软全球执行副总裁、微软人工智能及微软研究事业部负责人沈向阳(1982级),CDMA的主要研制者、高通公司大规模集成电路设计组的创始人之一邹求真(1989级)、CISCOSYS-TEMS(美国)高级工程师郑宇虹(1985级)、通用电气中国研发中心高级经理蔡益民(1985级)等杰出校友,已经在科技、经济、社会管理等各个领域取得突出成就,为科技进步和社会发展做出了不可磨灭的贡献。

为了更清晰地呈现现有三所高校少年班的区别,表3.3从招生、选拔和录取三个角度进行了对比。

表 3.3　2019 年我国三所高校少年班基本信息汇总表

班级	招生			选拔			培养	
	年龄	人数	报名方式	是否需要统一高考	是否需要进行面试	是否需要体能测试	模式	是否专设行政班级
中国科大少年班	≤16	48	中学推荐/个人网上报名	是	是	否	1+1+2	是
西安交大少年班	<15	153	中学推荐	否	是	是	2+2+4+X	是
东大少年班	≤15	10	个人网上报名	是	是	是	2+2	否

中国科学技术大学少年班江苏省苏州中学预备班

苏州中学始建于 1904 年,是一所拥有"百年新学"校史的名校。新中国成立后,苏州中学在不断调整中发展。1953 年,被确定为江苏省重点中学,同年也被教育部确定为全国首批 24 所重点中学之一。进入 20 世纪 80 年代,苏州中学积极建构"以课堂教学为主、课内课外相结合"的新的教育教学体系,大胆地提出了"文理兼通,学有后劲"的素质教育培养目标。与此同时,中国科大少年班的成功启航得到了社会的如潮好评,少年班模式也很快在横向和纵向上得到了大力推广。在横向上,12 所重点高等院校纷纷效仿中国科大少年班的办学模式,扩大少年班的试点。在纵向上,大学少年班的经验开始向中小学阶段延伸,旨在进一步做好智力超常少年的早期选拔工作,探索具有中国特色的培养智力超常少年的完整的教育体系。正是在这样的契机下,1985 年,中国科大与江苏省苏州中学联合,创办了中国科学技术大学少年班江苏省苏州中学预备班(以下简称"少预班"),开始了创新人才培养的探索和尝试。一直到2006年,少预班共培养了20届毕业生。令人骄傲的是,当初的这个决定孕育了一大批诸如庄小威、蔡天西、顾建军等卓越的毕业生。2018年,在暂停招生12年之后,苏州中学和中国科大再次签署协定,携手共建新模式下的少预班。

目前,少预班在观念、课程、教学方法等方面都做了改革。苏州中学的卫新校长将其总结为十六个字:"对接科大、二四课程、高中名目、开放学籍。"少预班实施4年弹性学制。在尊重学生个人意愿的基础上,入学2年后,符合报名条件的学生可报考中国科学技术大学少年班和少年班学院"创新试点班",中国科学技术大学在政策允许范围内,同等条件下优先录取;未被少年班录取者,符合报名条件的学生第3年可报考中国科学技术大学少年班学院"创新试点班",中国科学技术大学在政策允许范围内,同等条件下优先录取;未被"创新试点班"录取者,第4年可作为苏州中学应届毕业生正常参加高考。

北京八中超常教育实验班

1985年,经北京市及西城区教育局批准,北京八中立足于"着眼于未来、着力于素质"的办学思想,与中国科学院心理研究所、北京市教育科学研究所合作,创办了北京八中超常教育实验班(简称"少儿班"),旨在为北京地区智力超常儿童提供适合他们成长的教育环境,从而填补了我国基础教育领域的一项空白。

少儿班的学制为4年,招收有北京市户口、年龄10岁左右、具有小学四年级文化程度的智力超常儿童,经过4年的培养使他们完成小学五年级、六年级、初中和高中的全部课程,即完成普通学生8年的学业,毕业时要成为德智体美等全面发展的优秀高中毕业生。经过34年的超常教育研究与实践,少儿班已形成了一套较为完整的鉴别和培养智力超常儿童的理论和方法,以及适合超常儿童发展的教育教学体系,在理论和实践上都有自己的独到之处,积累了丰富的经验,取得了丰硕的成果。

少儿班在办学上有这样一些特色：一是注重教育科研。在教育中动态地研究超常儿童的心理发展规律，按照规律开展教育教学活动，不断进行教学改革，从而使四年完成八年的教育任务成为现实。二是注重体育。除每周有两节体育课外，学校还安排了半天自然体育课，把学生带出去，开展远足、登山、划船、越野、游泳、跳水、冰上游戏、骑车等丰富多彩的活动。有效地克服了学生"重智轻体"的倾向。使学生在毕业时的体质水平超过了同龄学生的平均水平。三是注重思想品德教育。为学生制定了专门的德育工作计划，配备了双班主任，大力开展各种教育活动，注意通过社会实践活动，提高学生的思想觉悟，锻炼学生的意志品质。正是在这种教育模式下，截至 2019 年，北京八中少儿班已经为国家培养了 621 名素质全面、特长明显的优秀少年大学生，他们中的许多人已经在各自的领域成为佼佼者。

此外，北京市教育委员会从培养更多拔尖创新人才的国家战略出发，于 2010 年批准北京八中开办智力优秀学生综合素质开发实验班（简称"素质班"），通过 9 年的实践，全面扎实地优化课程及教育教学实践，取得了教育改革创新的优异成果。北京八中不断完善和创新超常教育实践，形成了对超常儿童培养的"加速式"（少儿班）和"充实式"（素质班）两种比较典型的范式，以丰富的内涵和适合的形式满足超常儿童的成长需要。

素质班充分借鉴了少儿班近三十年的实践经验，遵循高素质人才的成长规律，以学生的整体素质和长远发展为中心，在潜质甄别、课程设置、教育教学、考核评价等方面进行了系统改革，让学生在积极进取而不失宽松，正直向上又生动活泼的氛围中成长。第一，素质班认真设计并执行了丰富、多元的课程计划。不仅开设了国家规定的基础课程，还在不增加学生负担的前提下，专门开设了综合自然科学、中华典籍选读、少年逻辑学、少年哲学、少年法学、少年经济学、自由阅读等大量的校本课程。第二，素质班进行了教育教学方式的改革。将一切教育教学活动的焦点聚集到活跃学生的思维、健全学生的身心、引导学生个性化成长上来。第三，素质班高度关注对学生学习过程的考查，同时也不放松对其阶段学习成果的考查。建立了学分制度,用学分反映学生学习状态的起伏,以便学生、教师随时调整,而不是仅仅用考分反映学习结果。

素质班采用"四三"学制,学生用4年时间完成小学五、六年级和初中三年的课程,高中阶段学制仍为3年。第一阶段结束后,由学校自主招生进入高中学段,人数原则上保持不变。学生除参加普通高考外,还可以通过高校自主招生、校长推荐、SAT/AP课程等方式升入高等院校。

从1993年起,北京八中共派出20个超常教育代表团,有145人次参加了"世界超常儿童教育大会"和"亚太地区超常儿童教育大会",在大会上共宣读了90篇论文。北京八中是自1993年以来每年均参加超常儿童国际会议的单位。至2014年,北京八中已是"世界超常儿童理事会"和"亚太地区超常儿童联合会"会员,以及"中国人才研究会超常人才专业委员会"的副理事单位。

中国人民大学附属中学超常儿童早期培养实验项目

中国人民大学附属中学超常儿童早期培养实验项目(简称早培班),是指本应上小学六年级的孩子,被人大附中提前招进中学,进行"拔尖创新人才早期培养项目"的教育实验。

2010年初,人大附中获得上级主管部门批复,成立"拔尖创新人才早期培养基地"。在基地成立之前,人大附中先后与中国科学院、中国社会科学院签订了合作协议,共同研究和实施"拔尖创新人才早期培养项目"。

早培班从小学五年级招生,是我国在基础教育领域进行拔尖创新人才早期培养的一种探索,其目的在于选拔超常儿童进行早期培养。作为国家拔尖创新人才培养项目,早培班力争把选拔的超常儿童培养成中国未来的杰出人才,它与"小升初"无关,与中考、高考也无关。

早培班的基础课程安排得十分丰富,除了语、数、外,还有社会科学、自然科学、生命教育、工程技术、艺术体育以及阅读、校本选修等课外活动。学校还专门为早培班开设了一门研修课,每周一个半天,或举办专题讲座,或进行科学实验,或走出校门到科研院所参观学习。

早培班旨在熔铸中外成果、坚持综合创新,对超常儿童早期发现与培养的方法、机制及模式进行科学探索与研究,其办学着眼于学生的人格健全、智力超常、身心健康等全面和谐发展,在培养模式上对现行的教育体制和机制有所突破,在课程设置与教材教法上有所创新,实现小学与初高中课程打通,学科间交叉融合,人文理工兼顾并重。另外,学校还根据学生的兴趣特长进行专项科学研究,与中国科学院、中国社会科学院以及国内高校建立合作关系,延请院士、教授进入早培班带学生,发现学生特长,对学生加以正确引导和培养。

江苏省天一中学超常教育实验班

江苏省天一中学位于无锡市锡山区,该学校自1980年就开始进行超常教育的实验探索。1998年,经江苏省教委批准面向全省招生。2001年,江苏省教育厅批准增加招生人数。经过近40年的实践,天一中学的超常教育取得了较大的成绩,被誉为"少年大学生的摇篮"(新华日报)、"优秀人才成批涌现的高原"(中国教育报),成为"中国超常教育研究实践基地"(中国人才研究会超常人才专业委员会)、首批"中国特色教育理念与实践项目学校"(中央教科所)。为适应超常教育发展的需要,天一中学专门成立了少年部,形成了相对独立的管理体系和科学系统的运作体系。目前,少年部招生班级为超常教育实验班,其宗旨是对部分超常儿童进行集体教育,即把几十个程度相近、特点类似的超常儿童集中在一起开展特殊教育,旨在探索和完善超常教育形式。

以往每年,天一中学少年部都会从五、六年级的学生中各选拔70人。如2016年,少年部从五年级和六年级的学生中分别招收2个班,共计约140人。从五年级升至少年部的学生学制为6年,而六年级的则为5年,少年部4个班的学生均不用参加中考,根据学生在校期间的所有期中、期末考试成绩以及最后一个学期几次重大的模拟考试成绩,决定其是否能够进入高中的强化班。2019年,无锡市区民办初中和公办特色初中招生计划的数据显示,天一中学超常教育实验班招生人数为70人(六年级毕业学生),其中无锡市锡山区外共招 40 人。

少年部在实践中形成的"每一个孩子都是一座金矿""追求卓越""创造适合孩子的教育"等教育理念,现在已经成为整个学校的信念;在超常教育实践探索中的经验已经渗透到学校的管理、教学中,学校办学质量逐年提升,产生了良好的辐射作用。

东北育才学校超常教育实验部

1978 年 3 月,在著名科学家李政道、杨振宁和丁肇中等的大力倡导和热心支持下,在方毅等国家领导人的支持和推动下,为探索中国优秀人才培养的规律,为培养在科学技术等领域出类拔萃的优秀人物,推动中国教育和经济建设事业的发展,中国科学技术大学成立了全国第一个少年大学生集中培养基地——少年班,拉开了中国超常教育的序幕。随后很多中学机构开始了超常儿童培养的实验。东北育才学校是较早的开展这项实验的学校之一。

超常教育实验部(简称少儿部)是东北育才学校的超常教育模式之一,是一种面向智力超常儿童的初、高中五年制的特殊教育形式,长期以来一直与中国科学院心理研究所、超常人才专业委员会等科研机构合作,通过科学的评估系统开展超常学生的甄选和培养工作。少儿部实行的是五年一贯制教育,学生不参加中考,直接由小学四、五年级升入少儿部学习中学课程,用 5 年的时间完成中学 6 年的学习任务,达到重点中学优秀毕业生的水平。此外,少儿部实行的是"小班化教育",除去教育局规定的正常学杂费外,对学生不另外收费。

历经多年摸索,少儿部积累了丰富的经验,在超常儿童的鉴别、超常班的课程设置、教学结构改革、学科教学,超常儿童的认知能力、非智力个性品质的培养,以及德育、体育等各个方面的研究上积累了宝贵的经验,收获了丰硕的成果,并总结出一套适合超常儿童全面发展的经验和理论,成为国内超常教育的借鉴对象。

该校办学成果十分出色,毕业生 20%考入清华、北大,90%考入全国前十的重点大学,100%进入国家重点大学。少儿部成立以来,培养出很多优秀人才,他们大多活跃在国内外知名学府、科研机构和经济领域。毕业生中有50%左右博士毕业或在读,75%左右硕士毕业或在读。此外,即便很多学生在中学毕业的时候并没有考入北大清华一类的名校,到大学毕业的时候却仍旧能考入一流的学校继续深造。还有部分学生在中学阶段的学业成绩一般,但是毕业后在工作中发展得特别好。

为了培养更多的拔尖创新人才,给予更多超常儿童个性化的超常教育,少儿部面向沈阳市招收学生。

天津市耀华中学早期智力开发实验班

天津市耀华中学是天津市教委直属的一所完全中学,以历史悠久、校风淳朴、英才辈出享誉于世。早期智力开发实验班(简称实验班)创办于1988年,是天津市最早开展超常教育的中学实践基地,以培养"担责奉献、乐学创新、修己善群"的拔尖创新型人才为己任。

实验班实行五年一贯制的学制,初中段两年,高中段三年。实行弹性学制,允许学生跳级(含单科跳级和年级跳),允许学生提前毕业考取大学少年班。在学业管理上对部分学科进行学科分级,对有学习潜力的学生进行学习内容的扩充和学习难度的加深。实验班拥有独立的课程设置,其教育课程分为按国家大纲规定开设的必修课、根据学生的特点和兴趣开设的选修课以及针对时代需求及超常儿童身心发展特点开设的综合社会实践课三类,按照五年一贯制的原则,实现部分学科的初高中学段教学内容连贯打通,统筹安排。此外,还制定了"世纪才俊培养计划",通过开设创新思维训练课程,聘请大学教授、特级教师进课堂,加大活动课程比重,探索与科研院所、高等学校联合培养人才的新机制,使教育对象顺利进入拔尖创新人才的后备梯队。

2006年12月,天津市耀华中学与中国科学技术大学、北京人大附中等学校一起被评为全国"超常人才教育研究实践基地"。2011年5月,耀华中学被中国人才研究会超常人才专业委员会选为副理事长单位。同年10月,教育部有关领导及天津市教委、和平区相关领导共同为耀华中学"拔尖创新人才后备梯队培育中心"揭牌。2012年1月,耀华中学成为国家一级学会"创新人才教育研究会"的常务理事单位。

自1988年创办以来,实验班一直面向天津市招收小学六年级学生,尤其是在理科方面具有明显优势的学生。2014年,实验班招生简章显示,招生人数为70人。2015年天津小升初新政取消一切选拔性考试,证书与升学脱钩,实验班停止招生。2019年,实验班最后一届学生毕业。实验班学生在国内外各学科赛事中频频获奖,2006届实验班学生蝉联第46届、47届国际中学生数学奥林匹金牌,2000年包揽天津市高考理科前四名,2006年、2007年、2009年分别摘得当年高考状元桂冠。"世纪才俊培养计划"实行仅两年便有17名学生获得国家发明专利授权证书。实验班创办31年间,培养了一大批优秀毕业生,为国内外知名学府输送了大量优秀人才。

 ### 深圳市耀华实验学校少儿班

深圳市耀华实验学校创建于2004年,是一所12年一贯制民办学校,以"创办最具中国特色的与国际接轨的世界名校,培养适合21世纪发展需要、具有创造能力的复合型人才"为目标,创新教育体系,建立了以中国基础教育为主体,以超常教育和国际教育为两翼的特色教育体系。

学校超常教育体系的培养目标是:为培养未来的社会精英奠定坚实的思想基础、行为基础和学习基础(特别是数理基础),促使他们早日升入重点大学少年班和国内外重点大学继续深造。超常教育体系由走班制、跳级制、竞赛体系等组成,包括:面向初高中教育、以数学特长为主的少年数学班;面向小学五六年级及初中教育的耀华少儿班;面向高中阶段家境困难学生的"卢瑞华奖学金班";面向全世界具有超常才能的华裔学生的"中国华文教育基金会耀华奖学金国际班"。

为了使一批在数学竞赛中脱颖而出的优秀学生在数学方面的潜能得到深度开发,在数学方面的兴趣得到最大限度的强化,深圳市耀华实验学校于

2006年创办了少儿班。

少儿班的办班宗旨是:坚持公益性,突出民族性,确立目标性,让学生在校学习期间获得全面发展的同时,通过参加数学竞赛,使学生脱颖而出,成为国内外著名高校优先选择的对象。具体发展计划:

(1)用两年半时间完成初中学习任务,半年时间进行中考备考。科学学科采取分科设置模式,开设物理、化学、生物。

(2)实施全国"华罗庚杯"数学竞赛和全国初三数学联赛培训,确保夺取"华罗庚杯"数学竞赛金牌和初三数学联赛全国一等奖。

耀华实验学校的超常教育体系,已经成为该校一道靓丽的风景线,培养了一批优秀的学生。这些学生在各级各类竞赛中成绩优异,并考入国内外知名学府深造。高中学生肖瑞焜、张一林、周弘扬、郑涵卓,在高一高二时均获得了全国高中数学联赛一等奖,肖瑞焜于2012年进入国家数学奥林匹克冬令营。一年学完初中全部课程、一年学完高中全部课程的曹原(14岁)、王嘉乐(12岁)、范紫藜(14岁),提前两年参加2010年高考,成绩全部达到国内重点大学录取分数线,并分别被中国科大少年班和南科大少年班录取。1996年出生的曹原博士现已成为全球最年轻的科学家,被《自然》(*Nature*)称为"石墨烯的驾驭者"。

深圳市耀华实验学校和中国华文教育基金会联合举办中国华文教育基金会全球华人耀华少年数学班。它是面向全球华人少年招收数理优秀学生的公益项目,旨在培养海内外具有数理突出特长的优秀中学生,为他们今后对世界科学发展做出卓越贡献打好基础。这也是参与国家"一带一路"建设的新举措,是弘扬中华文化,传承华夏文明,促进海内外华人青少年友好交流的新模式。

北京中科青云实验学校

北京中科青云实验学校缘起于中国科学院心理研究所、中国宋庆龄基金会、三辰卡通集团在2009年6月12日联合发起的关注流动儿童的"青云学子计划"。中国科学院心理研究所超常儿童研究中心,在儿童发展与教育研究领域有着丰富的科研成果和实践经验。中科青云实验学校在这些科研成果和实践经验的基础上,对超常儿童进行差异化、系统化的教育教学,提倡"差异的个体,差异的教育,差异的发展"。

2017年1月1日,中国科学院心理研究所施建农教授带领团队负责学校的运营。同时,为保证教育教学质量,使教育和科研紧密结合,学校还聘请了在超常教育领域具有丰富教育教学经验的赵大恒老师担任教学副校长。赵老师是原北京八中少儿班班主任,具有30多年丰富的超常教育实践经验。学校的行政管理和学生工作主要由具有丰富管理经验和深厚心理学背景的团队负责。此外,学校已与北京大学元培学院达成手拉手意向,并与香港优才书院达成建立姊妹学院意向,中国科学院大学的部分研究生也表达了来做志愿者的意向。

这是一个公益性质的民办学校,成立以来只招收流动儿童中天资比较好的儿童(流动超常儿童)。但为了保证学校可持续发展,从而更好地开展公益性教学活动,学校从2018年开始面向社会招生。计划将学生规模总数控制在1200人以内,即12个年级平均每个年级100人(分4个班级,每个班级25人),总体师生比例控制在1∶8左右。1200名学生中有一半是经过严格挑选的超常儿童,另一半是认同青云实验学校教育理念的普通儿童。在教育模式上,学校创新性地实现了三个打通:学科内部的打通、学科间的打通、学校资源与外部资源之间的打通。这就要求学校的老师们能站在一个优秀高中生的角度看待课程,让学生融会贯通地学习。原则上面向北京市招生,但在特殊情况下也可为北京以外有需要的学生提供机会。

北京育民小学超常儿童实验班

北京市西城区育民小学是北京市重点小学,自1995年起该校创办育民小学超常儿童实验班,与北京八中合作,开展超常儿童"小学—中学"一体化培养。自创办后,育民小学超常儿童实验班(简称超常班)本着"因材施教"的原则,为智力超常儿童打造符合其特点的教育方式。2000年,超常儿童实验班被确定为"超常教育研究基地",目前已成为中国人才研究会超常人才专业委员会认定的首批"超常人才教育实践基地"。

比较特殊的是,育民小学超常班每2年招收一届学生,为智力超常儿童提供科学、系统的教育,促进其德智体各方面获得优异和谐的发展。学制为5年,在不加重学业负担的情况下,采取的教学速度、深度、广度与学生承受度相结合,拟用5年时间让超常儿童完成小学6年的学业,关注学生身心和智力的同步发展。对于入学后不能适应超常教育的个别学生,也可根据其学业水平,安排到学校相应年级学习。学生毕业后多数考入北京四中、人大附中、北京实验中学、北京八中等优质中学就读。超常班前三届毕业生中,33%考入北京大学、清华大学、中国人民大学等,为高校输送了众多优秀学子。

此外,北京市育民小学的超常教育成果也多次在国际论坛上交流,在中外超常儿童实验研究机构中均有良好的口碑。

北京幸福时光陶然幼儿园的超常教育

2004年3月,中国科学院心理研究所将北京幸福时光陶然幼儿园作为研究试点基地,首次在幼儿园进行超常教育实践。作为中国科学院超常教育课题组与北京育才小学超常教育研究的延续,幸福时光陶然幼儿园有着专业的团队资源和丰富的经验。当前,在课题组和幼儿园的共同努力下,已成功摸索出一套行之有效的超常教育课程并被应用于更多儿童的教育教学当中。

小结

(1) 超常教育实践成果显著,但道路曲折。

尽管几十年的超常教育实践成果显著,但是未能形成一套自上而下的发展系统,核心原因在于对教育平等和教育公平的区别尚未达成共识,掉入了"超常教育是教育的不公"这一人为的陷阱。事实上,教育公平不同于教育平等,平等的本质是均等性,公平的本质是合理性,真正的教育公平从不排斥卓越人才的培养。如果不能满足超常儿童的学习需要,这就是另一种不公平。而且,经过多年的实践探索,国内相关院校也摸索到了一条适合中国国情、科学合理且易被大众接纳的超常儿童培养路径:采取融合的教育安置方式和充实式的课程,在普通学校和普通班级中开展超常教育,制定个别化教育计划,并配以弹性和灵活的课程、丰富的课内外活动和多样的资源班。这种方式既克服了早期完全加速模式不利于学生身心全面发展的弊端,也更妥善地解决了教育观念上的矛盾冲突。

(2)多项政策推动超常教育,惠及人才培养。

《国家中长期人才发展规划纲要(2010—2020年)》规定"坚持因材施教……实行特殊人才特殊培养",提出"改进优异学生培养方式,在跳级、转学、转换专业以及选修更高学段课程等方面给予支持和指导"。

2011年中央多部委联合印发《青年英才开发计划实施方案》,着手实施"青年拔尖人才支持计划"、"基础学科拔尖学生培养试验计划"和"未来管理英才培养计划"。

 香港地区的超常教育

从20世纪80年代末开始,香港地区开始关注青少年的资优(超常)教育。20世纪90年代以来多次开展试验计划,在小范围内进行相关实践和研究,并出台相关政策文件,将资优教育视为提高基础教育阶段教育质量的重要一环。香港大学、香港中文大学、香港科技大学、香港城市大学、香港理工大学、香港浸会大学等纷纷举办超常生研习活动,同时进行相关研究,并与香港教育署合办"名师教研计划"。如香港大学学术交流部为资优学生提供各类学术交流机会;香港中文大学教育学院制订了"大学与学校伙伴协作中心资优教育计划",经常为中小学生提供周末及寒暑假的各种超常儿童课程,推广良师计划、创意领袖培训;香港科技大学理学院资优教育发展中心专门为资优学生举办数理超常课程;香港浸会大会儿童发展研究中心为超常儿童举办超常教育课程及研习活动。大学的参与,使香港地区的超常教育从一开始就站到了一定高度。

香港地区的超常教育自发展初期,便得到了多方力量的支持和协助。1988年,香港一群关注超常教育的专业人士成立香港资优教育学会(Hong Kong Gifted Education Association)。该协会次年注册为非盈利性慈善团体,以服务超常生为主要职能,通过全港地区的超常教育实践向政府提出关于超常教育的建议。成立以来,该协会一直在全港推行各类超常教育活动,从提供课余培训到开办全日制中小学,从数学超常教育到音乐才华发展。该协会创办了香港数学奥林匹克学校、香港杰出儿童合唱团,建立了优才(杨殷有娣)书院等机构,长期帮助社会培养超常人才。

另一个与超常教育相关的非盈利性慈善机构是创立于1992年的香港资优儿童家长会。该组织定期举办家长课程、讲座及工作坊,并为超常儿童设计课程,后又创办了优才学校,一直坚持发展为现在的优才书院。

香港教育局也极力支持超常教育的发展。1994—1997年,19所小学推行"学业成绩卓越学生校本试验计划",包含普通课堂的强化课程和课堂以外的"抽离式"增进课程两种方式。计划完成后,香港教育署拟定了一套校本超常培育课程内容与模式,并不时进行修订,以供主流学校参考使用。1995年12月,香港教育局成立冯汉柱资优教育中心,为教师提供超常教育方面的资源与培训,还为学校、教师、家长及学生提供咨询和辅导,与学界和专业人士分享研究成果。2003年,还成立了专业的资优教育组,主要负责为超常生提供大专院校、其他非政府机构的支援工作。资优教育组为学校教师设计了一些短期性的师资培训课程,内容包括资优概念、个性特质、检测方式、课程设计、适异性教学技巧、社交发展、家校合作和家长教育等,此外又设计了为期36个小时的强化性资优证书课程。2008年,资优教育组开始与香港教育学院合作开办适异性教学技巧培训课程,为全港50多所中小学核心科目教师提供培训。从2010年开始,教育局为有关学校提供多元学习津贴,支持相关学校开展超常教育。

2007年,香港特区政府和何东爵士慈善基金共同出资成立了"香港资优教育学苑",服务对象为香港特别超常的学生,即在年龄相关能力范围内表现持续最高的2%。主要为10—18岁的学生投放资源,为超常生提供具有挑战性的学习机会,帮助他们发展不同领域的才华,包括领导能力、创意和个人社交能力。该学苑也为超常生家长提供多样化的家长教育项目,包括辨识和培育超常儿童。活动形式有研讨会、工作坊及支援小组。为教师提供专科范畴的多样化专业培训,以提高他们在校内培育超常生的能力。培训项目包括结构式课程、短期主题研讨课程、研讨会及讲座,同时会鼓励更多学校在网络社群上交流好的教学实践理念。自2010年来,香港资优教育学苑为参与超常教育计划的学员家长及那些对超常教育感兴趣的家长开办了多场"家长学堂",以及诸如"情绪教练"家长培训课程等系列活动。2017年,香港城市大学和香港资优教育学苑首次为10—18岁的超常生合办课外研习活动,包括领导力、创造力及情意能力的训练,促进超常生的全面发展。此外,进行研究和发展项目,以增进学问见识及促进香港超常儿童教育的持续发展。与本地和海外大学紧密合作,并联系不同专家学者建立良师网络,支持香港超常生发展。香港资优教育学苑是当前香港地区超常教育和研究的代表性机构。

香港地区的超常教育受益于政策支持和保障

1988年成立的香港资优教育学会,对于促进各界对超常教育的关注、督促政府制订超常教育政策以及为超常儿童提供特殊教育计划等方面,都起着重要而积极的作用。

1990年,香港教育统筹委员会发布《第四号报告书》,为香港的超常教育打下了施政基础,同时勾画出长期发展方向。

1996年,《特殊教育检讨报告书》再次肯定各项依据《第四号报告书》施行的超常儿童计划,建议加强和扩充该计划,并成立了特殊教育需要组。1997年,香港特区政府拨出50亿港元设立优质教育基金,赞助大专院校及政府的超常教育计划。

2000年,制定香港超常教育政策,教育局再次发表超常教育发展文件,提出一个三层推行模式,施行一连串相关的超常生计划。如群集学校超常儿童计划、种子学校计划和特别超常学生培育计划等。

2000年,出台《香港资优教育发展》政策文件,建议在香港学校采取三层推行模式来发展超常教育。第一层是指在一般课堂中运用教学策略,发掘学生在创造力、明辨性思考、解决困难能力或领导力方面的潜能;第二层是指在学校内为能力较高的学生,提供专科或跨学科的抽离式培育计划;第三层是指在普通学校之外,由教育局、高等院校、民间组织、办学团体和社区教育服务中心等机构,在校外为特别超常学生,提供特定的专门学习机会。香港教育署从2001年起组织实施的"特别资优学生培育支援计划"就属于校外层次的超常教育。

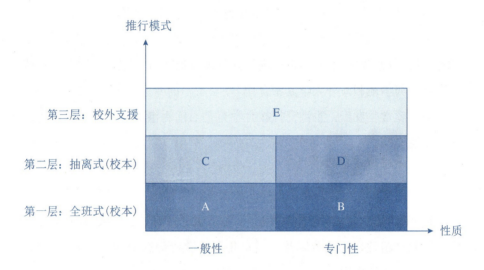

香港超常教育服务——三层架构推行模式

目前,香港的超常学生教育已经成为一项日常的教育工作,联合了学校、家长、政府与社会各界力量,正蓬勃发展着。

台湾地区的超常教育发展较早

台湾地区的超常教育发展较早,已经形成了较为完善的体系。

台湾资优(超常)教育始于1962年的第四次教育会议,到现在已有50余年的发展历史。在发展之初,台湾超常教育便确立了超常学生应接受适切教育的原则。

1963年,台北市率先在福星小学和阳明山小学开办"优秀儿童实验班",为超常儿童提供接受特殊教育的机会。

1971年,台中师专附小进行了"才赋优异儿童课程实验",专门在五年级成立了一个特殊班,对语文、数学和自然三门学科实行"充实课程",为期2年,成效良好。但这一时期的台湾超常教育仍处于萌芽阶段,大多只是进行试点,为下一阶段的全区超常教育实验奠定基础。

1973年,台湾地区正式确定了超常教育目标、组织、师资等项目,在中小学开始有计划地进行连续三个阶段的超常教育实验。

1978年,教育主管部门委托台湾师范大学进行第一阶段超常教育实验成效评估。随后,又开展第二、第三阶段实验。从第二阶段实验开始,实验对象已扩展到初中、高中学生。在第三阶段实验开始之际,即1982年,颁布《中学数学及自然科学资赋优异学生辅导升学要点》。这一时期台湾超常教育开始成形,在超常生的选拔、实施方式及课程等方面都进行了积极的探索。

 台湾地区超常教育的政策保障

1984年,台湾地区颁布特殊教育相关政策,为超常教育的实施和开展保驾护航。将特殊教育分为身心障碍和资赋优异两大领域,并规定资赋优异三大类别(后来修订时增加到六大类):一般能力优异、学术性向优异和特殊才能优异。超常教育政策与制度大体确定,学制与课程的弹性、师资的培养以及社会资源的运用等,都有规则可依。

1987年的施行细则规定了超常学生的鉴定程序与标准、就学辅导与个案管理。1986年的"特殊教育课程、教材及教法实施办法"、1988年的"特殊教育学生入学年龄、修业年限及保送甄试升学办法"以及"中小学超常儿童学生提早升学学力鉴定实施要点"等相关规定,使超常学生除了充实课程外,还可以缩短修业年限或提早入学。

从1994年开始,台湾地区将超常教育的对象从三类扩大到六类,旨在为更多学生提供超常教育的机会。1997年,台湾地区教育主管部门成立了专门负责实行、管理和监督特殊教育的工作机构即"特殊教育工作组",在各区也成立其下属机构"特殊教育科"。此外,设立特殊教育咨询委员会,负责特殊教育政策的推动、评估及咨询事宜。

2008年,形成了较系统的超常教育政策体系,规划6项超常教育行动方案,在5所公立高中试办高中实验班,由4所大学辅导,并设立特殊(天才)教育研究发展中心专责规划超常儿童教育的推动工作。

台湾地区超常儿童的鉴别培养模式清晰

目前,台湾地区的超常教育行政体系分为三个层面:第一层面是教育主管部门下设特殊教育组等部门,主要负责超常教育政策、评估、咨询、经费、督导等事宜;第二层面是各教育局(处)下设特殊教育咨询会等部门,以执行超常学生鉴定、安置、教学辅导和为超常教育发展建言相关工作;第三层面是中小学校设有特殊教育推行委员会或特殊教育组,负责该校超常教育相关业务的推动。

除此之外,台湾地区有3所师范大学(培养中学教师)、9所师范学院(培养小学教师),这些师范校院皆设立了"特殊教育中心"。以台湾师大特殊教育中心为例,该中心设有资料组、师资训练组、辅导组、研究组。该中心的功能除搜集出版特殊教育资料、进行项目研究外,也提供特殊学校(班级)的学生鉴定、教师在职研习、教学辅导与特殊教育咨询等工作。

台湾地区超常学生的鉴别主要包括推荐、初审、初选及复选四个步骤。首先,由学校对学生进行智力测试,根据智力测试的成绩、学生平时学习表现以及教师对学生的观察对申请者进行初步筛选,确定候选人参加初选测验。初选测验由校内外专家组成,测验内容主要是智力测验及成就测验。通过初选的学生继续参加复选测验。复选测验内容除了智力测验,还有创造力测验、逻辑思考能力测验等。最后,由甄试委员会召开会议决定超常学生名单。

超常教育课程采取充实式、集中式、加速式三种形式。

充实式分为广度的充实和深度的充实。前者意在扩充学习领域,补充课程范围以外的科目;后者给学生提供精深学习的机会。充实式的大部分课程与普通班相同,其他根据超常生的个别需要抽离到资源教室或校外机构做专业训练,如专长领域高层次学习、创造力与批判思维课程和专题研究等。

集中式的超常教育班,其课程设计以一般课程为基础,但加入了独特性和多元性的充实课程及方案。在追求卓越的同时注重学生身心健康和社交能力的发展。

加速式是帮助学生以比通常更快的速度或在比常规年龄更早的阶段完成教育计划的干预手段,包括大学提前入学、跳级、单科加速教育及选修高级项目课程等。

对于超常生的安置,台湾地区也形成了自己的特色。目前,针对不同的年级和地域,分为四种典型的方式:① 集中式超常班级,主要用于在校高中阶段学生的安置。② 分布式超常班级,主要采取抽离方法将普通班的超常学生区分安置。③ 超常巡回辅导班级,主要适用于人数较少或地域较为偏僻地方超常生的安置。④ 超常特殊教育方案,通过个别化的辅导计划和区域性的超常教育活动集中为学生提供超常教育,包括提供提早入学、缩短学业年限等加速计划。

台湾地区超常教育研究有良好传承

学者的超常教育研究在超常教育发展中起到了积极作用。1969年,台湾师范大学教育研究所贾馥茗教授在台北市大安中学和金华女子中学进行了"才赋优异学生"教育研究,开启了系统研究超常生有关特质及其教育的先河。随后,多位学者在超常教育理论方面进行了深度研究。比较著名的研究学者有吴武典、郭静姿等。目前,台湾地区超常教育的研究与发展工作主要由各师范/教育大学的相关系所(如特殊教育学系)及特殊教育中心等学术单位与机构负责,为超常教育教师提供在职进修机会,并负责提供相关著作、报告或教材等信息,以提升超常教育教师专业素养及教学品质。

以超常教育为主的专刊有两种：其一为台湾师大特殊教育中心编印的《超常儿童教育季刊》，该刊于1981年创刊，刊载内容包括研究报告、教学心得、超常学生的身心特质、教育模式、课程设计、教学与辅导等。其二为台北市立师院创造思考教学中心编印的《创造思考教育》，该刊于1988年创刊，其内容主要是创造力的理论与教学。此外，各师范院校的学术性刊物如台湾师大特殊教育系出版的《特殊教育研究学刊》，以及三所师大特教研究所的硕士、博士论文，超常儿童班级教师实务性的教学研究，坊间出版的超常儿童教育专著等，颇为丰硕，为超常儿童教育的实施提供了重要的参考依据与指引。

可见，我国台湾地区在鉴别、安置、课程教学、研究、政策法规等方面的实践和探索都有一定的示范性，为超常教育的良性发展提供了支持，为超常儿童的潜能开发和主动发展做出了重要贡献。

二、研究组织：超常教育的"排头兵"

（一）中国超常儿童研究协作组

探索性的超常教育实验，需要科学分析和研究的支撑。在中国科大少年班诞生的1978年5月，我国心理学界的研究人员和部分学校教育工作者，开始了对超常儿童心理发展与教育的协作研究，在自觉自愿前提下，成立了中国超常儿童研究协作组。中科院心理所查子秀、华东师范大学李丹、上海师范学院洪德厚、华中师范大学刘荣才及四川师范大学贺宗鼎为协作组第一届领导小组成员。在查子秀研究员带领下，协作组从最初的10家单位，发展为全国30多个地区（单位）间的全国性大协作，进行了长达40年的探索。

协作组成员(单位)包括(排名不分先后):陈帼眉(北京师范大学),赵俊颜(北京教育行政学院),张连云(河北师范大学),高荣生、贺宗鼎(四川师范大学),洪德厚(上海师范大学),刘荣才(华中师范大学),王骧业(青海师范大学),李仲连(湖南师范大学),朱源、孔燕(中国科学技术大学),颜之英(广西师范大学),姚平子(陕西师范大学),陈光齐、舒笃初(河南师范大学),荆其桂(东北师范大学),凌培炎(河南师范大学),相汲一(綦江师范学校),张华倩(周口师范学院),黄丽珍(漳州师范学院),陈志君(西南师范大学),张慕蕴(内蒙古师范大学),刘玉华(安徽大学),康庄(安徽教育行政学院,今合肥师范学院),丁松年(西北师范大学),罗宜存(华南师范学院),卢婉君(杭州大学),李树桂(山西大学),余强基(天津教育科学研究院),宋文芝、张端明(华中理工大学,今华中科技大学),吴逸欣(天津教育科学研究院),查子秀、周林、施建农、何金茶(中国科学院心理研究所)。

协作研究的主要目的是:(1)鉴别和发现智力非凡的儿童和少年,尽早对他们因材施教,进行有针对性的培养,充分发展他们的潜力,使他们加速健康成长。(2)探讨超常与常态儿童心理发展的同异,分析总结他们优异发展的主客观条件,为建立适合超常儿童的特殊教育,改进对常态儿童的教育提供心理学依据。(3)在此基础上,为研究儿童心理发展的有关理论问题积累资料,比如儿童心理发展中遗传和环境的关系和作用问题,智力与非智力个性心理特征的关系问题,以及超常儿童心理结构问题等。

为此,协作组的研究者们在最初"缺资料,少经费"的境况下,齐心协力,积极探索,完成了各项研究任务,并积极推动开展了各项教育实验。

协作组每五年召开一次全国性学术年会,对全国超常人才研究和教育做阶段性总结,并出版相应论文集。现有"大学协作组""中学协作组"以及2006年成立的"小幼协作组",一个超常人才教育的系统工程正在发展与成熟之中。

中国超常儿童研究协作组主要研究内容与成果

研究内容	研究结果
超常儿童的个案调查、追踪研究	明确了超常儿童研究与鉴别的指导思想、方法学原则
超常儿童与常态儿童的认知比较研究	编制了《鉴别超常儿童认知能力测验》(1989年) 制定了《鉴别超常儿童认知能力的参照标准》为鉴别和诊断超常儿童的智力水平提供了手段,使鉴别和研究超常儿童有了我国的常模标准。
超常儿童与常态儿童的非智力因素研究	编制了《少年非智力个性心理特征问卷》(1989年)《小学生个性问卷》(1990年)《幼儿性格特征问卷》(1990年) 为鉴别和诊断超常儿童的非智力个性特征提供了手段
超常儿童成就动机、社会认知、性别差异研究 超常儿童学业成绩影响因素研究 超常儿童创造力、自我概念跨文化研究	总结出超常儿童心理结构、个性特征、发展过程和影响因素,发现超常儿童认知能力测验的成绩优于常态儿童,尤其是在创造性思维、以及在抱负、求知欲、独立性、好胜心等非智力因素方面明显优于常态儿童,并且与认识及学习成绩有较高的相关性,概括出超常儿童的多种类型、心理发展的共同特点和成长因素,为识别和培养超常儿童提供了比较全面的基础知识

(二)第二梯队

中国科学院心理研究所施建农教授的团队一直致力于超常儿童发展和创造力的研究,特别是通过参与中德技术创造力的跨文化研究,对创造力的理论提出了独到见解。该团队主要研究课题包括:超常儿童心理,人类智力的本质及其发展,智力和创造力的发展与促进,智力、个性与创造性成就的关系,有关儿童发展、智力和创造力的跨文化研究,儿童语言、数学和空间能力发展,以及超常与常态儿童创造性思维及脑机制研究等。目前,该团队已在中英文刊物上发表了160多篇研究论文和报告,在超常研究领域得到了国内外同行的广泛关注。

经过30多年的探索,施建农团队的超常儿童研究已逐渐形成了自己的理论模型——生物—社会—智力模型。该模型认为,超常儿童首先是一个具有生物属性且处于快速生长发育期的生命体,身体的健康成长是第一位的;其次是社会性的生命体,需要认识社会了解社会,被社会接纳并最后成为合格的社会成员;第三才是智慧性的,超常儿童的学习能力比同龄常态儿童更强。

与此呼应,施建农在中科青云实验学校的超常儿童教育实践中:主张安排大量的体育活动和野外体质训练;鼓励学生去农村、工厂、养老院、孤儿院等场所接触和了解社会;在教学中采用4+1模式,即每周4天在学校开展教育部课标规定的课程教学,1天用于开展体育锻炼和社会实践活动。该团队将此理论应用到具体的超常教育实践,证实了此模型具有良好的适用性。通过与北京市同龄普通孩子的对照实验发现,通过超常教育实验的孩子平均身体素质,如身高、体重、胸围、肺活量、速度和力量等方面相对更好,社会适应能力也更强,而且学业成绩优秀 。

尽管超常教育培养出了一批在科技领域大放光彩的杰出人才。但是,在学术界一直还存在着不同看法。最具代表性的当属波兰德(James H. Borland)2003年发表的《天才之死——没有天才儿童的天才教育》(*The*

Death of Giftedness：Gifted Education Without Gifted Children）。21 世纪,中美两国天才(超常)教育实践几乎在同一时间陷入了困境。2000 年前后,中国 13 所大学少年班中有 10 所陆续停办,仅余中国科学技术大学、西安交通大学和东南大学仍在坚持,中学的少年班也所剩无几。2004 年,一份美国天才儿童协会(NAGC)支持的研究报告指出,对天才儿童的教育同样受到美国各级学校的忽视和拒绝。对于作为交叉科学领域的天才(超常)研究而言,基础研究的突破和教育实践的效果是其发展中不可缺少的两端。然而现实的情况是,20 世纪中叶以来超常教育在公共政策和社会公众之中获得的价值认同似乎正逐渐消退。

中国科学技术大学孔燕教授团队从《读秀》数据库中以"少年班"为关键词搜索和采集到 1978—2015 年间我国报纸上发表的 1760 篇相关新闻报道,剔除无关材料后保留 1486 篇,采用语义网络分析与内容分析方法,得出少年班社会形象的变化情况。

少年班社会形象变化

从成就杰出到多元发展的形象,反映了随着社会的发展和变化,公众对超常的传统观念正在发生改变。"多元发展"与"成就杰出"(Pearson 相关系数 = -0.458,$P<0.001$)以及"超常智力"(Pearson 相关系数 = -0.37,$P<0.001$)之间均有显著的负相关关系,结合前者数量增长的趋势,说明"多元发展"正在一定程度上替代早期"超常"仅以成就和智力为主导的概念界定。

北京师范大学教育学院特殊教育系的程黎团队,是我国超常儿童研究的另一支重要力量。程黎团队主要从事超常儿童鉴别与培养、超常儿童心理与教育发展、超常儿童的创造性思维等方面的研究。其中,特别关注了双重特殊儿童和流动超常儿童群体的身心发展特点及教育需求。该团队研究发现,综合鉴别与过程性干预方法相结合将是双重特殊儿童鉴别模式的新趋势,家庭教养方式对流动超常儿童的自我概念有重要的影响,家庭教养方式的积极变化能有效促进超常儿童非学业自我概念的提高,并改善其学业自我概念的发展。

另外,岭南师范学院教育科学学院特殊教育系也有部分学者正在从事超常相关研究。在系主任吴武典教授的带领下,岭南师范学院与台湾师范大学通力合作,协同开展超常教育研究。当前,这一团队的主要研究方向包括超常儿童的培育与安置、超常教育政策、融合教育等。

(三)部分成果

围绕着超常教育理论与实践,我国出版了多部关于超常儿童研究与实践的著作。

时间	书名-作者-出版社
1986	《大学少年班教育概论》(辛厚文、陈晓剑,中国科学技术大学出版社)
1988	《科技"神童"的摇篮》(朱源、秦裕芳,湖南人民出版社) 《少年大学生的足迹》(朱源,中国科学技术大学出版社)
1990	《中国超常儿童研究十年论文选集》(中国超常儿童研究协作组,团结出版社)
1991	《超常教育学》(辛厚文,人民教育出版社) 《天才的摇篮》(冯德全,海洋出版社)
1993	《超常儿童心理学》(查子秀,人民教育出版社) 《智蕾初绽:超常儿童追踪研究》(中国超常儿童研究协作组,青海人民出版社)
1994	《超常儿童心理发展与教育》(刘玉华、朱源,安徽教育出版社)
1995	《东方神童潮》(曾德凤,湖南人民出版社)
1998	《儿童超常发展之探秘:中国超常儿童心理发展与教育研究20周年论文集》(查子秀,重庆出版社)

时间	书名-作者-出版社
1999	《眼睛：透视中国神童》(褚建勋，中国城市出版社) 《儿童关键期与超常智力开发》(殷红博，中国戏剧出版社)
2004	《超常儿童发展心理学》(施建农、徐凡，安徽教育出版社) 《天赋教育：超常儿童的发现与培养》(刘溯，中国人口出版社)
2007	《破译天才教育密码》(马建勋，河南文艺出版社)
2008	《超常儿童成长之路：中国超常教育30年历程》(施建农，科学出版社) 《精英之门》(赵大恒、解淑萍，中国城市出版社) 《圆普通人的天才梦》(贺淑曼、吴武典、刘彭芝，北京工业大学出版社) 《少年班三十年》(辛厚文，中国科学技术大学出版社)
2009	《你也能出类拔萃：普通班的超常教育》(华国栋，北京工业大学出版社)
2013	《超常能力的本质和培养：超常教育理论的前沿探索》(戴耘，华东师范大学出版社)
2015	《超常教育研究与实践集萃》(何静，学苑出版社) 《我们是少儿班的编外生：北京八中超常教育30年文集之家长篇》(王竹颖，学苑出版社) 《INIF超常教育法：引爆9—15岁孩子的智慧小宇宙》(司有和，电子工业出版社)
2016	《超常儿童的发展与教育(2版)》(苏雪云、张旭，北京大学出版社)
2018	《中国科学技术大学少年班四十年新闻报道选辑(1978—2018)》(陈旸，中国科学技术大学出版社)
2019	《中国超常儿童心理和教育研究史实》(查子秀，华东师范大学出版社) 《为每一个超常儿童准备好未来：超常儿童教育的探索与实践》(高琛，辽宁人民出版社)

这些研究成果丰富了我国在超常教育领域的理论和实践，填补了我国在此领域的空白。

（四）协会

中国人才研究会超常人才专业委员会于1995年由国家民政部批准成立。该学会是一个由热爱英才教育的实践者和研究者自愿组成的全国性、学术性、非营利性社会组织。学会旨在中国人才研究会的领导和支持下，探索英才的成长规律，推进英才教育的实践与立法，为繁荣中国英才教育与研究事业、培养国家所需要的各类人才做出贡献。

2018年，超常人才专业委员会召开14届年会。自学会成立以来，来自于不同地区的超常教育专家、学者、教师参与学术交流，出版了大量超常教育系列丛书和简报,对我国超常教育的开展起到了积极的推动作用。

(五) 专业刊物

《中国特殊教育》杂志是由中华人民共和国教育部主管,中国教育科学研究院主办。现为全国哲社类核心期刊,全国中文类核心期刊,是中国特殊教育领域唯一核心期刊。作为反映我国特殊教育研究最高水平的主要窗口,《中国特殊教育》不仅在中国特殊教育界享有很高的声誉,在国际上也有一定影响。

(六) 相关国际组织

中国还加入了有影响力的区域性合作组织,如亚太天才联盟(Asia-Pacific Federation on Giftedness,APFG)、欧洲天才理事会(European Council for High Ability,ECHA)和世界天才儿童理事会(World Council for Gifted and Talented Children,WCGTC)等,这些组织在推进我国超常教育学术研究与交流方面都发挥了积极作用。

(七) 超常教育实践新探索

随着清华大学姚班、北京大学元培班、浙江大学竺可桢班、中国科大华罗庚班等高等教育新探索的出现,"少年班效应"开始展现。超常教育走向大众并密切联系教育实际,"以生为本",彰显出因材施教、多元发展的人才培育观,预示着新一轮人才培养的高潮即将到来。

40多年来,中国超常教育研究和实践团队,积极奋进,一步步推动着我国超常儿童研究与教育工作的发展,并在国际上不断发出中国声音。相信在不远的将来,中国超常研究将在脑机制探讨、实践效果等方面有新的进展。实践是检验真理的唯一标准,中国的超常教育实践必将走出一条适合人才发展的多元融合之路。

三、理论探究:Hon-Kong 学说

以智商为中心的人才观虽然在学术界引起激烈的争论,但推孟研究中一些基本的原则,仍然被当前智力领域特别是超常领域的许多研究者和学者所接受。许多学者仍然相信一般智力因素的存在及其作为稳定品质对人的一生具有重要影响。卡罗尔(Carroll)认为,智商体现了一个人学习及在长时记忆中保持知识和技能的程度与速度。和推孟一样,很多学者认为,高智力是取得卓越成就的必要条件,但不是充分条件。在这些理论的基础上,Hon-Kong 学说有一个最基本的假设:所有领域的超常儿童都必须具备最基本的记忆力优势,这是超常儿童的共性特征。

超常领域和智力领域的研究是相辅相成的。传统的智力理论认为:智力是以语言能力和数理-逻辑能力为核心的、以整合的方式存在的一种能力,这种能力是可以通过智力测验测验出来的。美国心理学家加德纳(Howard Gardner)反驳了传统智力理论的观念。他认为,频繁使用智力测验,把人进行了分类并贴上标签,会被用来判断人的弱项和短处而非长处。智力并不是一个容易"被测量"的东西,目前所能够测量的仅仅是语言和数理逻辑。如果一定要去测量智力,那么应当侧重于该智力所要解决的问题或者在运用智力时表现出来的创造性能力。智力总是以组合的方式来进行的,每个人都是具有多种能力组合的个体,而不是只拥有单一的、用纸笔测验可以测出的解答问题能力的个体。由此,加德纳提出了多元智能理论。在 1983 年的《智力的结构:多元智能理论》一书中,加德纳把智力定义为"在某种社会和文化环境的价值标准下,个体用以解决自己遇到的真正难题或者生产及创造出某种产品所需要的能力"。一方面,智力不是一种能力而是

一组能力；另一方面，智力不是以整合的方式存在而是以相互独立的方式存在的。在此基础上，他阐述了关于智力的种类及其基本性质的多元智能理论。

这种新兴的智力理论，在立论取向上，既不采取因素分析法以分析智力的构成因素，也不采用智力测验来鉴别智力的高低。加德纳认为，现行智力测验的内容，因偏重对知识的测量，结果是窄化了人类的智力，甚至曲解了人类的智力。按照加德纳的解释，智力是在某种人文环境的价值标准之下，个体用以解决问题与生产创造所需的能力。至于智力内涵中所包括的元素，加德纳认为，主要是以下七种能力：

- 语言能力：包括说话、阅读、书写的能力；
- 数理能力：包括数字运算与逻辑思考的能力；
- 空间能力：包括认识环境、辨别方向的能力；
- 音乐能力：包括对声音的辨识与韵律表达的能力；
- 运动能力：包括支配肢体以完成运作的能力；
- 社交能力：包括与人交往且和睦相处的能力；
- 自知能力：包括认识自己并选择自己生活方向的能力。

后来，加德纳自己又增加了自然认识能力和存在能力两项。在加德纳的多元智力观基础上，Hon-Kong学说建立了"超常"领域新的理论框架。在超常领域的研究中，常常将"gifted"和"talented"这两个概念混淆。为了给超常儿童，特别是数理超常（mathematically gifted）儿童一个更准确的定义，香港城市大学的韩耀宗教授和中国科学技术大学的孔燕教授共同提出了新的观点——Hon-Kong学说（2013年）。在对资优（gifted）和优才（talented）这两个概念进行区分的基础上，根据超常特征在不同领域的表现，分别定义了数学、语言、体育、音乐、艺术等领域的超常。以下关于Hon-Kong学说的阐释，主要围绕如何运用该理论框架去鉴别数理超常儿童。

(一) 资优和优才的区分

美国比较心理学家理查德·赫恩斯坦(Richard J. Herrnstein, 1930—1994)因和默瑞(Charles Murray)合著《正态曲线》一书而闻名,他们指出人们的智力呈正态分布。Hon-Kong学说认为资优(gifted)是指在人群的正态分布中位于3个置信区间之上的人群,用正态分布图的区间表示即($M+3\sigma$, ∞),这类人一般只占人群的0.15%;而优才(talented)指的是在人群的正态分布中位于2个置信区间之上的人群,用正态分布图的区间表示即($M+2\sigma$, $M+3\sigma$),这类人占人群总数的2%左右。

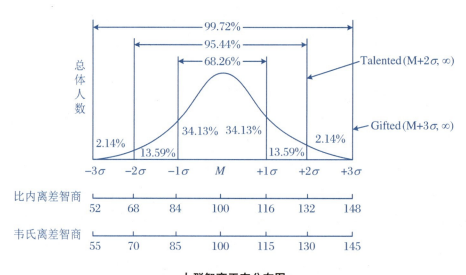

人群智商正态分布图

(二) 各领域超常的定义

人类能力领域用G来表示的话,可以分为以下几类:

G_1:记忆能力;

G_2:学习/运算能力(逻辑思考、联想推断能力);

G_3:架构能力(与空间能力、抽象思维能力相关);

G_4:感知能力(颜色辨别能力,声音辨别能力,味觉辨别能力等);

G_5:语言能力;

G_6:音乐能力;

G_7:创造能力(与艺术相关);

G_8:运动能力。

该学说认为记忆能力是各领域超常人群必须具备的首要因素,在记忆能力 G_1 资优或优异的基础上,若其他能力是资优,便产生了各领域的资优人群。

(三)数学资优的定义

若一个人不仅在记忆能力(G_1)上资优或优异,而且在架构辨认抽象思维能力(G_3)上资优,则可以认为是数学资优。

从本质上说,数学是一门有关数量、结构、变化和空间的学科,主要任务就是找出各种架构。传统数学主要学习几何和代数,它们需要的不是计算的能力,而是很高的架构辨认能力。因而,在数学领域是否资优是由架构辨认能力的高低决定的。

数学资优的人通常表现得生活简单、思想单纯、容易情绪化。由于时常沉浸于找寻和探索事物的架构,他们在其他方面,如情绪、社交等方面的能力则表现得较弱。

四、历史回顾:中国古代德智并重的育人智慧

现代超常教育发源于 20 世纪早期比奈(Binet)、推孟(Terman)等欧美学者关于智力与智力测试的研究,即以智商显著高于平均水平(IQ≥140)作

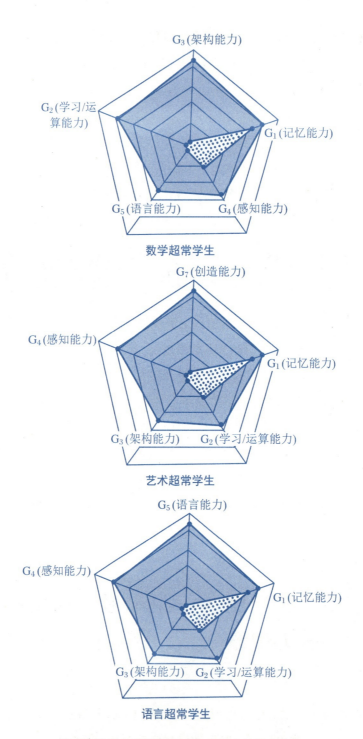

数学超常学生及艺术、语言超常学生的能力结构

为超常儿童的评价标准。因此,欧美超常教育的研究和实践,往往以对儿童智力的测量和发展作为主要关注点。尽管一直有学者尝试打破唯智商论的狭隘框架,如加德纳(Gardner)提出的多元智能理论和兰祖利(Renzuli)的三环理论等,但是这些尝试仍然没能将与道德伦理有关的要素纳入其理论框架,使得在以这些理论为基础的现代超常教育研究和实践中,对智的重视往往要远重于德。而其背后的根本原因,在于西方文明"道德理性"的哲学传统,即主张逻辑推理等理性认知在道德行为中发挥着决定性的作用。与之相反,中国传统的儒家文化坚持人的道德主体性,认为道德是人性的本源。正所谓"才者,德之资也;德者,才之帅也",以儒家文化为根基的中国古代社会,对拔尖人才培养中德与智的辩证关系有着更为深入的认识。

事实上,相较于欧美国家百余年的超常教育探索,中华民族在其五千年的历史长河中,同样有着长期的人才培养实践(表3.4)。旨在选拔和培养超常儿童而设立的"童子科"早在汉代时就已经出现。至隋唐时期,童子科更是被纳入科举制度中,成为以规定形式定期举行的常科。在历代史料中,也积累了大量有关超常儿童的案例。如作为二十四部正史第一的《史记》,开篇就记叙了轩辕黄帝的超常事迹:"黄帝者,少典之子。姓公孙,名曰轩辕。生而神灵,弱而能言,幼而徇齐,长而敦敏,成而聪明。"还有许多广为人知的历史人物,如陶渊明、房玄龄、王安石等,史书中都留有对其儿童时期所展现出的超常能力的描述。中国古代人才培养在儒家文化的长期浸润下,孕育出了具有中华文明特色的德育传统,为当代德育实践提供了继承和超越的对象。

表3.4 我国古代对神童的选拔和培养简况

朝代	选拔和培养	特点或意义
西汉 (前206~25)	在选举取士制度中设童子科,"太史试学童,能讽书九千字以上者乃得为史;文以六体试之,课最者以为尚书"	中国历史上有记载以来最早形成的选拔和培养神童(天才儿童)的制度

续表

朝代	选拔和培养	特点或意义
东汉 (25~220)	神童被推荐入太学,并由明儒博士培养,一般太学生年龄在18岁以上,神童在18岁以下,不受年龄限制,称神童子郎	
东汉灵帝光和元年至东汉末 (178~220)	建立鸿都门学(艺术专科性大学),学生由州郡三公选派,多数为平民子弟中具有艺术才能者,开设辞赋、小说、尺牍、字画等课程,兴盛时学生达千余人	这是中国乃至世界上最早创建的文艺专科学校,它的建立为后来唐代设立各种专科学校开辟了道路
唐代 (618~907)	在科举制度中设童子科,规定:"凡十岁以下,能通一经及《孝经》《论语》,每卷诵文十通者,予官;通七者,予出身。"唐代重视推荐童子的质量,不断改进。后又规定"荐送童子,并须实年十一、十二以下,仍须精熟一经,问皆全通,兼自能书写者。"发现超龄者,则令退回,并惩罚推荐者	唐代以诗立国,"作诗"便成了考察神童的一般手段。《孝经》是家庭早教的主要内容,培养和推荐神童成为社会风尚
宋代 (960~1279)	童子科规定:"十岁以下,能诵挑试一经或两小经,即可应试,补州县小学生;通五经以上,则由州官荐入朝廷,送中书省复试,中则免解。"采取三级考核选拔。宋孝宗淳熙八年,将童子科分为三等:"凡全诵六经、孝经、语、孟及能文,如大经义三道,语孟义各一道或赋及诗各一首为上等";"诵书外能诵一经为中等";"能诵六经、语孟为下等"。按等级委任不同官职。南宋时加试武功	皇帝重视对神童的选拔,经常把推荐的童子召至宫中亲试。北宋兴"对课"(即对联),因而"对课"成了社会上考核神童的常用手段,也是家庭早教的重要内容
金代 (1115~1234)	童子科规定:"凡士庶子年十三以下,能诵二大三小经,又诵《论语》、诸子五千字以上,府试十五题通十三以上,会试每场十五题三场共通四十一题以上为中选。"	
元代 (1206~1368)	沿袭唐宋设童子科,接受各地举荐的天资颖悟儿童的考核	

第三篇　超常教育的中国实践

续表

朝代	选拔和培养	特点或意义
明代 (1368~1644)	明代教育发达，科举制中虽未设童子科，但凡各地举荐的神童，皇帝一般都要召至宫中殿试，然后给予各种优待和培养。如送国子监或翰林院读书受教育，或命内阁选择教师给予指导，或遣归就举，再通过进士考试，根据成绩封官录用	比唐宋更重视对神童的教育
清代 (1616~1911)	沿袭唐宋设童子科，但在选拔和培养神童方面不如前几代兴盛	

注：引用自查子秀《中国超常儿童心理和教育研究史实》，华东师范大学出版社，2019年。

黄晟鹏、孔燕根据清代林之望所编纂的《养蒙金鉴》一书中434则古代超常儿童案例，采用质性编码和特征共现网络分析，发现在中国古代超常教育实践中，良好的道德品质、正确的理想信念与学业成就、智力发展同等重要，显示出中华民族德智并重的育人智慧。

林之望是清代晚期的著名学者，曾任陕甘总督、湖北布政使等职，告老还乡后在今安徽合肥一带的书院著书任教，并参与了《重修安徽通志》的修撰工作。《养蒙金鉴》成书于林之望任事湖北期间，书中汇集了中国古代经、史、子、集中1~20岁儿童和青少年的不凡事迹，共记载案例594则，其中符合现代儿童定义的1~14岁案例434则。作为一本在当时广泛流传的蒙学读物，《养蒙金鉴》反映了中国古代社会对超常教育的普遍认识。

质性编码是社会科学研究中常用的分析手段，指的是根据已有的理论或框架，用特定的"标签"对文本、图片、视频等数据进行标记，从而建立新的理论或框架的过程。本研究中，质性编码被用于从案例中提取古代超常儿童的特征。具体而言，对案例的编码由两名编码者组成的编码小组完成。受质性编码方法本身的局限，编码者无法做到完全不受固有认知的影响。为了尽可能充分反映古代超常儿童的特征，避免既有的超常概念对编码的影响，本研究中的质性编码以齐格勒(Ziegler)和海勒(Heller)提出的超常元理论框架(Meta-theoretical Framework of Giftedness)为依据实施。

通过质性内容编码,从 434 则中国古代超常儿童案例中共提取出 26 项超常特征(表 3.5),每一项特征平均出现 23.88 次(SD = 24.17)。26 项特征两两之间共出现了 156 次共现,产生共现特征对 115 个,在网络可视化工具 Gephi 中绘制成了由 26 个节点和 115 条边构成的网络(标签的大小由该超常特征出现频率的多少决定,而边的粗细则表示两个特征之间共现的次数)。共现网络的整体密度为 0.354,平均聚类为 0.677,网络较为稠密,说明超常特征之间普遍存在着共现关系。但是超常特征共现关系的平均强度并不大,每两个特征平均共现的次数仅为 3.14(SD = 2.99)。

表 3.5 《养蒙金鉴》中所记载超常儿童的特征及其出现次数(N = 434)

特征	出现次数	特征	出现次数	特征	出现次数
孝敬亲长	96	志存高远	21	轻财好义	8
文章	72	书法	20	生有神异	6
诗赋	59	重礼守法	15	容貌非凡	5
善记诵	57	勤奋	13	早愚后慧	3
机敏	45	专注	13	识字	2
通经史	39	沉稳	11	音韵	2
好学	38	品行端正	11	工艺	2
聪慧	35	博学	11	算术	2
颖悟	26	童子科	9		

社群划分的结果显示,26 项超常特征主要分属四大特征群(全局模块化系数 = 0.240),揭示了中国古代超常教育的要素构成。其中,由"博学""通经史""文章""诗赋""书法"等构成的特征群体现了对超常儿童学业成就的重视,而由"聪慧""机敏""颖悟""善记诵"等构成的特征群则反映了对超常儿童智力发展的关注,这两组特征群所体现的要素是中国古代超常教育与欧美超常教育所共有的。特殊之处在于,中国古代超常儿童案例中还出现了许多与道德伦理和思想品质有关的特征。如"孝敬亲长"共出现了 96 次,是出现次数最多的超常特征,覆盖了全部案例的 22.12%。除

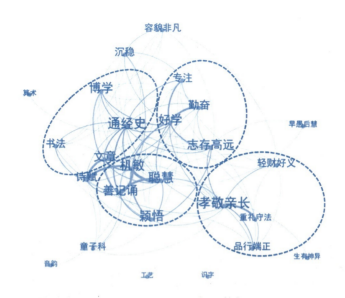

中国古代超常儿童的特征共现网络

"孝敬亲长"外,26项超常特征中还有"重礼守法""品行端正""轻财好义"等三项与道德伦理相关,它们与"孝敬亲长"在共现网络中形成了内部聚类系数为1的紧密结构,体现了中国古代超常教育对良好道德品质的重视。而中国古代超常儿童的案例中,"志存高远"(出现21次)、"好学"(出现38次)、"勤奋"(出现13次)等与理想信念有关的特征,则与"专注""沉稳"等构成一个内部聚类系数等于0.87的特征群,体现了中国古代超常教育对正确理想信念的关注。

从特征共现网络中可以发现,在中国古代超常教育的长期实践中,既有学业成就和智力发展等现代超常教育核心要素的存在,也存在对超常儿童孝德教育和理想信念培育的关注。与西方超常教育以智力为理论基础有着明显不同的是,在中国古代超常儿童的特征共现网络中,学业成功和智力发展并没有处于绝对中心的地位,而是与道德伦理和理想信念等德育要素平等共存,同时在四个特征群之间也存在着一定共现关系,说明在中国古代超常教育中德与智是独立存在而相互联系的并行维度。这一结果显示了中华文明在人才培养方面德智并重的独特智慧,为以立德树人为根本任务的新时代拔尖人才培养提供了坚实的历史和文化依据。

作为中国社会中特有的文化现象,孝被认为是中华文明道德体系的起点和支柱,孝德教育理应成为拔尖人才培养德育实践的根基。然而在学校教育中,孝德教育却往往得不到充分的重视。这一方面是因为现代学校教育以传授知识为主的功能定位,另一方面也源于孝德根植于家庭伦理的客观事实。因此,要想填补学校教育中孝德教育的空缺,需要家庭教育发挥应有的主阵地作用。

中国古代超常儿童案例中"孝敬亲长"特征的多次出现,反映了在古代超常教育中对以家庭教育为主阵地的孝德教育的关注。事实上,在中国古代的德育实践中,孝德教育就一直作为家庭教育的主要内容存在。早在秦汉时期的家庭教育中,《孝经》就常被认为是人生的第一课。然而在教育功利化的影响下,现代社会中的家庭教育不仅难以填补学校德育的空缺,甚至在一定程度上成为学校德育工作开展的阻碍。学校的教育职能实际上是在社会现代化的进程中由家庭让渡而来的,即便是在学校教育高度专业化的今天,家庭依然保有对子女天然的教育权利和责任。但是随着社会经济的高速发展和物质压力的不断增大,家长对家庭教育的精力投入正在不断萎缩,以至于很多家长不自觉地将家庭教育的责任转嫁给了学校。同时,由于学校教师考核的功利化倾向,部分教师将学校教育范畴内与知识教学有关的职责,如检查作业、批改试卷等,以强化家庭教育或家校合作的名义转移到了家长身上,让家长无暇顾及家庭教育本身的德育内容。正是在这两方面因素的共同影响下,家庭教育逐渐沦为学校教育的附属品,失去了其原有的德育功能,使得拔尖创新人才培养中的孝德教育缺少了重要的实施路径。

曾任清华大学校长的顾秉林认为,拔尖创新人才的培养应首重德育。古代超常教育对"孝敬亲长"特征的关注提醒我们,新时代拔尖创新人才中的德育实践培养应当强化以家庭教育为主阵地的孝德教育。而要实现这一目标,就必须首先确立家庭与学校在人才培养中的平等关系,明确两者在智育和德育中的合作分工模式,把家庭教育从学校教育的附庸关系中解放出来，为孝德教育提供切实有效的实施路径。同时，新时代以家庭教育为主阵地的孝德教育须注重外在行动与内在认知的统一。根据中国教育研究院孟万金教授提出的具身德育理论，只有通过身体经验与心理认知的互相作用，才能真正形成"知行合一"的德育成效。因此，对孝德教育的强化应强调在日常生活中养成良好的行为习惯，而学校教育在这一过程中则应更多起到配合和引导的作用。

第四篇

家庭对超常儿童的呵护

世界上根本没有两片完全一样的树叶,超常儿童也是。本篇我们跳出具体故事的局限,以目前学界关于超常的基本认识为基础,以"家长应当树立超常培育意识——如何更好更科学地鉴别超常儿童——超常家庭科学培育"为路径,建立一个围绕"超常"的常见问题集锦,让家长能够更好地呵护超常儿童。

一、做个聪明的爸妈：避免误区

超常儿童，作为一份"上帝的礼物"，是对社会和家长的馈赠。做个聪明家长的第一步，是要有敏锐的意识，能够早一步辨识超常儿童的行为表现。首先要意识到超常儿童的存在，然后才能积极地行动起来。所以，树立起超常儿童的培育意识就是迎接这份"礼物"的最好准备。这种意识主要包括：什么是超常儿童？超常儿童需要培育吗？培育的过程中需要回避哪些误区？

（一）超常儿童就一定会有高成就吗？

当家长意识到孩子可能是超常儿童，并通过专业的鉴定证明了孩子是超常儿童之后，就需要树立起另外一个意识——不是所有的超常儿童都会高成就，超常儿童需要有意的培育和引导。

我们所说的超常儿童指的是那些与同龄儿童相比，表现相对突出的个体。"超常"和"天才"是两个不同的学术概念。"天才"是欧美国家喜欢使用的学术概念，专指在特殊领域能力强、创造成就突出、学术地位显著的人，表现为推动既定领域的发展或者开拓出新领域。而"超常儿童"的术语最早是由刘范先生在1978年提出的。这一术语的提出有两方面的考虑：一方面，超常儿童的超常表现不完全是天生的，而是先天因素和后天环境共同作用的结果，使用"超常"而不是使用"天才"就是为了和决定论的观点划清界限；另一方面，超常儿童是儿童群体中的一部分，而不是独立于儿童群体之外的，超常具有统计学上的意义。

路易斯·推孟是斯坦福大学心理学教授，他因一项长达50年的天才儿童研究而享有盛誉。从1921年开始，推孟跟踪观察了1000多名智商在140

分以上的加利福尼亚学生在校的学习与生活及成年后的工作与生活。学校对这些儿童多采取了加速升级、缩短学制的方法来满足其深层次学习的需求，这是当时用来教育天才儿童的标准做法。推孟的研究表明，这些智力超群的人，尽管一生都很富足、事业顺利、婚姻幸福，但他们当中却没有人取得过突出的成就或表现出了不起的创造力，而同时期被推孟排斥在天才儿童之外的一些孩子长大后却取得了举世瞩目的辉煌成就。

从1978年中国开始成规模地对超常儿童进行集体教育之后，研究者对大量超常儿童进行了追踪调查。结果显示，这些在童年和少年阶段表现出非凡天分的超常儿童，在其成年之后与那些通过常规途径读大学、读研究生出来的普通同龄人相比，已经显示不出什么区别了。他们当年的天赋也归于平淡，不论是名噪一时的"小诗人"，还是"小数学家""小画家"，都没有成为真正大师的迹象。唯一与众不同之处是，他们比同龄人早几年成功，根本无法企及像莫扎特、歌德那样的顶尖天才。

所以，不是所有的超常儿童都可以有高成就，后天的教育与社会环境同样是十分重要的因素。适当的培育与良好的社会环境十分重要。

（二）儿童的超常天赋是一座"富矿"，但是不可过度开发

超常儿童多对智力活动有着异乎常人的喜爱，其对智力活动的专注力与兴趣都要好于一般孩子。但是他们的超常表现有时可能不仅没有使父母满足，反而激发了父母的虚荣心理。有的父母剥夺了他们的娱乐时间，让他们争分夺秒、夜以继日地学习。家长对超常儿童的过分要求违背了超常儿童的发展规律，造成了许多"老态龙钟的小大人"甚至有人格缺陷的超常个体。"神童的副产品是偏颇的生活态度，"前《纽约时报》音乐评论家哈罗德·舍恩伯格（Harold Sehonberg）写道，"神童，尤其是音乐奇才们，最早地在婴孩期就开始磨砺他们的天赋才能，一生都贡献给严酷的训练，生活中的其他一切都被排斥，进而导致乖戾的童年，缺乏普通人所受到的教育。"曾经担任过中国科学技术大学少年班班主任多年的汪惠迪老师说："人际关系这一

课,心理健康这一课,整个班级的天才儿童都落下了,他们在上学时没能养成好的心态,没有平常心。这种缺陷不是一时的,而是终生的。"与此对应地,一些当年的少年班学生承认,他们至今仍缺少人际关系方面的能力:"这是没办法的事情,一旦过了那个年龄,这一课就永远补不上了。"超常儿童各方面发展的失衡,致使超常儿童的心理素质和社会适应能力可能逊于常人,年幼时在父母和老师的呵护之下这一缺陷还不至于明显地表现出来,而一旦遇到人生危机期(如青春期)或生活中的困难时,超常儿童的这些问题就会暴露无遗了。这可能是许多超常儿童后来不能有所成就的重要原因。

社会媒体对"天才儿童"的过分追捧破坏了他们正常的成长环境,这往往成为超常儿童成长的羁绊。首先,媒体的争相追逐、社会的过高期望使他们无法拥有平常心态,他们对成功的过分焦虑导致了"目标颤抖",反而使他们无法达到目标。"外重者内拙",平常心态能让人举重若轻,发挥自己的最大潜力,而过分看重结果则会让人背上沉重的包袱,畏首畏尾。阿特金森(J. W. Atkinson)的成就动机理论认为,对失败的过分恐惧会降低一个人的成就动机,从而在本可获得的目标面前裹足不前,不敢尝试。另外,社会对"天才儿童"的过分渲染也可能会导致他们有一种"舍我其谁"的自我膨胀心理,这对他们的成长也是极为不利的。

(三) 其他应注意的问题

要注重孩子的心理健康,但是也不要过度

超常儿童作为一个特殊的群体,其心理健康问题一直为人所重视。现在涉及超常儿童教育的少年班,会在入学考试中加入心理测试环节。

那么,这些超常儿童的心理状况到底是怎样的呢?

由伊夫林·克罗斯伯格(Evelyn Kroesbergen)领导的研究在《天才儿童季刊》(*Gifted Child Quarterly*)上发表,她在荷兰针对一年级和二年级的学生进行调查,比较了35名超常学生和34名普通学生的心理健康状况。研究

者总结说：

"一般来说，低年级超常儿童与同龄人相比，他们的心理健康水平不一定更低或更高。然而，有些特殊类型的超常儿童，由于老师没能识别他们（属于智力超常），或者教育环境无法满足他们的需要（比如创造力），从而使得他们更容易面临心理健康问题的风险（为孩子提供一个适合自己学习发展的环境更加重要）。"

华盛顿大学的南希·赫佐格（Nancy Hertzog）和 Rachel Chung 调查了从华盛顿大学毕业的 192 位校友，他们都是在 12—15 岁进入该大学的少年班（early entrance to college program）。他们毕业 35 年之后会是什么样的状况呢？调查研究发表在《罗珀评论》（*Roeper Review*）中。

调查发现，在教育、职业和社会情感等方面，这些学生的总体表现都很好。受访者表示，他们在学业成就（97.4%）、家庭（93.2%）、友谊（87.9%）、工作（87.4%）、财务（82.7%）和浪漫关系（77.2%）上都感到"非常满意（very happy）"或"相当满意（fairly happy）"。由此可以看出，整体而言，这些受教育程度较高的优秀学生的心理健康状况相当好。

大卫·卢宾斯基（David Lubinski），卡米粒·本波（Camilla Benbow）和哈里森·凯尔（Harrison Kell）对杜克大学 259 名智力超常的青少年进行追踪研究（talent identification program，TIP），这些学生在被认定为"天才"时的年龄是 13 岁，在 40 年后对他们进行随访。这项研究发表在《心理科学》（*Psychological Science*）杂志上。他们发现，这些有天赋的学生在后来的生活中所取得的成就也非常高，37%的人取得博士学位，9%的人获得专利，7.5%的人在学术上取得终身成就。在心理健康、适应和满意度等指标上，男性与女性之间没有显著的差异。

总的来说，智力超常的孩子在成年之后，也能够继续成为高成就、心理适应良好的个体。然而，正如西德尼·穆恩（Sidney Moon）指出的那样，这并不意味着超常学生不会面临问题或挑战。如果没有接受适当的学业挑战，他们很可能会面临心理问题，并由此受到潜在的伤害。

特别需要指出的是，这里所讨论的每个研究都只是针对某一个整体进行的研究,每一个个体的情况可能有很大的不同。在这些研究中,研究者只关注他们的智力,而他们每个人的人格特质、兴趣以及所处的环境都是不一样的,所有这些因素都会影响到一个人所取得的成就以及心理健康状况。

许多智力超常的学生,由于他们的认知能力超常,可能反而无法适应一般人群能够适应的问题,可能会被有的人认为"很怪"。这也容易理解,如果一个人的诸多特征(包括智力和社交技能)和其他人都相似,那么他与其他人的相处自然更容易。因此,对于智力超常的学生来说,别人的不理解是他们要面对的生活的一部分。"怪"并不一定就不好,作为父母和老师,最重要的是要去理解和识别他们的天赋,并让他们在合适的环境当中成长。应该重视超常儿童的心理健康问题,但是切忌特殊化,给超常儿童一个健康正常的成长环境。

多寻求专业人士的建议

家长在对待孩子的智力开发、行为习惯培养等方面,应多寻求专业人士的建议,多了解和遵循孩子的心理、生理发展规律,让自己的日常教养行为更加专业、更加科学。

为超常儿童创造良好的社交氛围

在超常儿童发展的早期,不擅长社交可能是某一类超常儿童如数理超常儿童的外在行为表现。所以,对待孩子不擅长社交的行为,家长要给予足够的尊重与理解。

不擅长社交并不意味着孩子不需要社交,家长要学会给孩子营造一个正常的社交空间,不能任由其封闭,否则可能会出现一些其他的复杂状况,如以自我为中心、缺乏身份认同感、缺乏合作能力等。这些都会影响孩子的正常发展,父母需要让孩子有一些正常的社交活动。具体的方式有:

✽ 鼓励孩子多参加一些集体活动,但是不能以逼迫或者命令的方式让孩子去进行这些社交活动。

✽ 鼓励孩子去一些相对陌生的环境。有些时候,孩子在一个长期稳定且固定的环境中,会因为他的"特殊"而一直没有办法找到正常社交的突破口。

✱ 鼓励、帮助孩子在同伴中树立自信,让孩子更好地认识到自己的价值,这或许会成为孩子进行正常社交的一个突破口。

超常儿童与孤独症需要区别

孤独症主要有如下特征:

(1)语言障碍突出。大多数孤独症儿童语言很少,严重的病例甚至几乎终生不语,会说会用的词汇有限。有的患儿即使会说话,也常常不愿说话而宁可以手势代替。有的患儿会说话,但声音很小、很低或是自言自语地重复一些单调的话。有的患儿只会模仿别人说过的话,而不会用自己的语言来进行交谈。

(2)不会模仿。模仿是孩子学习的最重要途径,孩子就是通过模仿来学习说话,学习运用身体、手势和表情进行沟通的,但是孤独症患儿往往不懂得模仿。

(3)交际困难。缺乏与人的交往或交流。孤独症儿童因其语言能力的限制,常常会"自创"一些非常规的或不符合其年龄的沟通方式。比如,用一些怪异的声音来表达不舒服,重复说某些短语或句子来暗示焦虑。

(4)社交障碍。这是孤独症儿童面临的最大问题。他们对周围的事物漠不关心,难以体会别人的情绪和感受,也无法正确地表达自己的情绪和感受。孤独症儿童存在"思维盲区",他们似乎认为凡是存在于他们自己脑子里的东西,也一样存在于别人脑子里,彼此没有什么区别,即他们通常认为自己的感觉就是别人的感觉。

(5)兴趣狭窄,行为刻板。孤独症儿童常常在较长时间里专注于某种或某几种游戏或活动,如着迷于旋转锅盖,单调地摆放积木块,热衷于观看电视广告和天气预报,面对儿童通常喜欢的动画片或其他儿童电视节目则毫无兴趣。有些患儿每天要吃同样的饭菜,出门要走相同的路线,大小便也要求固定的便器,如有变动则大哭大闹,表现出明显的焦虑反应,不肯改变其原来形成的习惯和行为方式,难以适应新环境。多数患儿同时还表现出无目的活动,过度活动,单调重复地蹦跳、拍手、挥手、奔跑、旋转等行为,有的甚至出现自伤自残行为,如反复挖鼻孔、抠嘴、咬嘴唇等。

(6) 智力障碍。这也是最重要的区分标准。70%的患儿智力落后,但在某些方面可能有比较特殊的能力;20%的患儿智力在正常范围;约10%的患儿智力超常,表现为对音乐、美术等十分敏感或者记忆力超常等。但是,令人费解的是,即便患儿能毫不费力地阅读或背诵,他们仍然无法用他们掌握的语言与其他人正常交流。

当孩子有了以上一个乃至多个症状时,家长需要求助专业的医疗机构进行完整细致的诊断。那么,孤独症的诊断大概要经历哪些重要环节呢?

现在国内和国际上的孤独症谱系障碍诊断,主要是由具有诊断资格的儿科医生根据《精神疾病诊断与统计手册》做出的。另外可以用一些量表进行更严格的确诊,这必须由经过长期训练并获得资格证的专业人员做出。一般需要经过多位专家的多次诊断,有时还需要借助其他工具进一步确认是否存在器质性病变。

医院诊断的一般过程都是先筛查(网络上能查到许多孤独症谱系的筛查工具,如CARS、CHAT、MCHAT、ABC),再面谈、观察,然后经过2—3次的重复才能确诊。如果是不到2岁的儿童,确诊周期会更长。

筛查过程就是家长填一个简单的量表,能够快速、大致地确定孤独症谱系的患病风险,但也要经过医师2—3次的观察互动才能确诊。

以瑞典为例,对孤独症谱系的诊断包括筛查、基因检测、家长访谈、临床心理评估,并且采用孤独症谱系观察诊断量表(ADOS,针对婴幼儿、儿童和成人)和孤独症谱系诊断访谈(ADI,针对家长的系统访谈),跟踪半年左右才能确诊。只要被认定为孤独症谱系高风险,都会先安排干预。目前通行做法是,只要筛查出来具有孤独症谱系高风险,就要干预,无需等到确诊。通常确诊是2—3岁,但最早18个月就可以进行早期干预。

这里需要指出一个问题,就是在孤独症中有一种特殊的现象——"学者综合征"。

俊采星驰:超常儿童培育指南

学者综合征(savant-syndrome)是指有认知障碍,但在某一方面如某种艺术或学术领域却有超乎常人能力的人。孤独症患者中有 10% 是学者综合征(也称自闭学者,autistic savant),大脑损伤患者中则有约 1/2000 的概率。他们的智商大部分低于 70,但在一些特殊测试中却远胜于常人,俗称"白痴天才"(idiot savant)。他们的天赋有多种不同的形式,如乐器演奏、绘画、记忆、计算及日历运算等。

关于学者综合征的成因至今也没有定论,比较流行的一种说法是"左脑损伤假说"。也就是说,患者的大脑左半球,也就是负责进行社交的这一半球所遭受的损伤,会引起右半球,也就是处理资讯的这一半球的异常发达。

在学者综合征患者中,男性的比例要大大高于女性。对于这个现象,美国哈佛大学的神经科医师格施温德(Geschwind)认为,由于大脑的左半球发育得比右半球慢,所以在孕期也就更有可能受损。而对于男性胎儿来说,血液中的睾酮会延缓神经生长,并有很大机会损伤左半球。结果是左半球受到了损伤,右半球得到了补偿。在对一些学者综合征患者的断层造影(SPECT)中发现,他们右脑半球的血流量的确比常人有所增加。

正因为此,实际上学者综合征患者所擅长的"技能"通常只局限在很小的一个范围内。通常包括:

❋ 机械记忆能力。电影《雨人》的原型金·皮克(Kim Peek)就是这样一位"活体百科全书",他熟记超过 7600 本书,可以说出经过的美国每个都市、城镇或是郡县的高速公路编号,还包括电话或邮政的区域号码、电视台的代号,以及当地的电话网络公司名称。

❋ 心算能力。包括日历的推算,以及一些其他重复算式的计算等。1789 年,有"美国精神医学之父"之称的本杰明·拉什(Benjamin Rush),描述了一位具有闪电般快速计算能力的富勒(Fowler)先生,当问他活了 70 年 17 天又 12 个小时的人总共活了多少秒时,富勒花了一分半钟就得出了正确的答案:2 210 500 800 秒——他甚至把其中 17 个闰年都考虑进去了。

❋ 音乐、美术或体育才能。

超常儿童是后天培育的吗？

是否每个资质普通的正常儿童经过早期教育的智力开发都能成为人们口中的天才？超常儿童的形成取决于先天因素还是后天因素？这个问题到目前为止并没有一个定论。

一些广为流传的早期教育名著如《卡尔·威特的教育》《俗物与天才》《早期教育与天才》多持有这样的观点：人脑拥有巨大的潜力，只要按照合适的方法进行早期智力开发，每个正常的孩子都可以成为超常儿童。持有同样观点的还有心理学家洛克（John Locke）、华生（John Broadus Watson）、詹姆斯（William James）和布鲁姆（Benjamin S. Bloom）等。

另一些心理学家、教育学家如卢梭（Jean-Jacques Rousseau）、格塞尔（Arnold Lucius Gesell）等则不同意，他们认为教育应顺应孩子心理成熟的自然规律。卢梭认为大自然希望儿童在成人以前就要像儿童的样子，而格塞尔则用他著名的双生子爬楼梯实验得出了一个结论：超常儿童不成熟到一定程度最好不要超前学习他难以掌握的东西。做父母的要学会等待，不要抓紧每一分钟去"教育"孩子。

我们的观点是，超常儿童天生的成分居多，后天的"被天才"而被强行灌输教育可能会有适得其反的效果。任何教育都需要建立在儿童的神经、心理发展基础之上，不顾儿童的心理发展规律盲目进行后天智力开发的做法不但不能促进孩子的智力发展，还会对其身心健康造成极大的损害，甚至造成孩子学习兴趣消失殆尽、视知识学问如洪水猛兽的现象。超过心智接受能力的教育会让孩子承受巨大压力，造成生理、心理的双重压力，产生巨大的挫折感等。

二、做个睿智的爸妈：科学鉴别

在上一部分中，我们重点强调了超常儿童培育的关键首先是要有超常儿童培育意识。当然我们要知道，科学地鉴别孩子的资质是科学合理培育的重要前提。在这一部分中我们为大家介绍一些超常儿童鉴别的方法。

（一）量表自测是一条可行的路径吗？

不行！超常儿童的鉴别，一定要交由专业的鉴定机构与具备专业资质的人士做。家长不能根据孩子在日常生活中表现出来的某一似乎超常的特征就为孩子下一个"超常儿童"的定论，从而急匆匆地让孩子去接受超常教育。大家可以求助的专业机构有：中国超常儿童协作组及其成员单位，专业的心理机构和具备资质的科研单位（如香港优才书院、北京中科青云实验学校等）。这些机构配备有专业的工具与量表，可以更好地鉴定孩子是否为超常儿童。

（二）超常儿童鉴别是不是等同于就是智力水平测试？

不是。很多人会把超常儿童的鉴别过程与智力水平测验等同起来，但事实上，智力测验只是超常儿童鉴别的一部分。中国超常儿童研究协作组在吸取国内外经验和实践的基础上，提出了鉴别超常儿童的原则，包括：在动态的比较研究中鉴别；采取多指标、多途径、多种方法进行鉴别和研究；把发展的质与量结合起来考察；鉴别应服务于教育，通过教育进一步进行鉴别。

智力水平测试，主要包括智力测验和认知能力测验。

智力测验分为个人测验和团体测验,文字测验和非文字测验。我国鉴别超常儿童常用的智力量表主要有中国比奈测验和韦克斯勒智力量表(中国修订版)。

认知能力测验由中国超常儿童研究协作组编制,适用于3—14岁儿童,包括类比推理测验、观察力测验、记忆测验和创造性思维测验。创造性思维测验主要检测人的发散思维能力,应用最广泛的是托伦斯的创造性思维测验。非智力个性品质测验主要使用的是中国超常儿童研究协作组编制的《中国少年非智力个性心理特征问卷》,该问卷适用于12—15岁的少年。

除此之外,超常儿童的鉴别还需要以下测验:

学习能力测验,主要测量超常儿童对知识技能的掌握程度,即通常所说的学习成绩测验,主要是通过文化考试的方式来实现的。但是,一般认为,通过可重复的巩固获得的知识并非学习能力的体现。为了克服这种问题,现在的两个大学层次的少年班入学考试,主要是采取"现学现测"的形式,这样能够最大限度地测试出孩子的学习能力。

其他非智力型技能鉴定。主要从面试、作品鉴定和经验鉴定三个方面进行。这种方法特别适合于音乐、绘画等艺术领域的超常儿童鉴别。因为对此类超常儿童的鉴别不可以用智力测验,而某些特殊能力评价量表的内容又过于专业化,学校大多缺乏能够进行测验的专业教师,所以更多地采用专家提名和观察现场创作的方式。

在欧美国家,常用的鉴别方法与上述内容大致相同,在众多的鉴别方法中,《科兰兹天才鉴别量表》特别受到关注。它把天才划分为10种:① 视觉艺术天才;② 表演艺术天才;③ 创造天才;④ 一个侧面的天才;⑤ 学习天才;⑥ 领导能力和组织天才;⑦ 心理发动天才;⑧ 空间和抽象思维天才;⑨ 失水准天才;⑩ 隐蔽的天才。

该量表是一种多维筛选程序,主要训练教师从10种不同类型的超常儿童角度评定班级中的儿童,从而增加教师对学生多方面的了解。

俊采星驰:超常儿童培育指南

三、做个实干的爸妈:主动培育

我们知道,超常儿童是一种早慧的天赋性表现。超常儿童能否有高成就,两个因素尤为重要,一个是科学合理、有针对性的家庭培育,另一个是适宜的社会环境与政策。在科学合理的家庭培育中,我们主要针对超常儿童通往高成就的路途中相关能力的培育和引导,提出一些具体的措施与建议。

(一) 如何培育儿童的创造力?

创造力是孩子与生俱来的能力,充分开启与应用孩子的创造力能激发他们多元智能的学习能力。在第二篇我们提到,美术能力、运动能力的培养是激发孩子创造力的重要手段,建议家长将美术课程与游戏活动相结合,并适时提供利于肌肉发展的绘画活动,来激发孩子的创造力。

这里将提供几项小活动,可以引导孩子一同创作、律动或者涂鸦,让孩子创造力倍增。

✳ "舞动的面条"。带领小朋友先想象自己是锅中的面条,随着音乐摆动身体,表现出煮沸时面条在锅里的热水中伸展的动态,一边舞动、一边观察其他人的动作,再试着以画笔来画出线条的律动。家长要寻找适合的音乐,并了解孩童之前是否有观察过煮面条,结合相关的图画书,让小朋友尝试以彩色铅笔或是蜡笔来绘出线条的律动,这样能够有效地提升孩子的节奏感与律动感。

✳ "前进的蜥蜴"。让小朋友学习蜥蜴爬行,以体验不同的观察视点。在学习爬行的同时,可辅以故事讲述,在想象中提升孩子的创造力。

✳ "吹泡泡比赛"。可先吹泡泡,或请一个孩子试吹泡泡引起大家注意,并发问:"现在小朋友们要想象自己是一阵风!这阵风会将泡泡带往何处呢?"让已经想好的孩子,将事先剪好的各种颜色的贴纸贴在玻璃窗上,并试着将其联想成不同颜色的小动物:"这是小熊、小白兔,还是怪兽呢?"

✽ "彩虹陀螺"。将事前准备好的"蓝、黄""黑、白""红、蓝"三个陀螺,在孩子面前旋转,再看孩子们能否观察出颜色有什么变化,这是为了让孩子体会"颜色混合"的变化。然后,让孩子在能自在蘸取颜料的环境中用稀释的水彩画画。水彩画是孩子感受色彩的很好的方式。开始作画后,当色彩或快或慢地延伸开来,充塞整张白纸时,孩子会倾向一直使用同一种颜色来作画,直到该颜色用完为止,而后再用另一种颜色覆盖于之前的颜色之上,此时所产生的色彩变化,便为视觉经验和创造力发挥提供了最佳时机!

(二) 如何培育儿童的专注力?

专注力是超常儿童取得高成就的一个重要能力。如果超常儿童没有形成良好的专注力,就可能会出现上课不注意听讲或走神,写作业三心二意、边做边玩、总要写到很晚、没有家长陪着就写不完等情况,这甚至会影响孩子的长久发展。那么,父母应该如何有意识地去引导与培养孩子的专注力呢?

家长们需要知道,5—15岁是培养孩子专注力的最佳时期。

首先,家长们需要营造一个可以让孩子们集中注意力的环境。简洁、单一的写字台是一个好的学习环境的基础。在孩子学习的时候,要把写字台上与学习无关的东西都收起来,这样既可以避免孩子把它们当作玩具来玩,又可以让孩子更加专注于自己正在做的事情。同样地,孩子的书房也要收拾得简洁明快,尽量避免外面环境的干扰。在孩子学习前,一次性解决好如纸、笔、水杯等相关问题,告诉孩子在学习过程中不可以因为这些理由而中断学习。在孩子学习的时候,尽量不能有电视机等声音干扰。另外,把房间的台灯调到一个适合的亮度,适中的空调、暖气的温度也是十分重要的。

其次,协助孩子合理安排写作业和活动的时间。专注力是会随着年龄的变化而变化的,因"时"利导对培养孩子专注力而言是非常重要的。在保证孩子具有足够专注力的情况下,家长可以主动帮孩子分解一点注意力,比如让他休息一会儿(不建议采用强刺激性的休息方式,如看动画片,可以安静地休息,如远眺、喝口水、上个厕所等),使得孩子不丧失读书的兴趣与积极性,更有利于孩子专注力的养成。

再次,分解学习任务有助于提高孩子的专注力。 这个通常适用于较长的假期,如周末、小长假或寒暑假等。在假期伊始,让孩子对假期的学习任务有一个清晰的认知,然后协助孩子化繁为简,分阶段量化学习任务。当孩子能够做得很好时,可以给予一定的奖励,并可逐步延长一次性集中学习的时间。

在这个过程中,可以运用一些小技巧增强孩子的专注力,如使用不同颜色的笔,在做题的时候将题目要求画出来;要求孩子对待草稿纸与对待作业本一样,工整地演算。这样既能方便检查,减少出错概率,也可以增强孩子的专注力。

当孩子痴迷于某项活动时,要尽量顺应他的需求。 当孩子对某项活动或某个事物(不含电子产品)产生兴趣时,要尽量顺应并且积极引导他的兴趣,如为他提供更多与之相关的资讯、材料以及相关活动机会,帮助他横向或者纵向地去拓展、发掘出更多有趣的元素,将探索的触角伸向更多可能的方向。这样也便于充分挖掘其天赋优势。

跟孩子一起过有规律的生活。 规律的生活有助于提高专注力的稳定性。在信息社会成长起来的孩子更容易受到父母及家庭环境的影响。作为家长,我们需要更多地与孩子一起过稳定且规律的生活,尽量不要或者少以自己不规律的生活影响孩子。

对于低龄儿童,父母要提高陪伴质量。父母陪伴孩子需要保持一定的专注度,尤其在参与游戏时要尽量投入,引领孩子玩得更深入、更长久、更有创意。孩子自然可以将注意力更长时间地集中于某项活动。电子产品可以偶尔玩玩,但是不能过度。

家长需要避免如下几种表现:

(1)言行急迫,过于着急地想要出成果。

急迫的言行会对孩子产生不良的影响。在长期的耳濡目染之下,孩子也会跟着家长表现出焦躁的情绪。通常家长只是希望自己能够在工作及家务上更有效率,但是这样的急切心理容易给孩子树立不好的榜样。孩子的表现应当与年龄相匹配,积极的引导比着急或缺乏耐心要好很多。长期对孩子缺乏耐心,可能会使得孩子缺乏信心,并且容易发脾气。

要注意引导孩子解决一些现实问题,而不是一味设置远大的目标。当然,眼光长远一些并非坏事,但是眼光长远并不代表可以跳过现在。如果孩子过于在乎目标,那么将难以享受和满足于当下,自然也就无法培养起足够的专注力。所以,家长需要去引导孩子解决现实的问题,一步一个脚印,在现实环境中培养他们的专注力。

(2)过度放任孩子。

过度的自由和放任,对于孩子的专注力也是有害无益的。由于现在的家长工作都很繁忙,所以在把孩子接回家之后,很多人就是打开电视给孩子看,或是让孩子自行从事所喜欢的活动。由于没有家长的引导和督促,孩子专注力的培养也就很难有好的效果。

(3)常常打扰孩子。

可能是出于好玩的心态,当孩子很专心于自己的活动时,有些家长总是喜欢突然跟孩子闹一下,或是要求孩子去做别的事,这是一种非常不合理的行为。如果家长希望培养孩子的专注力,那么当孩子在很专注地玩耍(非电子游戏)或看书时,家长最好不要随意地打断孩子,而应采用预告的方式或是使用一些辅助工具,如铃铛、闹钟等。

(三)如何培养儿童的独立思考能力?

独立思考能力是超常儿童成长过程中的重要能力,对超常儿童未来的高成就达成具有重要意义。家长应当在孩子成长的过程中,从小事出发,慢慢去培养与引导孩子的独立思考能力。

提供孩子接触陌生事物的机会

熟悉的环境会让孩子产生一种安逸心理。在这种安逸心理的驱使下,孩子们会渐渐丧失独立思考与解决问题的兴趣。超常儿童往往因为其较为敏锐的思维能力,显得"怪",为了避免被群体孤立,孩子们会渐渐地被群体环境所同化。而且更关键的是,在熟悉的环境中,孩子知道也更倾向于求助,因为他的求助是有很大概率会得到回应的。所以,每一年都要创造一些机会带孩子到一个陌生的环境中,让孩子接触陌生事物和陌生环境。陌生的环境会给孩子一定的压力,强迫孩子独立地去思考问题,更加独立地解决问题。同时,没有大人可以求助的孩子就只能求助于自己或同伴,渐渐地形成独立思考的意识。

不要直接告诉孩子问题的答案

孩子年龄小,遇到疑难问题时,总是希望得到父母的帮助,想直接得到答案。这时父母不一定当时就给孩子一个直接或确定的答案。否则时间长了,孩子会对父母产生依赖心理,不会自己动脑思考,也就难以养成独立思考的习惯了,这对提高孩子的智力水平和思考能力都是没有好处的。

聪明的父母面对孩子的问题时,更应该教给孩子解决问题的方法,让孩子学会独立思考。要知道,超常儿童是完全有能力掌握你所教的方法的。比如,当家里的电视突然没有影像或声音时,爸爸可以让孩子自己去发现问题,看看是电源的问题,还是电视机自身的问题。孩子在寻找答案的过程中,锻炼了自己的思考能力,积累了经验,当找到解决问题的答案时,会充满成就感,思维能力也相应得到提高。

如果孩子暂时无法独立解决问题,父母可以示范如何通过查阅资料、反复思考等方法解决问题,让孩子学习思考的方法,这对培养孩子的独立思考能力非常有益。当然,在这里还是要再强调一下,这个方法最好不要过多地涉及电子产品。

主动提出问题和孩子一起讨论

问题是思考的起点。孩子的脑子里会有很多问题,当孩子向父母提出问题时,父母要积极地予以回应,让孩子知道提问题是一件有价值的事情,尽管不一定能解决,但一旦养成兴趣,孩子就会提出更多的问题。

父母也可以经常向孩子提出一些问题,让孩子的大脑经常处于活跃状态,通过这种方式来锻炼孩子的思维能力。同时,对待孩子提出的问题,父母要以某种方式让其固定下来,比如让孩子以日记的方式记下他所提出的的问题。

理查德·费曼(Richard Feynman)是美国著名的物理学家,获得了1965年诺贝尔物理学奖。他能取得这么辉煌的成绩,和他爸爸从小对他的教育是分不开的。

他的爸爸非常善于引导孩子思考。他将自己扮演成外星人。"外星人"遇到费曼,会问很多地球上的问题,比如:"为什么有白天和黑夜的区别啊?""为什么会有气候和天气的变化啊?"在这样的提问情境中,费曼学到了很多知识,也学会了思考。

后来,爸爸带费曼去博物馆。为了引导孩子对博物馆产生兴趣,爸爸还是通过提问的方式。他先让费曼自己阅读某些相关书籍,然后再向他提问,对于费曼没有理解的问题,他用易懂的话为费曼解释。

费曼对于爸爸的教育没有感到厌烦,相反,爸爸的提问和讨论激发了他的学习热情,他对百科全书上的科学和数学产生了极大的兴趣。他24岁时获得了博士学位,28岁时担任美国康奈尔大学教授,47岁时获得了诺贝尔奖。

孩子思考问题的过程中,父母要善于提出开放性的问题,比如茶杯的不同用途等,还可以用如何解决突发事件,如"你如果在大街上走丢了怎么办"等类似问题来引导孩子思考。

父母利用这样的方法,让孩子从全面和新颖的角度思考,让孩子勇于突破常规的想法,提出自己独到的见解。

鼓励孩子发表自己的意见

父母要给孩子创建和谐的家庭氛围,为孩子树立一种思维——发表意见是一个被鼓励做的事情。尤其对超常儿童而言更应如此,有些超常儿童因为某些原因表达欲望与能力都不强,更不能打击他们的信心。

听孩子把话说完。父母应鼓励孩子有自己的见解,在孩子发表意见时,即使是错误的,也要让孩子说完,这是一种积极的回应,在某种程度上会增强孩子主动表达的自信心。

当孩子说完话之后,我们不要凭借自己的主观经验去给孩子做是非判断,而要重点找出孩子话语的合理性,告诉孩子只要是独立思考的,就一定是有价值的。

允许孩子标新立异

孩子有新奇的想法,父母不要轻易否定。要允许孩子标新立异,因为标新立异是思维能力的重要表现,常有新的想法提出来正是超常儿童思维活跃的体现。

有一个有趣的故事是这样的:江上有座东西向横跨江面的桥,人通过需要5分钟。桥的中间是个亭子,里面有个看守者,他每隔3分钟就出来一次,看到有人通过,就会让他回去,不准他通过。有一个聪明的人想了一个巧妙的办法,他从东往西过桥,走了两分半钟就转过脸来往东走,当看守者出来的时候,他就能掉过头来过桥了。如果不破除常规,是无论如何也过不了桥的。

鼓励孩子参与创作设计类活动

创作设计类活动是一种能够体现孩子个体独特性的,需要孩子自己独立完成的活动。我们要鼓励孩子去参加创作设计类活动,如创意美术、简单的手工、写日记、看图说话等。为了减少孩子对此类活动的抵触与畏惧,我们需要着力培养孩子阅读与写作的兴趣,这是想象力的来源。家长们应该铭记:所有的创作(意)都是值得被表扬的。

让孩子接受适当的挫折与失败,并在失败后积极帮助孩子总结

不要惧怕孩子面临失败。很多家长有一个非常大的误区,因为害怕孩子失败,而对孩子的事情大包大揽,美其名曰不让孩子受伤,实际上这严重地破坏了孩子的独立思考能力。在适当的情况下,让孩子接受挫折的历练,然后积极帮助孩子总结,并且鼓励孩子再次尝试。这不仅能培养孩子的独立思考能力,还可以提高孩子的心理承受能力。放心吧!孩子一定可以承受这些小挫折的。

(四) 如何培养儿童的空间想象力?

人们常说:"只有想不到的,没有做不到的。"创新来源于创意,创意又需要有丰富的想象力,因此爱因斯坦才会说:"想象力比知识更重要,因为知识是有限的,而想象力概括着世界的一切,推动着进步,并且是知识进化的源泉。"在家庭教育中,充分发挥和培养孩子的想象力就自然而然地成为一项不可忽视的工作了。

事实上,很多儿童都有着丰富的想象力,但是想象力的发展又与其生活经验的扩展有相当大的关系。因此,我们需要更多地从拓展孩子视野和语言能力,培育孩子科学素养,增强其空间想象力等方面着手。

拓展孩子的视野,培养语言能力

现在的世界面临着环境问题、人口问题等危机,对于这些问题的形成和危害,可以用一些合适的方式向孩子介绍,进而启发孩子想象一种环保型的工具,而孩子可能会提出许多幼稚但新奇的设想。当孩子知识面扩大时,孩子的想象空间也应随之而扩大。当孩子提出为什么时,先让孩子自己想一想,形成独立思考的习惯。当给孩子介绍一些新知识时,最好以孩子喜欢听的方式去讲。

例如，孩子在电视中会听到什么地区发生了地震、什么地区出现了火山爆发、什么时间会出现日食、什么时间会出现月食，当他在电视画面中看到这些奇特的景象时，一个"为什么"的念头就会闪现。家长应抓住时机，用适合孩子年龄特点的方式告诉孩子：地球绕着太阳转、月亮又绕着地球转，它们之间在相互吸引，地震、火山爆发的发生都与这种引力有关。

成语故事的讲解与应用——把成语故事经适当的润色和改编后，讲给孩子听。然后就现实中的某种环境，有意识地让孩子运用所讲的成语。

接龙游戏——家长可与孩子一起玩接龙游戏，可以用谐音。例如，家长说：拖泥带水；孩子接：水天一色；家长接：色泽鲜艳……不一定要求都是四个字的成语。也可采用同词头的做法，即每人说一个词，都以某个字开头。

讲故事训练——孩子听家长讲故事，若能复述下来，表明孩子有较好的记忆力。但只做到这一点还不够，要分步培养孩子自己编故事的能力。这或许要经历一个较长的过程，一般可以分三步进行。家长可取材于书上的故事或者卡通和游戏中的某些情景，自己改编出一系列连续的故事。第一步，家长给孩子讲，在讲的时候要鼓励孩子积极参与和思考。每次的故事长度可控制在15分钟以内，但是每次都要留一个伏笔，为下一次的故事打下基础。第二步，家长与孩子共同想象该故事的后续情节，可积极讨论以丰富孩子的想象力，初步形成其即时表达所想情节的习惯。第三步，让孩子独立地编故事。在孩子独立编故事之初，孩子可能只能描述三个以下的故事情节，也可能只是一些零乱的想象。要创造好的气氛，营造好的开始。一开始就要给孩子一个较好的评价以激励孩子的行为。如果有其他小朋友则更好，可以让他们一起进行自编故事游戏，家长也积极参与，并和小朋友讨论所编的故事。在孩子编故事能力有了一定的提升后，家长可适当提些建议或进行补充，但应以不挫伤孩子的积极性为原则。

培养科学素养，增强超常儿童的空间想象力

积极地关注和回应超常儿童的科学兴趣，激发和保护超常儿童的好奇心和浓厚兴趣。要知道，孩子常常是根据家长的反应来判断自己的发现和

正在做的事情是否有价值。积极关注和参与、陪伴会让他更有信心和动力投入到这样的事情中。无论父母是否知道问题的答案,都要把这种探索、认知的机会留给孩子。对孩子在探索的过程中制造的错误或混乱,要持有一定的接纳态度。

同时,家长要有意识地培养孩子的空间想象力,常用的方法有:

(1) 观察并描述所见到物体或平面图形的形状,认识三角形、长方形、正方形、圆、椭圆、圆柱、圆锥等形体。

(2) 认识经常走的路线并画出路线图。

(3) 用积木堆出不同的形状。

(4) 画一些简单的空间图形,如书、笔、瓶子等。

(5) 摆火柴棒游戏:用火柴棒摆出几加几等于几,并移动部分火柴棒,使其数位之间发生变化。用火柴棒摆出图形,如用六根火柴摆出正六边形、两个边长相等的等边三角形等。通过此游戏,让孩子认识点、线、平行线、相交线等概念。

(6) 脱离实物,借助手指想象。例如,一根木头用锯子锯一下,能变成两段;锯三下,能变成多少段?(当孩子说出一种答案后,先肯定,然后再让其说出其他情况)两根木头锯三下能成为多少段,最多能成为多少段?三根木头的情况又如何?(提示:可以从不同方向锯。)

(7) 先用塑料袋分别装好含有一颗、两颗、三颗……九颗豆子的九个小袋。再画出一个3×3的方格图,让孩子在九个格中分别放一袋豆子,计算出横行、竖列、对角线上的豆子总数。然后调换袋子,再数。最后帮助孩子调整,使横行、竖列、对角线上的豆子总数都是15。

(8) 也可以把你知道的天文现象讲给孩子,并用图形画出来。带孩子看月食、日食等天文现象,再画出图形等。家长可随时随地利用生活中的素材对孩子进行训练。

参考文献

[1] 戴维·申克. 天才的基因[M]. 北京:中信出版社,2012.

[2] 让·皮亚杰. 发生认识论原理[M]. 北京:商务印书馆,1981:19-21.

[3] Cohn S J, et al. Speed of information processing in academically gifted youth [J]. Personality and Individual Difference,1985(5):621-629.

[4] Colombo J. Infant cognition:Predicting later intellectual functioning [M]. Belmont, CA:Sage Publications,1993.

[5] Polderman T J, Gosso M F, Posthuma D, et al. A longitudinal twin study on IQ, executive functioning, and attention problems during childhood and early adolescence [J]. Acta Neurologica Belgica, 2006, 106(4):191.

[6] Silventoinen K, Posthuma D, Van B T, et al. Genetic contributions to the association between height and intelligence:Evidence from Dutch twin data from childhood to middle age [J]. Genes Brain & Behavior, 2006, 5(8):585-595.

[7] Scarr S, Mccartney K. How people make their own environments:A theory of genotype greater than environment effects [J]. Child Dev, 1983, 54(2):

424-435.

[8] Jacobs J C. Effectiveness of teacher and parent identification of gifted children as a function of school level[J]. Psychology in the Schools, 1971, 8(2):140-142.

[9] Corrigall K A, Trainor L J. Effects of musical training on key and harmony perception[J]. Ann N Y Acad Sci, 2009, 1169(1):164-168.

[10] Virtala P, Berg V, Kivioja M, et al. The preattentive processing of major vs. minor chords in the human brain: An event-related potential study[J]. Neuroscience Letters, 2011, 487(3):406-410.

[11] 马建勋.破译天才教育密码[M].郑州:河南文艺出版社,2007:95-96.

[12] Griggs S A. Counseling the gifted and talented based on learning styles[J]. Exceptional Children, 1984(5):429-432.

[13] 朱永新.创新教育论[M].南京:江苏教育出版社,2001:125.

[14] Stenberg R J. Implicit theories of intelligence, creativity and wisdom[J]. Journal of Personality and Social Psychology, 1985(3):602-627.

[15] 董奇.儿童创造力发展心理[M].杭州:浙江教育出版社,1993:199-200.

[16] Clark B. Growing up gifted: Developing the potential of children at home and at school[M]. 7th ed. Pearson Education, Inc, 2008:167-168.

[17] Sternberg R J, O'hara L A. Creativity and Intelligence[M].//Handbook of Creativity[M]. New York: Cambridge University Press, 1999:273-296.

[18] 卡茜·凯奇.孩子不同,智能不同:多元智能天才教育[M].南昌:江西人民出版社,2008.

[19] Gross M U M. Small poppies: Highly gifted children in the early years [J]. Roeper Review, 1999, 21(3):207-214.

[20] 郭翔飞.儿童语言习得与儿童一般认知发展规律[J].外语学刊,2012(4):131-134.

[21] 舒华,李平.学前儿童语言与阅读的发展及其促进[J].学前教育研究,2014(10):3-10.

[22] 徐春英,陈庆平.儿童语言习得的发展认知神经科学依据[J].幼儿教育,2005(Z2):16-17.

[23] 官群.儿童早期语言天赋:来自国际研究前沿的证据[J].学前教育研究,2016(8):32-40.

[24] 陈宝国,彭聃龄.语言习得的关键期及其对教育的启示[J].心理发展与教育,2001,17(1):52-57.

[25] 苏雪云.超常儿童的发展与教育[M].北京:北京大学出版社,2011.

[26] 骆积强.多元智力理论对运动智力研究的启示[J].体育科学研究,2004,8(3):90-93.

[27] 新法诊断儿童多动症[J].家庭健康,2005(4):45-45.

[28] 杨宁.动作和运动在儿童早期心理发展中的作用[J].体育学刊,2005,12(2):43-46.

[29] 张玉蓉.体育锻炼对智力发展的影响[J].职业圈,2007(9S):96-97.

[30] 何少钧.论体育运动对智力发展的影响[J].体育世界:学术版,2011(9):102-103.

[31] 罗伯特·马丽娜.生长发育与体力活动、运动表现及体适能关系研究的10大问题[J].北京体育大学学报,2015,38(10):43-57.

[32] 王斌,蒋连军.超常生参与体育活动的态度及动机研究[J].科教文汇,2017(12):100-102.

[33] 施建农.超常儿童成长之路[M].北京:科学出版社,2008.

[34] 岳欣云."天才儿童难以成为天才"现象的教育学思考[J].首都师范大学学报:社会科学版,2015(5):140-146.

[35] 查子秀.超常儿童心理学[M].北京:人民教育出版,2008.

[36] 聂昱冰.守望星星的孩子:来自中国孤独症群体的报告[M].黑龙江:黑龙江教育出版社,2016.

[37] 申继亮.中国教育心理测评手册[M].北京:高等教育出版社,2014.

[38] 吴正,张厚粲.智力理论与智力测验的新发展[J].心理科学,1993,16(3):186-188.

[39] 冯德全.天才的摇篮[M].北京:海洋出版社,1991.

[40] 施建农.超常儿童成长之路[M].北京:科学出版社,2008.

[41] 辛厚文.少年班三十年[M].合肥:中国科学技术大学出版社,2008.

[42] 朱芬,孔燕.中国科大少年班40年教育实践的演变及其启示[J].中国特殊教育,2018(8):55-60.

[43] 郑庆华.为天下储人才 为国家图富强:西安交通大学少年班30年拔尖创新人才培养探索与实践[J].高等工程教育研究,2016(02):34-39.

[44] 王娟,冯国娟,杨森.超越高考:西安交大"少年班"的大中学联合培养之路[J].中

小学管理,2018(8):21-23.

[45] Kong Y,Zhu F,Huang S,et al. Early College Entrance Programs in today's China[J]. Asia-Pacific Federation on Giftedness,2017(4).

[46] 张珺.香港青少年资优教育初探[J].广东青年职业学院学报,2013(2):52-55.

[47] 陈剑.台湾资优教育探析[J].宁波教育学院学报,2013,15(6):99-106.

[48] 贺淑曼.《关于我国超常教育现状问卷》的调查分析[J].中国特殊教育,1999(1):1-4.

[49] 余玉珍,尹弘飚.香港融合教育政策下的教师专业发展[J].华南师范大学学报(社会科学版),2014(6):44-49.

[50] 刘钢.香港教育统筹局局长罗范椒芬谈香港高教改革[J].世界教育信息,2002(6):30-31.

[51] 佘丽,王昆.我国台湾地区资优教育的特色及启示[J].教育探索,2016(7):55-59.

后 记

读到这里,首先要恭喜各位与我们一起完成了这趟超常之旅。为了能够引起更多人的关注,为了保证文章的可读性,我们已经尽力在文章中将我们多年的工作轻松化、形象化。实际工作的艰辛与不易其实远比这本书所呈现出的要大得多。

曾经有人问我们,你们这样坚持的动力到底是什么?

第一,为了让更多的超常儿童可以接受到合适的教育。

本书的作者之一韩耀宗教授,除了是一名数学家之外,还是一位数理超常孩子的父亲。韩教授的大儿子在小时候就表现出惊人的数学天赋,可是小学五年级时数学考试却一度碰壁。这让韩教授一度很困扰,仔细观察后才发现问题所在:重复性的出题模式让儿子很是厌烦,不愿用心费神去解答。因为这个缘故,韩教授在2000年过年休假时给自己定下一个任务,就是想办法为数理超常的小学生开办一些课程或活动,让他们了解什么是真正的数学,从而产生学习兴趣。参考了欧、美、日等国家在数学超常研究方面的经验,经过几个月的筹办,韩教授在香港城市大学首办了一个超常儿童夏令营。透过一些有趣的游戏,如数学魔法师、下棋、数学动画创作等,让参与活动的数学超常儿童领略到了数学的趣味。韩教授的大儿子也参加了,并且找回了学习数学的自信。后来他进入香港中文大学计算机系,在各项世界级比赛中表现优异,一直是韩教授的骄傲。也正是韩教授在孩子成长过程中的种种经历,推动他开始涉猎超常教育的理论研究。同样地,如果这本书能引发您关于这个领域的一些兴趣与认知,就会为推动社会关注超常儿童贡献一点力量,这也是本书最大的意义所在。

第二,破除社会误解,促进大家对超常儿童的正确认识。

从专业的角度看,大家对超常的认识其实存在着很多偏颇。例如,非数学领域的人往往对数学本身有所误解,比较直观地将数学理解为算术,认为数学超常就是计算能力强。香港曾有一位名叫罗文辉的孩子,7岁时被邀请在当年的香港无线电视台(TVB)电视节目《欢乐今宵》中表演,因心算速度快过计算机而技惊四座,被封为"神童辉"。后来,媒体追踪报导发现,罗文辉的中学数学成绩并不突出。由此可见,算术不等同于数学,计算速度和数学天赋是两回事。传统的超常教育研究曾一度将智商测试作为识别人才的标准,基本运算能力、心算能力、逻辑推理以及空间能力都包罗其中,但数学超常儿童还有一种很核心的能力——架构辨认能力。因此我们要透过对数学本质的了解,深入进行理论研究和实践探索,并提出一个新的超常理论,以期能用一种更科学、更有效的鉴别模式来识别数理超常儿童。

让每一个超常的孩子都可以接受合适的教育,这是我们努力的目标,也是我们的事业,我们将坚持下去。也希望各位可以有所收获,让"天赋"终"不负"。